新时代高校美育实践研究

杨　柳◎著

中国戏剧出版社
CHINA THEATRE PRESS

图书在版编目（CIP）数据

新时代高校美育实践研究 / 杨柳著. -- 北京：中国戏剧出版社，2024.10
ISBN 978-7-104-05445-0

Ⅰ.①新… Ⅱ.①杨… Ⅲ.①美育－教学研究－高等学校 Ⅳ.① G40-014

中国国家版本馆 CIP 数据核字（2023）第 244692 号

新时代高校美育实践研究

责任编辑： 邢俊华
责任印制： 冯志强

出版发行：	中国戏剧出版社
出 版 人：	樊国宾
社　　址：	北京市西城区天宁寺前街 2 号国家音乐产业基地 L 座
邮　　编：	100055
网　　址：	www.theatrebook.cn
电　　话：	010-63385980（总编室）　　010-63381560（发行部）
传　　真：	010-63381560

读者服务：010-63381560
邮购地址：北京市西城区天宁寺前街 2 号国家音乐产业基地 L 座

印　　刷：	天津和萱印刷有限公司
开　　本：	787mm×1092mm　1/16
印　　张：	11.5
字　　数：	213 千字
版　　次：	2024 年 10 月　北京第 1 版第 1 次印刷
书　　号：	ISBN 978-7-104-05445-0
定　　价：	68.00 元

版权专有，违者必究；如有质量问题，请与出版社联系调换。

前　言

新时代下，高校美育教学的使命和意义愈加重要和紧迫。美育教学旨在培养学生的审美情操、艺术素养和创造能力，为其全面发展提供有力支持。

美育教学的使命是传承和弘扬优秀的人类文化遗产。艺术作为人类智慧的结晶，承载着丰富的情感、思想和价值观。通过学习音乐、绘画、舞蹈、戏剧等艺术形式，学生可以感受到不同文化背景下的艺术表达方式，增强对传统文化的认同感和自豪感，进而加深对人类文明多样性的理解和尊重。

美育教学的使命是培养学生的审美情操和审美能力。在当今社会，审美已成为日常生活中不可或缺的重要素养。通过学习艺术，学生可以提升审美意识，培养对美的感知和鉴赏能力。他们能够欣赏、理解和评价艺术作品，进一步培养自己的审美情趣和审美能力。这使得学生在面对复杂多变的现实世界时，更加具备独立思考、审美决策和创新实践的能力。

美育教学的使命是培养学生的创造力和创新精神。创造力是社会发展和进步的重要推动力量。通过艺术创作的过程，学生可以锻炼自己的观察力、想象力、表达力和解决问题的能力。他们能够从不同的角度思考问题，勇于尝试创新的方式和方法，在面对挑战时寻找突破口，提出新颖的观点和解决方案。这种创造力和创新精神的培养有助于学生在未来的职业生涯中成为具有竞争力的人才。

新时代下高校美育教学的使命和意义在于传承文化、培养审美情操和审美能力，以及促进学生的创造力和创新精神。通过美育教育的全面发展，我们可以期待年青一代能够成为具有深厚文化底蕴、积极向上的社会主义建设者和接班人。艺术是一种国家文化的重要表达形式，通过高校美育的开展，可以培养大批具备优秀艺术素养的专业人才，为国家文化产业的发展提供坚实的人才支持。同时，培养学生的艺术修养也有助于传承和弘扬民族优秀文化，提高国家在国际文化交流中的影响力和竞争力。

新时代下高校美育的发展方向是多元化、全面发展和实践性的。首先，多元化是指提供多样化的艺术教育内容和形式，满足不同学生的需求和兴趣。这包括绘画、音乐、舞蹈、戏剧等多个艺术门类的学习和创作，使学生能够在广泛的艺术领域中发展自己的特长和潜力。其次，高校美育应该注重学生的全面发展，将美育与其他学科相结合，形成综合性的课程体系。这样可以帮助学生培养综合素质，增强他们的创造力、想象力和表现力，提升他们的综合能力和综合素质。最后，高校美育应该注重实践性，将理论与实践相结合，提供更多的实践机会和平台。通过实践，学生可以将所学知识应用到实际中去，并进行创作和表演，提高他们的实际操作能力和艺术表达能力。这可以通过举办各类艺术比赛、演出和展览，组织学生参与社会实践和社区服务等方式实现。

本书共分为五章。第一章为美育与美学，包括美与美感概述、美育与美学的起源发展、美育与美学的关系三节；第二章的主题是新时代高校美育探索，由高校审美教育体系与课程、新时代高校美育中的教师因素、新时代高校美育的价值三节构成；第三章论述的是高校德育、智育、体育中的美育因素，包括三节，即高校德育中的美育因素、高校智育中的美育因素、高校体育中的美育因素；第四章主题为高校文艺教学与美育结合探索实践，从高校音乐舞蹈教学与美育的结合实践、高校文学教学与美育的结合实践、高校绘画教学与美育的结合实践三方面进行论述；第五章主要阐述新时代青年文化与审美，包括三节，即新时代青年文化概述、新时代下的文化传统与审美、新时代高校审美教育与学生审美建构。

在撰写本书的过程中，笔者得到了许多专家学者的帮助和指导，参考了大量的学术文献，在此表示真诚的感谢。但由于笔者水平有限，书中难免会有疏漏之处，希望广大同行及时指正。

杨　柳

2023 年 11 月

目录 CONTENTS

前　言 ··· 1

第一章　美育与美学 ··· 001
　第一节　美与美感概述 ··· 002
　第二节　美育与美学的起源发展 ··· 030
　第三节　美育与美学的关系 ·· 043

第二章　新时代高校美育探索 ·· 050
　第一节　高校审美教育体系与课程 ·· 051
　第二节　新时代高校美育中的教师因素 ··· 093
　第三节　新时代高校美育的价值 ··· 108

第三章　高校德育、智育、体育中的美育因素 ······································ 111
　第一节　高校德育中的美育因素 ··· 112
　第二节　高校智育中的美育因素 ··· 117
　第三节　高校体育中的美育因素 ··· 121

第四章　高校文艺教学与美育结合探索实践 ……………………… 129
　　第一节　高校音乐舞蹈教学与美育的结合实践 ………………… 130
　　第二节　高校文学教学与美育的结合实践 ……………………… 140
　　第三节　高校绘画教学与美育的结合实践 ……………………… 155

第五章　新时代青年文化与审美 ………………………………… 160
　　第一节　新时代青年文化概述 …………………………………… 161
　　第二节　新时代下的文化传统与审美 …………………………… 164
　　第三节　新时代高校审美教育与学生审美建构 ………………… 167

参考文献 …………………………………………………………… 171

第一章 美育与美学

要阐述美育的相关概念,必须先理解何为"美"以及"美学"。本章的主题为美育与美学,包括美与美感概述、美育与美学的起源发展、美育与美学的关系。

第一节 美与美感概述

一、美的本质

(一) 美的词义分析

从词源学和日常生活用语两个角度分析"美"这个词的含义，虽然不能直接揭示美的本质，但可以对深奥的美的本质的哲学探讨提供通俗易懂的经验基础。

现代汉语的"美"字，最早见于甲骨文，由"羊"与"大"字组成。"羊大则美"，肥大的羊可作为膳食（"主给膳"），满足人们饮食的需要，有实用价值，是善也是美，美与善同意。另有解释说，"大，人也"。"大"字像人形，所以"大"就是"人"，所以"羊大则美"也可以说是"羊人为美"。有人说"美"就是以羊头或羊角为装饰的人，又有人说"美"就像头上戴羽毛装饰如雉尾之类的舞人之形。但都是装饰之美，都有功利价值。还有人说，"大"是由"火"演变而来，故"美"是火烧羊，是味美。无论是肥美、味美，还是饰美，都意味着美对人与社会具有价值。有人对《论语》做了统计，"美"字讲十四次，竟有十次是"善""好"的意思。[1]

日本美学家今道友信对"美"的理解还有独到之处，他认为"美"与《论语》中"告朔之饩羊"，即与每逢初一人们进行祭祀活动时敬献的生羊有关。他把"美"与其他两个相关的汉字"義"和"善"联系起来考察。如果一个人在祭神活动中双肩扛上一只羊献上，那么，他的精神就达到"义"的境界。如果有人不仅献上一只羊，而且还用一种容器"豆"给装上，就达到"善"的境界，因为"善"字的下部分是由"豆"演变过来的。如果有人不仅用"豆"装上羊献上，而且他献的羊比别人大，那么他就达到了"美"的境界。仅献上羊是尽了自己的义务；按一定规矩献上羊是遵循了一定的伦理规范，因而是善的；而贡献大则是美的。所以，今道友信认为美的精神价值是大于义与善的。[2]

在日常生活用语中，对"美"字的含义大致有三种相联系而又相区别的理解。第一种是表示感官快适。例如：又热又渴，在树荫底下喝点凉茶；又累又

---

[1] 王童心：《从〈论语〉中的"美"看孔子的美善关系思想》，《美与时代》2021年第21期，第23—25页。

[2] 王萍：《今道友信美学与中国文化》，《青年文学家》2020年第3期，第190页。

困，躺在床上睡个觉或打个盹。感官生理的强烈需求得到某种满足，便会说这"真美""太美了"。这里"美"字表示一种感官快适强烈程度，或者说是表示感官满足的快适，这与我们美学讲的美相差甚远。

第二种是表示伦理赞赏。例如对某人的思想、言语、行为、事业和对某种制度表示伦理评价和赞赏，也常用"美"字，它虽属伦理学范畴，但与美学意义上的社会美有相通之处，如"五讲四美三热爱"中的"四美"，既是伦理赞赏，又表示出一种审美的情感态度。

第三种是表示审美判断。例如对现实美和艺术美的欣赏，审美对象引起审美主体愉悦之情。"美"的这种含义，是审美经验的表达，纯属美学范围。但是它也包含有感官快适，而且会将感官快适升华到精神上的愉快；它也包含有伦理赞赏，但未必马上表现出来，是潜藏着的。即使是判断，在表达上或是用"美"或是用其他语言，如"妙极了""好极了""太棒了""太绝了""真奇""真怪"，等等，它们也总是表示对审美对象的肯定性审美评价，与丑是相对立的。

对文字学、词源学和日常用语中的关于"美"的考察分析，于美的本质的探求是有启示的，但不能代替对美的本质的哲学探讨。可以说，上述所讲"美"的含义又都仅在现象上考察审美对象，并未深入对象的本质，而最困难的，恰恰正是在审美对象本质的探讨上。

（二）美的本质探讨的历史考据

1. 希庇阿斯的观点

公元前4世纪，在古希腊哲学家柏拉图的早期著作《大希庇阿斯篇》中，美的本质问题得到了深入的探讨。希庇阿斯是一个擅长诡辩的演说家，以教授辩论为业。苏格拉底假借请教之名，与他展开了长时间的讨论，探究美的本质。希庇阿斯表现出自大和浮夸，提出了三个核心概念回答苏格拉底的问题。

（1）"美就是一位漂亮的小姐"

苏格拉底认为这种观点混淆了美和美的具体表现。如果认为"美就是指一个漂亮的小姐"，那么一匹漂亮的母马、一张美丽的竖琴或是一个精致的汤罐也同样可以被视作美。这等于把美的具体事物视作美本身。苏格拉底认为美的概念应该能够涵盖小姐之美、马之美、乐器之美以及陶器之美。当苏格拉底提出应该明确事物的本质特征时，希庇阿斯马上将这一概念转移至物质层面。[①]

---

① [古希腊] 柏拉图：《文艺对话集》，朱光潜译，人民文学出版社1963年版，第180页。

（2）"美是黄金"

希庇阿斯认为："一件东西纵然本身是丑的，只要镶上黄金，就得到一种点缀，使它显得美了。"苏格拉底反驳说，美本身不等于就是黄金，他以古希腊著名的雕刻家菲狄亚斯雕刻的雅典娜女神像为例，这个女神像的面孔和手足都是用象牙做的，它的两只眼睛是用云石做的，没有一处是用黄金镶上的，但它却是公认的艺术杰作。因而，重要的是材料是否配合恰当，配合恰当，石头也是美的。① 于是引出第三个概念。

（3）"美是恰当"

所谓恰当，希庇阿斯认为是使一个事物在外表上显得美的。比如一个其貌不扬的人穿上一件合适的衣服，外表就好看起来了。苏格拉底反驳道，在那种情况下，外表看来是美的，然而是虚假的，隐瞒了美的真正的本质。外表和实质常常是不一致的，不能把美丽的外表当作"美本身"。所以，"恰当并不就是美"。②

看来希庇阿斯无法提出新的概念，于是，苏格拉底试图亲自下一个定义，尽快确立使后来的"对话"变得明朗的那种概念。

2. 苏格拉底的观点

（1）"美就是有用的"

说一匹马、一只公鸡美，说器皿美，说海陆交通工具、商船和战船美，说乐器美，说其他技艺的器具美，说制度风俗美，说知识和能力的美，都是根据一个原则：如果它有用，我们就说它美。而有用是为了达到某种目的能够产生效果的，但人的目的有好有坏，效果也有好有坏。出于好的目的，产生好的效果可以为美。出于坏的目的，产生坏的效果不但不美，反而丑了。因此，不能说有用就是美本身。接着，苏格拉底将有用与善联系起来了，提出新的定义。

（2）"有益就是美的"

人们常说，美的身体、美的制度、美的知识以及其他许多东西之所以美，是因为它们都是有益的。从产生好结果（善）的角度来看，这些事物就是美的。然而，善和美这两个概念并非同一回事。可以用父亲和儿子不是一回事儿这一比喻来形象化表达这一点。因此，美并非就是善，同时，善也不等同于美。于是，只好转向用快感这个词给美下定义。

（3）"美就是视觉和听觉所产生的快感"

在实际生活中，一个美的人，一幅美的画，一个美的雕刻刺激人的视觉和听

---

① [古希腊] 柏拉图：《文艺对话集》，朱光潜译，人民文学出版社1963年版，第184页。
② [古希腊] 柏拉图：《文艺对话集》，朱光潜译，人民文学出版社1963年版，第191页。

觉器官也能产生一种美的快感。因此，能否说美的定义就是视觉和听觉产生的快感呢？苏格拉底后来否定了以上观点，并给出了理由，首先他认为某些习俗制度虽然美好，但这并非仅仅因为视听产生的快感。其次，若将美本身视作快感，但引起快感的因素并不止视听，还有诸如饮食和情欲等，人们也不认为它们是美。最后，视觉和听觉作为两种不同的感官，它们所产生的快感也是不同的，因此美也应该包含两种不同的快感，但它们只能组成一个本质属性，不能分为两个不同的方面。所以，"美就不能说是视觉和听觉产生的快感"①。

在讨论美的本质时，苏格拉底承认自己力不从心。曾经在一场讨论中，他向希庇阿斯表示，"美是什么"这个问题似乎无解，"我得到了一个益处，那就是清楚地了解到一句谚语：'美是难的'"。②这个谚语在古希腊文化中也有另外一层含义——"好事多磨"的意思。因此，对于美的本质探究的难度通常被比作"好事多磨"，至今未能形成一种被公认的定义。有人甚至说美学不能成为一门科学，这恰恰反映出了这种难以捉摸的特性。

3.《大希庇阿斯篇》的历史价值

然而，即使时至今日，《大希庇阿斯篇》仍然是古希腊探究美的本质问题中最为重要的文献之一，因此我们有必要重新审视并评估它所带来的价值。

首先，此理论展现了人类认知历程中的一次重大跃升——从具体到抽象、从感性到理性。当说"美是一位漂亮的小姐"时，仅仅代表了人类在童年时期只能获得具体的感性认知。而当说"美是黄金"时，则表明人类开始学会将具体、个别的美（如人美、马美、乐器美、陶器美）抽象为一般性的美的概念。然而，这种归纳过程还是很肤浅，类似于古希腊哲学家将物质简化为某一种或几种具体物质形式，将黄金视为可以普遍应用的实质和形式。引入"美是恰当""美是有用的""有益就是美的"观点，则揭示了人类在概念把握和认知深度上达到了成熟、高级和理性的阶段。同时，"恰当"到"有用""有益"的转变也昭示了即使在认知的高阶段，寻求认识过程从表面到本质的提高仍是必要的。

其次，这表明了认识史和美学史上的另一个重大飞跃，即从单向的客体认识转向了主体与客体的相互作用，使得我们能够更全面地理解对象的本质。在此过程中，美的本质从客观论转向主客观统一论和主观论。相较前五个定义，"美是视觉和听觉所产生的快感"这一定义的显著特点是从审美主体的视角来评判对象的美感，即通过客体作用于审美主体感官的快感程度来判断对象美感的层次，这

---

① [古希腊]柏拉图：《文艺对话集》，朱光潜译，人民文学出版社1963年版，第208页。
② [古希腊]柏拉图：《文艺对话集》，朱光潜译，人民文学出版社1963年版，第210页。

体现了一种主观化的美的本质观点。在古希腊时期，除了少数质疑美可以成为一种认知的可能性，因此否认美的客观性以外，几乎所有对美的本质问题发表过意见的哲学家都是客观论者。自从17世纪斯宾诺莎（Spinoza）明确提出了主观论以来，现代和当代西方美学在这一问题上的主要趋势是主观论，这一观点逐渐占据了主导地位。

最后，依照《大希庇阿斯篇》的指引，我们简要介绍西方美学史上关于美的本质的几种观点。

客观主义可分为唯心主义和唯物主义。古希腊哲学家柏拉图代表了唯心主义客观主义，他致力于从具体事物和个体中寻求共性和普遍性，这被认为是人类认识史上的重大进步。他认为一切美的事物都源自美本身，"有了它那一切美的事物才成其为美"[①]，所有事物之所以是美的就因为它本身是美的，但他把事物的美视为对美的理念（客观精神）和"美本身"的"分有"，因此将美的本质归结为客观的精神实体。普洛丁（Plotinus）的想法类似，他认为物体的美不在于其本身，而是在于物体所散发出神的理性。奥古斯丁（Augustine）则认为物体的美源于与上帝（另一种美）的协调，这样上帝成为所有美的原因和本质。圣·托马斯（St. Thomas）则相信物体的美在于上帝的存在，因为上帝常在其中居住。对于黑格尔来说，美是理念感性的表现，是绝对理念透过人类的心灵而呈现的感性形象。故此，他将美的本质归结为绝对理念这一客观精神。

4. 其他西方学者的观点

毕达哥拉斯是唯物论客观论的知名代表，他的"和谐即美"这一理念最为普遍，也最为持久。毕达哥拉斯认为，整个宇宙体系是由和谐与数学构成的。他的哲学派别通过数学比例关系发现了产生和谐的关键，并将其应用于建筑和音乐等领域。亚里士多德则认为，美在于形式的完整性，主要体现为形式的"秩序、匀称、明确"，其将美的本质归结为事物的某种形式规律。著名艺术家莱昂·阿尔伯蒂（Leon Alberti）在15世纪将美定义为和谐与良好比例的结合，美应当是各个部分相互和谐并统一的。18世纪的法国唯物主义美学家丹尼斯·狄德罗（Denis Diderot）认为，秩序、关系、比例、安排、联系、对称、适宜和不适宜等独立的美学概念只是无数存在、数字、长度、宽度、深度以及其他不引人注目的概念所衍生出来的，它们看起来都可用于美学上，但仅有"关系"这个概念最适合用作描述美的物体，因为它是所有美物体所共享的特性。相较于其他描述美学的概念，"关系"更为普适，其综合了物体的各种美感特质，成为美的本质所在。19世纪

---

① [古希腊]柏拉图：《文艺对话集》，朱光潜译，人民文学出版社1963年版，第273页。

的俄国革命民主主义美学家车尔尼雪夫斯基则认为，美即生活本身，将美的本质视为生活的真实体现。与强调美在关系上的流派相比，他的理念更具历史进步性，因为它引领人们走向探求美的社会化历程。

斯宾诺莎在17世纪就明确提出了美是主观的观点，这成为主观论的起始。他说："外物接于眼帘，触动我们的神经，能使我们得舒适之感，我们便称该物质为美；反之，那引起相反的感触的对象，我们便说它丑。"① 洛克哲学涵盖的"内在感官""联想"等关键概念，成为18世纪经验主义美学的重要组成部分。在那个时代，爱迪生和哈奇生等英国哲学家专门研究"鉴赏力"，旨在为客观美学判定提供准则和基础。然而，由此产生的结果是，人的主观能动在整个审美过程中得到凸显，这逐渐推动整个审美过程出现了"审美态度"的概念，美从此被认为是一种特殊的感知方式。这种发展促使主观论不断壮大，并成为现代西方美学的主要思想。哈奇生认为，美的产生源于我们对事物的观念和看法，这些观念本身就构成了美的本质。不同于其他人的看法，大卫·休谟（David Hume）坚信美仅存在于那些能够静心欣赏的人的心灵中，他相信情感上的快乐才是美的本质。而布瓦洛（Boileau）则将人的理性视为探究美的本质的基础。亚历山大·鲍姆嘉通（Alexander Baumgarten）则认为，感性的知识是建构美的感觉所需的基石。康德认为，美的来源在于客体的形式与主观想象力和悟性之间的和谐，这种协调产生的愉悦感是美的本质，因此美是一种主观情感体验。与之不同，叔本华认为，美是意志的客体化，因此美的本质是由意志构成的。而弗洛伊德则从泛性欲主义的角度出发，将艺术视作性的升华体现，将性作为美感的核心。据乔治·桑塔耶纳（George Santayana）所言，美是人们经历的一种客观化的快感，即快感是其实质。不过，克罗齐（Croce）则认为美是直觉成功的表现，所以直觉是其实质。科林伍德（Collingwood）把美定义为情感想象的活动，即想象是其本质。不同于此，洛德·杰弗里（Lord Jeffrey）则认为美是一种能够联想激发审美愉悦势能的客观对象，而联想则是其实质。相反地，奥格登（Ogden）和理查兹（Richards）支持了视觉形式主义的观点，他们主张任何引起联想的对象都可以被视为艺术美的本质。这些观点都将主观感受作为美的核心，强调美是主观感受的体现，而且可以客观化。

另外一部分美学家运用主观精神和客观事物相结合的角度研究美的本质。里普斯（Rips）认为美的对象是由主观情感与外在物品相融合而成，将情感视作定义美的原因。格斯塔尔心理学派则从心理学和物理学同构的视角来解释审美现象

---

① [荷兰] 斯宾诺莎：《伦理学》，贺麟译，商务印书馆1983年版，第42页。

的产生，旨在说明美的实质仍由主观心理因素决定。

上述观点表明，"客观论"意味着人们可以在客观事实中探寻美的特质，而这些特质并不取决于欣赏美的主体；因此，审美评判会受到主观偏见、个人喜好和主观意愿的较小影响。相反，按照"主观论"的观点，美是主体心理反应的一种表现，而个人偏见、喜好和主观意愿也可能构成美的基础。尽管弗朗西斯·科瓦奇（Francis Kovach）自认为是客观论者，却认为客观论与主观论之间的差别仅是术语用法上的区别。"因为在客观论者用这个术语以表明它是引起审美愉快的原因的某种客观事物的特质时，主观论者则用它来表明那样一种客观特质的效果，即那种引起审美愉快的效果。"[①] 这句话充满了深远的内涵，不仅仅是在术语上有所分歧，更包含着更深刻的观念分歧。

为了进一步深刻理解美的本质，本书将对我国美学界关于美的本质问题的看法加以简略介绍。

（三）我国美学界对美的本质看法

黄药眠在《文艺报》上发表了《论食利者的美学》一文，批评了朱光潜的唯心主义美学观。[②] 接着，蔡仪发表《评〈论食利者的美学〉》，说黄药眠借批判朱光潜阐述自己的唯心主义美学观点，用唯心主义批判唯心主义，并重申了他自己在20世纪40年代发表的《新美学》中的美学思想。[③] 又接着，朱光潜在他的文章《美学怎样才能既是唯物的又是辩证的》中指出，蔡仪的文章存在片面、机械、教条的毛病，只强调了"存在决定意识"这一方面，而忽略了意识"同样也能影响存在"的重要性。[④] 此外，在1957年初，李泽厚也在《人民日报》上发表了文章《美的客观性和社会性》，针对蔡仪的观点进行了批评，认为其观点过于机械。同时，他也对朱光潜的唯心主义观点提出了批评，并提出了自己的美学观点。

于是拉开了美学理论基本问题大讨论的帷幕，其最集中、最热烈的是关于美的本质问题的讨论，《新建设》《学术月刊》等重要刊物也加盟，参加讨论的有近300篇论文，对于这些理论，大体有四种不同的看法。

第一，主观论。"美"是一种观念，这是由吕荧和高尔太等人代表性地提出的。吕荧指出，每个人都有自己对美的理解，不同的人会对同一个事物产生不同的美

---

① 朱狄：《当代西方美学》，人民出版社1984年版，第213页。
② 黄药眠：《论食利者的美学》，《新华半月刊》1956年第19期，第129—145页。
③ 蔡仪：《评〈论食利者的美学〉》，《新华半月刊》1957年第2期，第124—128页。
④ 朱光潜：《美学怎样才能既是唯物的又是辩证的》，《新华半月刊》1957年第3期，第128—132页。

感评价。同一个人在不同生活阶段甚至可能对同一个事物的美感评价发生变化。例如一个人原本认为某个事物美丽,后来可能认为这个事物不美丽;或者原本认为这个事物不美,后来又觉得这个事物变美了。因此美是人类主观认知的产物,是一种观念。自然界的事物并不存在美或者丑的属性,这些美或者丑是人们基于他们的评价而给予的。吕荧在1953年就曾在《文艺报》上提出这个理论,他也多次强调,唯物辩证法认为美不是物质的本质属性或者某种类型的典型表现,它是人们对事物的评价和心理判断。①

高尔太在论述美感时表达了对客观美存在的否认。他认为美是存在于感受者内心的,只有被人感受到了,美才会存在;否则,它就不存在。为了阐述这个观点,他举了蛤蟆和黄莺、蝴蝶之间的例子。虽然大自然所给予的,对蛤蟆来说并不缺少什么,但蛤蟆缺乏的是人所评价的那种美。此外,高尔太也提到,虽然人们都能感觉太阳的光和热,但是对于太阳的美,不是所有人都能感受到。例如,夏天的太阳对于诗人来说是美的,而对于商贩来说却是讨厌的。高尔太认为,美是人对物的直觉评价,离开了人的主观意识,美也就不存在了。他强调美的规律只能从主观意识中寻找。

吕荧和高尔太的观点引起许多人批评。蔡仪指出他们是重复柏拉图的论点,否认了客观事物本身的美以及美的观念是客观事物美的反映,这是唯心主义的论点。②朱光潜也批评吕荧的观点,说他把"美的观念"和"美"等同起来,就像说花的观念就等于花,这是主观唯心主义。③宗白华批评高尔太说,明确肯定一朵花所具有的美感特质和价值,类似于对其红色外观所做的客观估价,并非基于个人主观感受或情感评价而做出的。这一估价呈现了一个客观存在的事实。宗白华在他的文章《读"论美"后一些疑问》中指出了这一点。敏泽则以蛤蟆、黄莺和蝴蝶为例反驳高尔太的观点,强调了这些生物存在着客观的美丽或丑陋原因,而不是单纯基于人们的随意主观评价。这进一步印证了这种客观的存在状态。④

第二,客观论(自然说)。"美在物本身""美是典型"。代表人物是蔡仪。他认为,美的事物之所以美,是在于这事物本身。美不依赖于鉴赏者而存在,但客观的美是可以引起人们美感的。但是,哪一种事物存在这种美呢?什么样的东西

---

① 吕荧:《美学问题》,《文艺报》1953年第16期,第25—30页。
② 蔡仪:《朱光潜的美学思想为什么是主观唯心主义的?——我的美学思想和我的批评者之三》,《学术月刊》1957年第12期,第31—41页。
③ 韩存远:《重返第一次美学大讨论——吕荧朱光潜美学思想比较研究》,《东岳论丛》2017年第7期,第174—181页。
④ 敏泽:《美学问题争论的分歧在哪里》,《学术月刊》1957年第4期,第1—8页。

才真是美的东西呢？蔡仪认为，美的东西就是典型的东西，凡是典型的东西都是美的。①针对美在物本身，美可以不依赖于鉴赏者而存在的观点，朱光潜批评说，美只是自然物的一个属性，犹如红是花的一个属性一样，完全是客观的，与主观成分毫无关系。这样以来，他就剥夺了美的主观性，也就剥夺了美的社会性（朱光潜认为美的社会性就是美的主观性观点遭李泽厚批评）。蔡仪的"美在典型"观点很多人不同意。吕荧反驳蔡仪说，如果一切典型都是美的，可是，为什么有那么多的典型，如典型的猴子、鳄鱼、苍蝇、蛔虫……通常都认为不美呢？还有社会中的典型的高利贷者、恶霸……为什么都不是美呢？针对吕荧的批评，蔡仪对典型进行了说明，它是指"种类的普遍性、必然性的显现者"。②对此，李泽厚批评说，如此类推，苍蝇、老鼠、蛇就一定比古松、梅花美了。而月亮一定是最不美了，因为它是最低级的物质种类（无生物）。李泽厚指出蔡仪美学观点的根本缺陷是否认美的社会性，把美看成如物质自身一样，可以独立于人类而存在。③

第三，朱光潜提出了主客观统一论，该理论的代表人物为他本人。他用以下定义描述了美："美是指客观方面某些事物、性质和形状适合主观方面意识形态的那种特质，这种特质能够与主观意识形态融合得非常完美，形成美的完整形象。"④因此，他将美视作"物的形象"，即艺术形象的一种特性。为了阐明自己的观点，他引用了苏东坡在《琴诗》中的话："若言琴上有琴声，放在匣中何不鸣？若言声在指头上，何不于君指上听？"

根据朱光潜的观点，若认为琴声只存在于指尖上，便是主观唯心论；若认为琴声仅存在于琴身上，则是机械唯物主义。为了达到真正美妙的琴声，需要既有琴作为客观条件，同时还需要有演奏者的手指作为主观条件，也就是说，需要主客观的严密结合。朱光潜的理论表明，美是客观存在且具备主观性，具备自然性和社会性，并且客观性与主观性相互依存。因为美是艺术形象的一种特性，所以客观生活中不存在美，只是美的条件。⑤

蔡仪批评朱光潜的美是主观与客观的统一，实际上是认为美是一种知识形式，

---

① 蔡仪：《美即典型——蔡仪美学文选》，山东文艺出版社2019年版，第26页。
② 蔡仪：《吕荧对"新美学"美是典型之说是怎样批评的？——我的美学思想和我的批评者之二》，《学术月刊》1957年第9期，第27—37页。
③ 吴予敏：《蔡仪李泽厚同志谈美学》，《西北大学学报（哲学社会科学版）》1981年第3期，第107—112页。
④ 朱光潜：《论美是客观与主观的统一》，《哲学研究》1957年第5期，第42页。
⑤ 朱光潜：《谈美》，江苏凤凰文艺出版社2022年版，第56—68页。

"物的形象"当然不是物自身,因此,他还是重弹主观唯心论老调。① 李泽厚认为,"美是客观的还是主客观的统一"的争论,其本质就是承认或否认"美是生活"(美存在于客观现实生活之中)的争论,朱光潜是否认客观生活本身有美,把它们只看作是美的条件。②

第四,根据社会学的客观论,美是指客观物质的存在,这体现了美的不依赖于人类主观意识的客观性。李泽厚是这一观点的代表人物。然而,这种客观性与蔡仪所提的自然属性或现象的客观性不同,而是人类生活的属性、现象、规律。正如善一样,美只有在人类社会出现后才会存在,这是美的社会性的体现。但是,李泽厚的美的社会性与朱光潜所说的美的社会性不同,后者是指美的主观性。对李泽厚而言,美的社会性是指美依托于人类社会生活的存在,是生活本身,而不是依赖于人的主观意识等心理条件,换言之,社会性就是美的客观性的体现。据李泽厚所述,他给美下了个定义,即美是人类社会的一部分,其中蕴含着社会发展的核心、规则及理想,并通过感官可以直接感知到其中具体的社会和自然形象。美在现实生活中呈现出来,蕴藏真正社会深度和人生真理的生动形象,包括社会和自然方面的形象。换句话说,美是一种具体可感的生活现象,包含了关于社会深刻本质和人生真理的意蕴。③ 他认为,客观社会性和具体形象性是美的两个基本特性。

朱光潜批评李泽厚说,依李泽厚的看法,美的来源并非在于自然物的自然属性,而是取决于自然物所承载的社会属性。换言之,大地山川之所以美丽,不在于它们属于自然界,而在于它们是某些"社会存在"的象征或符号。这种观点的本质是否定了客观世界对美的产生所发挥的作用。④ 据蔡仪所言,李泽厚提出的美的两个基本特征完全是错误的,因为具体的社会现象虽然都带有形象性和社会性,但并不一定就是美的表现。

(四)美的本质的哲学探讨

在我国美学界两种关于美的定义引起我们极大关注:"美是人的本质力量的感性显现"和"美是自由的象征(或显现、形式)"。它们的合理性在于,一是把美看成是感性形式,这是与"美学"的创始人鲍姆嘉通给予美学名称 Aesthetia 一词

---

① 蔡仪:《朱光潜先生旧观点的新说明》,《新建设》1960年第4期,第24—28页。
② 李泽厚:《美学四讲》,长江文艺出版社2019年版,第172—178页。
③ 李泽厚:《论美感、美和艺术》,《哲学研究》1956年第5期,第22—31页。
④ 朱光潜:《美必然是意识形态性的——答李泽厚洪毅然两同志》,《学术月刊》1958年第1期,第51—57页。

原意,即研究感觉的学术思想是一致的。[①]二是指出并非所有的感性形式都是美的,只有具有特定内容并由此内容决定的感性形式才是美的。要深刻理解这些概念还必须从黑格尔美学谈起。

黑格尔把美定义为:"美是理念的感性显现。"理念就是绝对精神,也是最高的真实,"当真在它的这种外在存在中是直接呈现于意识,而且它的概念是直接和它的外在现象处于统一体时,理念就不仅是真的,而且是美的了"[②]。如果舍形象而穷究"存在"的实质,那就成为哲学的抽象思维,理念就是真,只有理念以感性形式出现时才是美的。因而,美是理性因素和感性因素契合无间的统一体,是内容与形式的统一,内容或意蕴就是理性因素,形式就是感性形象。而且,黑格尔还强调内容对形式的决定作用:"形式的缺陷总是起于内容的缺陷。……艺术作品的表现愈优美,它的内容和思想也就具有愈深刻的内在真实。"[③]黑格尔指出只有特定的内容——理念并由它决定的感性形象才是美的,无疑是很有价值的见解,但可惜黑格尔的理念是一个客观精神,并把这个非物质的,也非人的主观精神游离于物质与人的精神之外的神秘"存在"当作世界的本质,这是客观唯心主义的典型。

黑格尔还有一个重要的观点,即实践观点的萌芽对理解美、艺术的根源与本质也有启发意义。据黑格尔所言,人对于外在现实世界具有认识和实践的能力,因而能够在此过程中对其进行人性化的改造,从而在外在现实世界上留下独特的个人印记。通过实践活动,人可以实现自己的愿望,并从直接呈现在面前的外在事物中认识自己。他还以一个生动的例子来阐述这一观点,例子为:一个男孩将石头扔进河水中,在这石头激起的圆圈状水花中,他感到一种震撼并从中感知到自己在此活动中留下的痕迹。[④]黑格尔看到了劳动的本质是人在这个过程中实现自己,但是,黑格尔只知道而且只承认劳动的一种方式,即抽象的心灵的劳动,只是一种精神活动。不过黑格尔把美、艺术看成是人实践的结果,是人在实践中创造的,并且在美、艺术中实现自我、体现人的本质的思想是十分重要的。

车尔尼雪夫斯基是俄国的一位革命民主主义者,在继承和批判黑格尔美学的基础上,提出了"美是生活"的概念。具体而言,他所指的"生活"是指什么

---

① [德]鲍姆嘉通:《鲍姆嘉通说美学》,高鹤文、祁祥德译,华中科技大学出版社2018年版,第12页。
② [德]黑格尔:《美学》(第1卷),朱光潜译,商务印书馆2020年版,第138页。
③ [德]黑格尔:《美学》(第1卷),朱光潜译,商务印书馆2020年版,第89页。
④ [德]黑格尔:《美学》(第1卷),朱光潜译,商务印书馆2020年版,第37页。

样的生命状态呢？"任何东西，我们在那里面看得见依照我们的理解应当如此的生活，那就是美的；任何东西，凡是显示出生活或使我们想起生活的，那就是美的。"① 车尔尼雪夫斯基用"生活"取代黑格尔的"理念"，使美学从唯心主义返回唯物主义，是个重大进步。然而，车尔尼雪夫斯基的哲学体系并未摆脱费尔巴哈人本主义的影响，故而其"美是生活"的定义同样受到了这种影响。他仍然将"生活"作为一个抽象、空洞、不涉及社会历史的人类学和自然人的"生命"概念，尽管为此曾涉及阶级斗争等社会内容，但与马克思主义历史唯物主义所认知的那般丰富而具体的社会历史存在相比，其整体上缺少客观实体的内容。

马克思主义认为人类生活在本质上是实践的，这种实践不是精神活动，也不是个人生活实践和类似生物适应环境的活动，而是人们能动改造探索世界的一切社会性的客观物质活动。实践在人类生活中占有根本地位，实践是人类存在的根本方式，是人类产生、生存和活动的基本标志。在发生学意义上，正是以利用、制造和保存工具为基本物质性的劳动实践，使人从动物界中提升出来，形成了所特有的生存和活动方式。而在现实性上，劳动实践每天都在不断地创造出人类赖以生存和发展的物质条件。这种社会实践一旦停止，人类就无法继续生存。在人类所有的活动方式中，实践处于最为基本和重要的地位。通过实践，人们不仅利用和改造自然界，而且也改造着自己赖以生存和发展的社会关系和社会组织，改造和发展自身。因此，实践也是人类和社会自我发展和完善的根本动力。

实践的特性集中体现了人类的特殊本质，动物只能以自身机能性活动来消极适应环境，而人不仅要适应和利用环境，而且要积极认识和改造世界，自觉地发展和完善自身。马克思说："动物只是按照它所属的那个种的尺度和需要来建造，而人却懂得按照任何一个种的尺度和需要来进行生产，并且懂得怎样处处都把内在的尺度运用到对象上去；因此，人也按照美的规律来建造。"② 动物只能按自己所属的那个种的尺度来建造，也就是它只能直观地、具体地、个别性地反映对象，凭动物感觉和心理作用于对象，取得生存与发展的物质条件。而人能够把任何物种尺度的个别性、具体性、直观性提升为一般性、抽象性、理性的东西，达到对象规律性的认识。而且还把这对象的尺度与人的内在尺度结合在一起，按这两种尺度改造世界以满足和发展自己的需要。体现对象尺度的意识是客体性的意识，如关于客体的感觉、知觉、印象、表象、经验、概念、理解、描述等，其典型形

---

① 朱光潜：《西方美学史》（下卷），人民出版社1986年版，第575页。
② [德]马克思、恩格斯：《马克思恩格斯全集》（第42卷），中共中央马克思恩格斯列宁斯大林著作编译局译，人民出版社1979年版，第97页。

式就是知识，是以理论化、概念化、逻辑化的形式存在的。它的内容是客观的、一义性的，是主体按照思维规律对客体的反映，是关于对象规律性的认识。体现主体内在尺度的意识是主体性的意识，是价值意识，如关于对象的态度、目的、设想、理想等，其典型形式是态度，是以意志、欲望、情感、信念、信仰、理想等形式存在的。它的内容是主观的、多义的，是主体自觉或不自觉地按照自己的需要和追求形成的意识。人们按照对象的规律来改造世界，通过客体自然形式的改变，使对象为人支配、为人服务，是体现人的内在尺度、合乎人的目的的，即达到合规律性和合目的性的统一，亦即人们常常概括的真和善的统一，因此，也按照美的规律来建造。可见，人类的物质生产实践中，符合规律与目的的统一以及真实与善良的统一，构成了美的真正内涵。这种内涵与感性的表现形式紧密相连。如果将符合规律与目的的统一视为人类的本质力量，那么美的本质就是这种力量通过感性呈现的产物。如果将符合规律与目的的统一视为人的自由，那么美就是这种自由所体现的象征，或者说表现形式。

二、美的特征

美像任何存在物一样，它所蕴含着的本质必然表现为现象，构成审美性质，进而成为审美对象。那些是以显露美的本质的现象（审美性质、审美对象）共同稳定的特性，就是美的特征。美正是通过自己的特征而处于自己本质相互作用之中，它才成其为美。通过社会实践所达到的合规律性（真）和合目的性（善）的统一，体现出美的内容的客观性与社会性，而美的内容表现形式则是感性的，因而又是具体形象性的。

（一）美的客观性

美的客观性在于它的物质性。"物质带着诗意的感性光辉对人的全身心发出微笑"[①]，美无处不在，只有审美主体具备感知它的能力。在大自然的范畴内，无论是浩瀚的宇宙、日月星辰、风雨雷电、峻岭高山、江河湖海、树木花草、飞禽走兽，无论是经过实践改造后的自然还是未受实践改造的自然，都包含了美的元素。在社会领域，从人类第一次制造和使用石器的原始劳动，到当代利用最新科学技术的现代化劳动，作为合规律性和合目的性的改造自然和社会的形式力量，作为美的存在，始终不以人们的意志为转移而客观地发展着，开创着日益丰富多

---

① [德] 马克思、恩格斯：《神圣家族》，中共中央马克思恩格斯列宁斯大林著作编译局译，人民出版社1962年版，第163页。

彩的美的世界。从史前时代起，人们就开始制作各种各样的工艺品，这些工艺品包括旧石器时代的石器、弓箭和陶器，以及奴隶社会的青铜器，而封建社会则兴盛了漆器、瓷器、编织品和金属器具等艺术形式。现今，我们拥有先进的生产基地和各种生活设施，以及琳琅满目的商品。这些工艺品都反映了人类美好的感性一面。同时，在历史长河中，人们曾有过抗击异族侵略的爱国主义壮举，反抗阶级剥削和压迫以及为追求真理而奋不顾身、永不屈服的勇气，这些都展示了人性中最美好、最亮丽的一面。

不论何领域，美都是一种客观存在。精神领域的美同样如此。人们心灵美实际上是现实美的反映，是现实中人际关系和谐美的映射。此外，心灵美必然会在语言美、仪表美、行为美中得以体现。艺术美也可视作现实美的反映，因为其来源本是客观的物质形态。然而，艺术美通过艺术家的审美心理调节，再通过一定的媒介成为美的艺术形式。这种现实的存在形式是基于艺术家的审美心理、趣味、观念和理想物化的结果，而这些理念在现实中亦是客观存在的。

（二）美的社会性

美是人类社会出现后才逐渐显现出来的，正如善的出现一样。美源于人类社会的实践和审美经验，也包括对自然界的认知和改造。自然之美也不例外，它是在人类对自然的实践和认知中逐渐形成的。然而，在人类社会出现之前，自然界与人没有直接联系。在人类社会中，自然界成了人类行动的对象，与人类的生活密不可分，它们之间存在着特定的客观社会关系。它具有一种社会性质，本身包含了人的本质对象化，它已是一种"人化的自然"了，自然或自然物的属性因此变成了对人类实践有用、有利、有益的属性，包括审美属性。这种审美属性才是自然物之所以美的一个因素。因此，我们判断某一自然物美不美，是依据它的社会性不同，与人类生活关系的不同，它在人类生活中所占地位、所起作用的不同。太阳因它给予人类以光明、热量，大地因它给予人类以生息、繁衍，因而是美的。老鼠、苍蝇、蛔虫与人为害，因而是丑的。可见，自然美的社会性是人类实践赋予的，是人类社会的产物。自然美的丰富性取决于人类生活实践与自然联系的丰富性，随着人类实践不断向深度和广度进军，人化自然的领域不断扩大，自然的社会性日益丰富，自然美领域也不断扩大，自然美也日益丰富多彩。

自然美最初是与它的直接功利性质连在一起的，自然美的功利性是十分明显的。与功利性无关的自然物，与经济生活没有联系的自然物，在原始人心中是没有地位的。原始人最初的巫术礼仪活动、原始歌舞、绘画、音乐，多以对于他们有用的动物和植物为题材内容，如野牛、山羊、种植的谷物，而今天看来很美的山花野草并没有进入他们的视野，原始人的美感经验也是直接与自然物的物质功利紧密联系在一起的。随着实践深入推进，自然与人类的关系日益紧密且积极发展。人们逐渐认识到，在自然物中除了其物质功用外，还具有休闲、观赏和娱乐的价值，成为人们精神生活的重要组成部分，甚至那些没有任何物质功用的山花野草也成为人们的审美对象。此外，有些在物质方面对人类有害的东西某些方面和属性也能够启迪人们的智慧并产生精神上的愉悦，如老鼠的机智、蝴蝶的舞姿都可以成为人们的审美对象。自然之美具有一定的社会性质，而社会之美则更具显著的社会性质，这一点是毋庸置疑的。

（三）美的形象性

美作为一种客观的物质社会存在，具有可感性、具象性和具体性。其形象包含两个方面：一方面体现在其内容的社会功利性，即对社会生活实践的有用、有利、有益，并对实践进行肯定，代表一种价值观；另一方面则在于其材料和形式的合规律性，如对称、均衡、比例、和谐等，两者共同构成了一个完整的形象。然而，自然中、生活中、艺术中的形象，并不一定都是美的形象，只有合规律性和合目的性在形式上的统一，才能体现出真正的美的形象。

自然中美的形象体现了合目的性和合规律性统一的内涵，是自然规律性形式的具体表现。任何自然形象都需要遵循自然运动的规律，这些规律影响着它的外部和内部要素，使其呈现独特的美。这种美是与其他自然形象不同的，并且自身也不断演变丰富着自己的美。这些自然规律性形式也是符合主体内在尺度的，主体通过它们看到了自己的生活，感受到了自己追求真善美本质力量的存在。否则，自然就不会有美的形象，人们的心灵也无法产生宁静或震撼的审美体验。

合规律性和合目的性的统一体现为社会中美的形象，即人类目的性的实践活动及其产品的形式。例如，人类生产活动及其产品通常是合目的性的，因为它们为人类的需求和目的服务；它们为实现人类目标和需求发挥作用，是因为它们依循客观规律，是合法的。作为藏族人民的服务者，孔繁森形象完美高大。他是推进先进阶级和政党事业的杰出代表。通过言行，他逐步树立了这种美好形象，直接揭示了人性发展方向上最优秀的价值观念，展现了共产党领导干部必备的高尚品质：艰苦奋斗和无私奉献。

艺术美的形象与自然美、社会美的形象不同，因其并非客观存在的实物，而是艺术家审美理想的物态化产品，即对自然和社会美的形象的反映。相较于现实美的形象，艺术美的形象受到艺术家深思熟虑的选择、提炼和加工，更加典型和集中。艺术美的形象内容虽然来源于现实生活中有规律和目的的内容，通过艺术家内心的思想加工，外部素材转化为客观的艺术美学形式。这种艺术价值不再只限于实现物质目的，而是具备了广泛的精神效益。同时，艺术美的形式虽然来源于现实的美，但形式本身已不再是简单地传达某种感性的现实内容，而是一种独立的形式美学，一种富含意义且脱离了物质目的的形式美。因此，艺术家的心灵创造能够将内容和形式巧妙地融合到艺术美学形象中，使得概念的内容和形式相互交织，在视觉上达到了和谐的统一境界。

三、美感的本质和特征

美感和美一样，都是人类社会实践的产物。人类在实践活动中，造成两种结果：一方面是外在自然的人化，建构了以真善统一为内容的客体自然的感性自由形式，创造了美；另一方面是内在自然的人化，建构了人类的审美心理结构，产生了美感。因此，美感的本质是在实践的基础上，人对自己本质力量的观照。它是实践主体对外部世界的一种特殊反应方式，表现为心理诸功能（知觉、想象、情感、理解等）的合规律的自由运动。

（一）美感的本质

美感的研究在整个美学研究中具有十分重要的意义。"现代美学之父"费希纳（Fechner）在1871年出版了他的《实验美学》一书，把美学分为"自上而下的美学"和"自下而上的美学"。"自上而下的美学"是指对美的哲学探讨，即从一定的哲学体系出发，经过哲学思辨和逻辑论证，用演绎的方法从一般到特殊来探讨美的本质的传统美学。而他提倡的"自下而上的美学"，即着重研究主体的审美感受，经过不断归纳去寻求美的法则。[①] 当代的西方经验主义美学家认为这种变化是正常的，因为鲍姆嘉通本来就以"感觉的科学"来命名美学，而且美学很多问题是包括在审美经验之中的，必须先了解知觉、情感怎样在审美过程中发挥具体作用。于是，心理学在美学中的地位就显得重要了。不仅像完形心理学美学和精神分析美学那样，直接用某种心理学理论去解释美学和艺术创作中的一些问题，而且其他一些经验主义的美学派别也往往从心理学角度去分析审美经验。例如表现论美学、实用主义美学、现象学美学实际上都涉及审美过程的心理学问题。将"美"视为心理研究的对象，甚至把它视为心理现象，成为一种强劲的思潮。

---

① 誉非：《审美心理学（插图本）》，中央编译出版社2021年版，第213—236页。

在一些美学家看来，他们几乎将美学与心理学等同起来。这一发展趋势，虽然没有也不可能取消人们对美的本质的哲学探讨，但却证实了审美心理研究在美学中的重要地位。

美感有两种含义，即广义和狭义。广义的美感，也称为"审美意识"，包含从各个角度和形式表现的审美意识活动，包括审美感受、审美趣味、审美要求、审美体验、审美理想、审美想象等，构成了一个完整的审美意识系统。而狭义的美感，则指的是审美主体在接触到某个当时当地的、客观存在的审美对象时所感受到的具体感受，也就是审美意识的核心和基础。

特定的审美对象，何以会引起审美主体特定的审美心理反应而获得美感呢？也就是美感的根源和本质是什么？这是研究美感的一项重要内容。

历史上的唯心主义美学家主张从人的精神活动中寻求美感的根源，认为美感是与生俱来的，是心灵所固有的，与客观存在的美没有关系。例如柏拉图就提出，只有少数由于"灵感凭附"而陷入"迷狂"的人，才能观照到最高的美，即存在于尘世之外的理念世界中的"真正的美"。倾向于这一流派的夏夫兹博里（Shaftesbury）和他的学生哈奇生认为，人天生就有审辨善恶和美丑的能力，人们凭着这种天生能力，即"内在的感官""内在的眼睛""内在的节拍感"等，亦即后来人称呼的"第六感官"，来把握美的观念，直接观照到美。[1] 这些说法，既抹杀了现实世界客观存在的美，也抹杀了审美对象在美感形成中的作用，把观念形态的"美的理式""美的观念"绝对化、神学化，因而也就把人的审美能力神秘化了。这当然是不可取的。但是，他们却以神秘主义的方式肯定了美感是一种能够把握某种理性内容的直接观照，肯定了主观审美能力在美感形成中的能动作用，还是从另一侧面见到了美感的特点。

旧唯物主义美学家注意到美感是由审美对象引起的心理反应，但忽视主体在审美中的能动性，因而对主体审美能力在美感形成中的作用估计不足。亚里士多德认为美不是如柏拉图所说的存在于"理念"世界，而是存在于我们经验的自然中。因此，可以通过模仿美的自然或各种情感表现方式来表现人的各类情感，使人的情感在观照这些东西中得到净化，即获得美感。[2] 以博克（Burke）为代表的英国经验主义美学家，从"一切认识都起源于感觉"这一唯物主义哲学原则出发，认为美感是依存于客观事物中的可感属性美引起的，即是由审美对象引起五官的

---

[1] 董志刚：《十八世纪英国美学研究》，山西人民出版社2020年版，第72—77页。

[2] [古希腊] 亚里士多德：《诗学》，商务印书馆2017年版，第38—41页。

快感。[①] 但是，他忽视了美感的社会内容和理性因素，把美感和生理快感简单地等同起来了，这就滑向了生理主义或感觉主义的泥淖，实际上也就把社会的人降低到了动物的水平。车尔尼雪夫斯基根据"美是生活"的命题，把美感看成是从对象身上观照到生活所引起的无私的快感："凡是我们发现具有生的意味的一切，特别是我们看见具有生的现象的一切，总使我们欢欣鼓舞，引导我们于欣然充满无私快感的心境，这就是美的享受。"[②] 但是，由于他不能科学地解释人的本质和社会生活的本质，认为人的本质取决于人的自然属性，将人的生活看成生物学意义上的生命活动，不能从社会生活中真正找到美感的根源。

马克思主义强调社会生活在本质上是实践的。实践活动规定着社会生活和人的本质，也必然最终规定着美和美感的本质。人们经过实践，不仅在对象世界中能动地、现实地复现自己的本质力量，创造了美，而且人们也能从自己所创造的世界中通过感觉直接观照这一本质力量，肯定这一本质力量，引起情感上的愉悦，这就是美感。因此，美感是人对自身本质力量的观照。在哲学和心理学学科中，常使用"观照"这一专业术语，它是指通过感性渠道来理解和领悟理性内容的一种心理过程。这里的"感性直觉"强调了这种思维过程没有经历烦琐的逻辑推理，而是瞬间通过"跳跃"的方式洞悉了事物的本质和规律。但是，这种把握不是主观自身的，它是在一定知识把握和长期思索基础上，由于某种原因才顿悟。这种顿悟能力是在社会实践中通过教育和培养才逐渐形成和发展起来的，坐等思维成果的懒汉不会产生直觉。直觉思维的出现是突发性的，故又称为"灵感"。审美观照作为美学术语，是指审美主体对于审美对象通过感知、想象、情感等多种心理功能的综合作用而达到领悟和理解的感受方式。人们在实践中，合规律性和合目的性得到统一，通过审美观照，主体就获得精神上的享受、情感上的满足。人类审美心理结构的建构过程，这种内在自然的人化大体是分为两个层次进行的。

第一，感官的人化。人的感官和需要与动物不同。动物的感官完全是功利性的，只是为了个体的生存，因而它在实用功能上或许会大大超过人的。如人的眼睛不如老鹰的眼睛那么锐利，看得那么远。人的嗅觉也远远不如狗的嗅觉那么灵敏。但动物的感官再厉害却无法欣赏艺术、欣赏美。而人的感官作为自身躯体及其活动的一部分，也是一种物质性的自然，也可以说是在人躯体范围之内的一种外在自然人化，但由于它与内在心理过程相联系，它又是人的内在自然的人化。人的感官虽然也是个体的、感性的，受欲望和功利支配，但经过长期的社会化、

[①] 朱光潜：《西方美学史》（下卷），江苏凤凰文艺出版社2019年版，第563—567页。
[②] [俄]车尔尼雪夫斯基：《当代美学概念批判》，人民文学出版社1959年版，第16页。

"人化"过程,它逐渐失去狭隘的维持个体生存的功利性,获得一种超个体功利性的社会功利性质,从而能产生高度社会化的感觉。在这丰富、全面深刻的感觉基础上,人才能形成有音乐感的耳朵、能感受形式美的眼睛。

第二,情感的人化。这是指人的情感的塑造或陶冶。人是具有感性欲望的个体存在,具有"七情六欲",这是维持人的生存的一个基本方面。随着社会实践的发展,人们可以把自然性很强的七情六欲改造成具有审美特征的情感。比如性变成爱情这个问题。性作为一种欲望是动物的本能,人作为生物的存在,也和动物一样有性的要求。但是,动物只有性,没有爱。爱是人独有的,是社会历史的产物,是人化的结果,是把外界社会环境因素内化于自身的结果。因为人在社会生活中,越来越要求个体的情感必须受社会理性的制约,必须受社会伦理道德的制约。他懂得异性存在的价值和尊严,懂得男女之间的性爱必须以社会各方面因素为深厚的基础,不是动物式的本能的发泄。因此,他就能把这个欲望、本能升华到爱情的高度,即使之具有审美的情感。这个过程被称为美感产生和发展的"双重人化"体验,指的是一种历史性的积累。通过长期的社会历史实践,人类在个体和自然领域的感知与情感中储存和深化了人类、社会和理性的元素,从而创造了人类审美心理结构或美感的特殊本质。历史的积累可以分为如下三个方面。

其一,原始积淀。在人类劳动实践的初期,人们创造了最初的美,并且随之创生了最初的美学体验。这种审美活动是与日常生活、劳动紧密结合的。在制造和使用工具、日常生活用具的过程中,人类既产生了实用需要得到满足的实用感,也积累了从属于实用感的形式感,主要是形体感和节奏感。形体感的进化,可以从远古先民所制造工具造型的演化看出。旧石器时代北京人的打制石器,一器多用,尚无定型;丁村人已有尖状刮削器、橄榄形砍斫器和圆球状投掷器,工具已略见规范;山顶洞人的石器进一步均匀规整。到了新石器时代,磨制石器光滑匀整,造型已有明显的方圆变化和比例对称的形式美因素,说明人们已具有形体配合的观念和线的观念。没有这个形体感的进化过程,新石器时代晚期仰韶彩陶那丰富多彩的造型,令人惊叹的几何装饰纹样是不可能出现的。节奏感的形成,是人身外自然的运动节奏和身内自然的运动节奏,经由人的劳动和日常生活活动,取得协调和应和,使人在内心形成鲜明的节奏感。例如:宇宙有昼夜更替现象,我们人也有活动与休息;天地有季节更换,我们人的活动也有农忙和农闲,也有紧张和松弛;等等。这些节奏感,又进而使人在活动中有意识调节自己的动作,使之节律化,有音乐般的节奏。这最初的形体感和节奏感已具有相当的审美因素。当然,原始积淀的上述形式感,主要还是在社会实践中对规律性的把握,对自然秩序的感受，是人的心意状态与外在自然的普遍形式规律的合一，产生了情感的愉快。

其二，艺术积淀。严格意义上的美感，是包含着观念和情绪意义的形式感，即审美形式感，它已脱离直接的社会功利目的，以至面对假想的感性形式，也能同面对现实一样，产生情感的激发。在原始积淀中，是在物质生产领域进行，与物质生产直接联系，美感还没有从实用感中独立出来。要把美感从实用感中独立出来，必须借助一定的物质外壳，通过精神生产，而不是物质生产，将它作为产品固定下来。这种精神产品就是艺术，艺术是美感的物化形式，它最初产生于原始的图腾崇拜、巫术活动。

远古时代的人类祖先处于生产力极端落后的历史条件下，无法了解自然现象的因果联系，无法认识自然规律，在自然面前束手无策，因而把自然力人格化了，把它们看成是与人一样有生命、有意识的东西，能给人类降临灾难或幸福，这就是神和神话的产生。图腾崇拜和原始巫术活动都起源于原始人这种"万物有灵论"或"泛神论"的幼稚观念，都以神和神话的观念为依据，都在祭祀神的活动中表现出来。

"图腾"一语，出自北美印第安人的奥基华斯部落，意指一个氏族的徽号或标志。图腾崇拜是一种原始宗教形式，即指原始氏族将某种自然物（动物或植物）认作自己的祖先，以其作为自己的氏族标志而加以崇拜的旧习俗。据研究，在母系氏族社会，图腾崇拜曾在世界各地普遍流行，因此这一时代又称为"图腾时代"。中国神话故事继燧人氏钻木取火之后，流传最广的就是伏羲、女娲两人的传奇了，作为远古中华文化的代表，在远古人们的观念中，它们都是巨大的龙蛇。除他们兄妹（亦为夫妻）之外，远古传说中的"神""神人"或"英雄"，大都是"人首蛇身"，像著名的共工、盘古。作为中华民族象征的"龙"的形象，是蛇加上鹿的角、鹰的爪、鱼的鳞和须等，这可能意味着以蛇图腾为主的远古华夏氏族、部落不断战胜、融合其他氏族部落，使蛇图腾不断合并其他图腾逐渐演变为"龙"。而凤鸟则是与西部集团（炎黄集团）相对峙的东方集团（夷人集团）的另一图腾符号。从帝俊到舜，从少昊、后羿、蚩尤到商契，都以五彩之鸟作为图腾崇拜。后来，龙一直被当作王权的象征，而凤虽为陪衬，但也是显贵，体现了东、西方两大部落集团经斗争后的融合，以西方集团占主导地位。这两面图腾旗帜具有审美意识和艺术创作的萌芽。这种图像符号形式所凝结和聚集的社会观念、情感和心理，是原始人醉心追求的，同时也使这种图像形式具有非凡的模拟性和含义。这一现象进一步增强了原始人对图像的超感官感受和评价，其价值和内容也在自然形式中积累并反映了社会的意义。这种感性的自然形象不仅积淀了人类的理性特质,而且在客观形象和主观感受方面都具有这种特点。

这种最初的审美意识和艺术萌芽不是被动观察,而是一种充满狂热的活动过程。它们被视为图腾的象征和代表,因此这种活动被形容为"龙飞凤舞"。这是一种狂热的巫术和礼仪活动。巫术在原始人实践活动中最缺乏成功把握、最具偶然性的方面,也最能大显身手。而这种偶然性的成功又强化了巫术的魔力,使巫术渗透到生产劳动、战争、治病、丧葬等活动中,祭神活动更需要巫术。今天所见到的图像已变成了老旧僵硬的外观,包括龙、凤或阴阳八卦等符号。它们曾是火热虔诚的巫术仪式的组成部分,也代表了具有神力和魔法的舞蹈、歌唱和咒语的凝聚。这些符号凝聚着原始人强烈的情感、思想、信仰和期望,已成为历史的积淀。

在这种图腾崇拜、巫术礼仪活动中,人类最早的音乐、舞蹈、绘画等也逐渐产生出来。因为这些祭神、祭祖先的活动不是现实的物质生产活动,主要是唤起信仰,激发愿望和情感,这一特点决定了人们可以在这活动中充分运用自己的想象力、理解力,进行各种精神方面的生产,把物质生产的原始积淀而产生的零乱的、分散的感受,加以提炼、集中。例如模仿自然环境中的声音和自己在劳动过程中发出的声音,就成为最初的音乐;模仿自然界生物的动作和自己在劳动过程的操作,就成为原始的舞蹈、绘画。这些东西首先是作为巫术、礼仪活动的感性形式,而后固定和发展起来就成为艺术了。这种活动能够把生产活动中分散的东西集中起来,一方面培养、提高生产技能和认识的想象力,另一方面使群体得到协同和动员,在当时起着把人群团结起来、组织起来并延续下去的作用。

艺术生产的出现,是人类进入文明时代之后的事。那时社会分工的发展,使一部分人能够专门从事精神生产。当然,文明时代的艺术还会受史前神话、巫术的深刻影响。例如哺育整个西方文明的古希腊艺术和基督教艺术,就充满了神话、宗教的故事,或就直接为宗教信仰服务。但是,独立的艺术和艺术生产已经出现,人类完全意义上的审美意识业已宣告诞生,并开始了相对独立的历史发展过程。

其三,生活积淀。物质生产和精神生产的两种美学历史渊源,在原始积淀中起源,艺术积淀则加强了其基础,同时也为美感注入了集中的形式。审美形式的集中必须以丰富多彩的内容为辅助,这样才能长盛不衰。因此,源源不断的生活体验提供了源源不断的灵感。

人类的社会生活是自然形态的东西,是粗糙的东西,但也是最生动、最丰富、最基本的东西。文学与艺术创作者将自然、感性的元素塑造成典型形象,在作品中凝聚了审美理念与社会生活的常态。通过个性化、具体化、生动的形象描述，描绘生活的本质与理想，这就是生活积淀。人类社会生活为艺术提供源源不断的素材，推动人们审美意识持续地向前发展。

审美意识的发展可以通过扩展生活实践来实现，它最直观的表现是审美视野的扩大。逐渐从对动物的审美转向对植物的审美，然后转向对人本身的审美，不再局限于宏观审美，而是逐步涉及微观审美和更广泛的宏观审美。这些变化充分说明了审美意识的发展和成长。处于狩猎生活时期的欧洲原始洞穴画作者，尽管生活在鲜花盛开的深山丛林之中，但他们着意描摹的只是经常与之周旋的野兽形象。无论是属于"奥瑞纳文化"的洞穴画上的牧马或野猪，还是属于"马格德林文化"的洞穴画上的驯鹿，一概如此，只是当原始人转入农耕生活之后，人们才能感受到植物花卉的美，植物的形象才广泛得到描绘，被用于装饰。而后当实践发展生活水平有了一定提高时，原始人对自身装饰就十分讲究，用颜料涂身、涂脸，用美丽的羽毛装饰头部，还有各种木制、骨制、金属制的耳环、项链、手镯等。到古希腊人体艺术十分盛行，甚至在运动场上也裸体竞技，表现出对人自身美的观照。

人们开始观照到的周围世界是宏观世界，是人的五官不借助其他先进工具所能涉及的对象。这是我们居住的地球表面的自然风光，习俗人情。随着科学的发展，实践领域向微观世界和宏观世界进军，人们可见到平时肉眼无法感受到的极其微小的东西的美，如细胞、分子、原子等，也可见到平常肉眼无法到达的遥远的星球的美。这里宏观世界与五官不凭借先进工具感受到的世界共称为"宏观世界"。

生活实践的拓展促进审美意识的发展，还反映在美感内容的日趋丰富和深化上。对山水美的观赏，人们既可"比德"，也可"畅神"。自古以来，观赏山水美景时，人们往往将其融入自身的社会生活中，更习惯于将自然元素人格化，将人的品性客观化。因此，人们会根据所比附的道德情操来评定自然物的美丑，这种观念被称为"比德"。《诗经》中经常使用鸟兽草木的形象作为情感的抒发，而《离骚》中的香草，代表着君子，萧艾则寓意小人，这反映了"比德"对艺术创作的重大影响。孔子"知者乐水、仁者乐山"和他以玉比德的观点，都影响着人们对自然物的欣赏。那些品德高尚者常以松柏喻坚贞，兰竹喻清高，莲花喻清白，鸿鹄喻志向。自晋宋以后，"畅神"的审美观开始盛行，它强调的是通过欣赏自然美，人们可以表达并满足自己的情感，在精神上获得宽慰。这种观点并不是将道德伦理的价值观加到自然物上，而是认为自然美本身就具有足以令人感到舒畅愉悦的审美价值。在王羲之的《兰亭集序》中，他描述了他面对会稽山阴兰亭一带的壮美山水、茂密竹林和清澈湍流时所感受到的"心旷神怡"的审美体验。宗炳酷爱山水之作，认为再现山川流水之美，可以"畅神"，肯定从自然界可以直接得到审美感受。实际上，严格来说，"比德"与"畅神"密不可分。比德者未必不畅神，像屈原之比德，是畅爱国主义的崇高之神。[①] 畅神者也未必不比德，总是由于对现实生活获得的感受倾注于对象，引起移情式共鸣，才会畅神。

美感内容的深化，反映出人们不仅对自然界加深理解，对社会现象扩大了解，而且对人本身的认识也进一步深化。人不仅了解客观的外部世界，而且也了解人的主观世界，艺术不仅是模仿外部的客观世界，再现客观世界，而且还表现自己的内心精神世界。例如小说、戏剧的发展，大体经历过三个阶段。

第一阶段是生活故事化的展示阶段。此时，作品的重心是动作性很强的故事情节，故事中的人物是为了展开故事情节之用。即使其中也刻画一些人物的性格，但这些性格不是很真实的，而是传奇性、神奇性的，不是普通人、真实人的性格。我国古代小说大都是如此。唐代之前的"志怪"书，如干宝的《搜神记》，还有"志人"书，如刘义庆的《世说新语》，以及唐代后的传奇、宋代的白话小说都是如此。古希腊的荷马史诗虽出现我国早期小说未达到其成就的英雄性格人物，如俄底修斯、阿喀琉斯，但重心还是放在情节上，而且人物性格还带有神性和传奇性。反映这个时代的文学观念的亚里士多德的《诗学》，就把情节列为悲剧艺术六大要素中最重要的位置，其余分别是性格、言辞、思想、形象、歌曲。

第二阶段是展示人物个性的阶段。此时，作品的关注点开始转向人物自身，人物成为小说或戏剧的核心表现对象。艺术家注重刻画人物形象，将人物性格的发展作为情节发展的基本动力，把故事转化成展现人物性格的载体和手段。像《水浒传》中的"白衣秀士"王伦、打虎英雄武松，《红楼梦》中的凤姐和黛玉，都是性格人物的典型。王伦只是单一的"褊狭"性格；武松则是众英雄的集合体，是向心型的性格。凤姐和黛玉是展示性格内部的矛盾内容，是两重性格的组合，突破了"叙好人完全是好，坏人完全是坏"的传统格局。就整体而言，西方文学中第一个开始展示人物性格的是莎士比亚戏剧。尽管莎士比亚戏剧拥有复杂多变的情节和华丽的文艺风格，但最为珍贵的是它成功地让人物形象成为文学作品中最基本的构成要素。作为宇宙中的代表和万物之灵长，人们的角色在文学中成为核心，因而这些以人物为主体的小说和戏剧不再单纯满足于人们的好奇心，而具

---

① 黄莹、陈小松：《宗炳〈画山水序〉中的美学思想解读》，《书画世界》2023年第3期，第87—88页。

有了更高层次的审美价值，能够满足人们情感上的需求。作品中的角色与读者产生联系，读者不再只是单纯的旁观者，而是与作品中的人物之间建立起情感上的共鸣，这也使得读者自我投射于作品世界。

第三阶段是内心审美化的阶段。在刻画人物形象和性格时，作品将注意力放在人物的内心世界上，探索深层次的矛盾内容，将人物的内在感受和情感作为审美和表现的对象。这些作品呈现的内心世界是真实而充满矛盾的，同时也是诗意丰富的、充满生命力的。类似于鲁迅先生评价陀思妥耶夫斯基的小说为"灵魂的深"，将人物的性格深入到他们的内心世界，生动地展示了人物的内心感受、错觉、冲突和痛苦等方面。[1] 契诃夫常用"内心独白"直接剖析一个人的内心生活。鲁迅先生的《伤逝》中有一段男主人公涓生的内心独白："……我愿意真有所谓鬼魂，真有所谓地狱，那么，即使在孽风怒吼之中，我也将寻觅子君，当面说出我的悔恨和悲哀，祈求她的饶恕；否则，地狱的毒焰将围绕我，猛烈地烧尽我的悔恨和悲哀。我将在孽风和毒焰中拥抱子君，乞她宽容，或者使她快意……我要向新的生活跨进第一步去，我要将真实深深地藏在心的创伤中，默默地前行，用遗忘和说谎做我的前导……"[2] 这痛楚的内心表白，正是把涓生的彷徨、自私、良知、悲哀等心灵世界充分揭示出来。涓生和恋人子君在个性解放的时代潮流中，冲破传统观念的枷锁，建立了自己的家庭。后因经济拮据、自身弱点和灵魂深处自私卑劣的意识支使，涓生要子君离开他，想以此赢得新的自由的生活。但子君离开他后却死去，又使他灵魂深深愧疚和忏悔。这种展示内心世界的形式在后来的发展中出现了意识流的艺术。意识流小说、戏剧和影视等作品，能够以如小河流淌一样的意识再现人的内心世界，甚至是无意识层面的。如爱尔兰作家詹姆斯·乔伊斯（James Joyce）的《尤利西斯》、我国著名作家王蒙的《布礼》《蝴蝶》等作品。意识流作品除运用内心独白外，还常用内心分析和感官印象技巧。作者运用这些技巧会把人的内心图景一层一层地剥开给人看，这种内心图景不是给人以好奇心的满足，也不是一般地发现自己，而是使人在更深的层次上发现自己，与自己的灵魂对话。

社会实践的发展，艺术的繁荣，促进了美感的发展。美感的历史积淀过程还由意识层面向无意识或潜意识层面渗透，上述的意识流文艺作品揭示了这个过程，我们还可以进一步研究它。

无意识是一种心理状态，是在个体发生的觉知不到的心理过程。它包括两种，

---

[1] 鲁迅:《鲁迅全集》(第7卷)，江苏凤凰文艺出版社2020年版，第151—154页。
[2] 鲁迅:《鲁迅选集·小说散文卷》，山东文艺出版社1990年版，第231—232页。

一是先天的本能倾向，二是后天的本能倾向，如童年生活经验和意念，这是值得注意的两种情况。

一种情况是由经验熟练而成的无意识。干一件事情，对其规律熟练掌握了，甚至达到不假思索了，就会变成一种无意识。这是长期地对某种技能、技巧苦练的结果，像卓别林喜剧片中的工人，千万次地上螺丝的动作，使他没有上螺丝时也同样重复这个动作，这就是无意识。艺术创造中灵感非自觉性也是这样得来的。这种难以言喻的体验只能从实践和积累中获得，无法以言传身教。而集体行为的模式、语言的模式以及信仰观念等，是在漫长的历史进程中形成的，成为个体心理的深层积淀。卡尔·荣格（Carl Gustav Jung）将无意识划分为两种，即个人无意识和集体无意识。他认为集体无意识不是由个人的经验所获得，而是由于人类的大脑在历史中不断进化，久远的社会（主要是种族）经验，经过无数代人无数次的重复，在人脑结构中留下了生理的痕迹，形成了无意识的原型而不断地遗传下来，隐藏在人的内心深处，成为超个人的，人人生而具有的"集体无意识原型"。艺术善于唤起人们这种沉睡在心中的"集体无意识原型"，使人们获得审美愉悦。

可见，人的审美心理结构，既是人类现实的审美活动的成果，也是人类历史积淀的成果。它是人类集体的某种深层心理结构，却保存、积淀在有血肉之躯的感性的人类个体之中。个体通过一定的教育过程，获得这种结构，并在现实的审美活动中，其内在自然人化而成积淀着理性的感性，表现为心理诸功能（知觉、想象、情感、理解等）的合规律性的自由运动。

（二）美感的特征

美感和科学意识、道德意识一样，是社会意识的一种形式，但它又是对象世界的一种直接观照，这又决定了它具有和科学意识、道德意识相区别的一系列特性。

1. 个人直觉性

首先，从美学表现的角度来看，美学体验中包含理性和个体直觉的因素。个体的直觉可以解读为包含两层含义。第一，直观的情感和直接性的体验。也就是说，美学体验始终必须建立在具象的、明确的和直接的感受基础之上。这和科学、伦理学中那种通过概念的逻辑推演进行的思维不同，它们重要的是冷静的分析和严格的逻辑推理，感性只能以间接的方式，即给主体以必要的热情，推动它们进行思维。而审美感受一定要非自己感受不可，并且无须借助抽象思维就可以不假思索地判断对象美或不美。一件艺术品，不论使用的手段是形象还是声音，总是对我们的直观能力发生作用，而不是对我们的逻辑能力发生作用，欣赏一幅画，也许还没有看清物象或弄清它包含的深层社会内容，我们就为它的形式和色彩所激动。听一首歌，也许我们根本不知歌词的内容如何，却为它悦耳动听的旋律而心醉。离开人的直觉性，就无法欣赏美。第二，美感的个人直觉性还指美的创造过程的直接性、直观性。人们在美的创造过程中不必对审美对象作太多太细的分析，不必等待理论家作充分论证之后才开始创作。因为审美对象虽有特定的形态，但它呈现的美是多方面和多变的，人的思想、情感也在不断地变化而无固定范围和模式。因此，你可以适时地捕捉活的形象，马上加以表现，不经意间也许浑然天成，达到美的极致。殚精竭虑，倒可能失之粗疏。

有时候，艺术创作可能在根本没事先安排好和想到自己在描写什么的时候突然笔下生花。有时艺术家对评论家很有意见，因为评论家一定要从作品本身挖出本书的思想，改变作者创作的初衷。个人直觉性是非概念性的，但不是说它完全不要理性内容。美感的个人直觉性只是美感的外在呈现形式，如同概念和推理是认识的外在呈现形式一样。欣赏者感知审美对象时，那富有感染力的感性形象会使人产生相应的表象，而且会有相应的情绪反应，诱发联想和想象活动，将表象改造为朦胧多义的审美意象。意象不等于概念，却包含着一定的意义，能把人引入某种非确定的概念。而当我们感受和表达表象或意象时，一定要运用概念、判断。例如："多美的一朵红花啊！"这里就有"红花"概念和对红花美的判断，这都是以往人们理性认识的成果，它必然作为人的整体心理结构不可缺少的部分，参与审美活动的一切过程，这便是渗透在美感中的理性因素。

美感的个人直觉性之所以具有理性因素，是因为其中蕴含着普遍的社会内容。人类长期的社会实践，使一代又一代文明成果融汇在审美的形式之中，当人们在直观美的形式时，便能体会到其中丰富的观念情感意义，通过一定的教育和训练，又可把这一成果转化为个人的审美能力，其中包括社会生活经验、审美感受经验和健康的审美趣味、正确的审美观点和科学的审美理论等，所以，在社会历史中形成的个人直觉的审美感受就不可避免地具有时代性、民族性和阶级性。人们可以在复杂的美感直觉的具体形态中，认识其中包含的意蕴。例如，我们欣赏长城的壮丽景观时，实际上已带上它的理性因素——建筑之艰难、工程之伟大以及中华民族的象征等，我们才能领悟出它震撼心灵的崇高之美。

2. 社会功利性

从美感的内容上看，美感的个人非功利性中潜藏着社会功利性。关于审美的非功利性，康德曾作出著名的论述："鉴赏是凭借完全无利害观念的快感和不快感对某一对象或其表现方法的一种判断力。"[①] 这是康德对快适、善、美三者引起的愉快做对比后得出的结论。他认为快适是感觉里使诸官能满意，它引起的愉快是和利益兴趣结合的。善是依着理性通过单纯的概念使人满意的，我们称呼一些东西有用，那是作为工具使人满意，而另一些东西是自身好令人满意。因此，我们去发现一个对象的善就是了解对象是怎样一个东西，从它获得一个概念，它因对主体有益、使人满意而引起愉快，这也是与利益兴趣结合着的。美感的欣赏是唯一一种没有利害关系且自由自在的快感，因为它既不是源自纯感官的利害，也不是源自理性的利益倾向，这就使得我们赞赏一件艺术品变得愉悦无比。的确，我们并不为实用的目的而去审美，审美时不作实用考虑便可产生愉快；审美时我们尽可能产生强烈的情感反应，而不立即作出实用的行动反应；我们获得美感的同时，就急于与他人分享，把美感传递给周围的人。例如，当我们旅游名山胜水时，发现一特别美的景观，我们会忘记一切，欣喜若狂，急于招呼同伴一起欣赏，没有人会作出"我不告诉你们"的举动。这表明美感与个人利益无关，是一种无私的、社会性的享受。

但是，在个人的无功利中，美感却潜藏着社会的功利性。原始人的最早美感比较明显地体现出社会的功利性质，如他们将装饰于身上的兽皮等视为征服野兽的标志，以显示自己的勇敢和力量。现代人摆脱了原始人那种功利观念的束缚，初看上去美感似乎失去了社会功利色彩，实际上它的深处却潜藏着以曲折、隐晦、复杂形式出现的社会功利内容。博克说，审美价值是在想象中转化为实用价值。我们在日常生活中确实有许多通过想象使个人无功利性的审美价值转化为社会的功利性（实用价值）。例如，男士在百货公司看一双高跟鞋或一条裙子而觉得很美，这对于他来说无功利性，因为他不能穿。他觉得美是无意识或不是刻意地想象到某一女士穿起来很合适，对他人有社会功利才是美的。

美感的社会功利性的另一种表现，就是满足精神生活需要的这一普遍而广泛的功利性质。一个人健全的心理结构必须由充分的精神生活给予培植和滋养，包括对科学的追求、道德的教育和审美的修养。通过审美活动获得的美感是一种愉快的情感，它在人的精神生活中起着一种重要的、健康的调节作用，不至于使人的精神老处于一种紧张、拘谨的状态。它使人心灵获得休息和安慰，也使人心鼓舞、斗志增强。因而，精神愉悦转化为人们进行生产斗争和社会调节活动的力量时，美感就具有社会的功利性了。

另外，从美感的过程来看，美感始终是动情的，具有愉悦性。美感的动情性，

[①] [德]康德：《判断力批判》（上卷），商务印书馆1965年版，第47页。

反映了主体对于对象的主观态度，表现了美感的强烈主观倾向。审美客体满足人们的需要，就会在主体身上产生肯定的情绪反应。从根本上说，是因为对象在感性形式中潜藏着社会功利性，能够满足人们的需要和愿望，才使人动情的。

由于美感的社会功利内容，使得它不同于生理快感和满足感。人的需要既有生理的需要、实用的需要，也有精神的需要。不同需要的满足，产生不同的快感。人们只有通过利用以至消灭客体的实际存在，取得个人功利，才能获得生理快感和满足。而审美需要表现为一定的审美趣味、审美标准和审美理想，这是精神生活的需要。它所产生的快感是建立在摆脱狭隘的个人功利的基础上，由快感和实用感升华为一种人类高级的情感形态，在其深处潜藏着无私的社会功利性，因而能够陶冶人的情操，激励人的思想，培养人的意志。

美感的个人非功利性内容，还使得它不同于道德感。道德感是对别人的行为和自己行为的情绪态度，它的感受对象是善的事物。道德感是在一定的社会道德准则和行为规范的基础上发展起来的，它要求立即化为符合某种道德准则的现实活动，而活动的过程和结果必须对个体和社会有用和有利，因而它的个人功利性和社会功利性都是十分明显的。而美感是个人非功利性中潜藏着社会功利性，就其表现来看是无功利性的，不表现为现实的利害关系。因此，人们在审美活动中可产生各种各样的审美感受，或舒缓，或强烈，或悲痛，或狂喜，但都不要求立即化为实际的行动。

美感的呈现形式具有个人直觉性的特点，这使它有别于科学认识过程发生的理智感。理智感包括好奇心、求知欲、惊讶感等，它由求真来满足。美感发生过程中是直接地渗入审美对象，渗入主体感受的活动，使审美直觉同时变成一种情感体验。而科学研究过程中，无论理智感是如何强烈，是开始的强烈的好奇心和求知欲，还是探索过程暂时的成功的满足和失败的痛苦，都必须抑制下来，排除这些情感的干扰，继续对研究对象作客观的、周密的观察和试验，作冷静和合乎逻辑的思考。因而，作为广义的认识活动，美感的感知由于情感的推动而进入想象，趋向理解；而科学认识则将强烈的理智感抑制下来，把感知的成果改造为概念，进而按照一定的逻辑规则进行判断和推理。

恩格斯在《反杜林论》中，对道德感、理智感和美感的区别作了论述。资本家剥削工人造成愈来愈不平等的分配，产生了道义上的愤怒，诉诸道德和法，"人们才开始从已过时的事实出发诉诸所谓永恒正义"[①]。这是道德感的直接个人功利

[①] [德]恩格斯：《自然辩证法·第1分册》，中共中央马克思恩格斯列宁斯大林著作编译局译，人民出版社1971年版，第28—37页。

性和社会功利性驱使人们这么行动。但作为科学，它是冷静地观察和思考，寻找产生这种现象的本质的东西："道义上的愤怒，无论多么入情入理，经济科学总不能把它看作证据，而只能看作象征。相反的，经济科学的任务在于证明现在开始露出来的社会弊病是现存生产方式的必然结果，同时也是这一生产方式快要瓦解的标志，并且在正在瓦解的经济运动形式内部发现未来的、能够消除这些弊病的、新的生产组织和交换组织的因素。"这是理智感驱动使然，要揭示对象规律并按一定的逻辑规则说明这一规律。而艺术便不同了："愤怒出诗人，愤怒在描写这些弊病或者在抨击那些统治阶级否认或美化这些弊病的和谐派的时候，是完全恰当的。"[1] 艺术家按照自己的审美观点和审美理想，不作理论探讨和分析，凭个人的直觉，捕捉新鲜、典型形象，就可把对社会不平等的愤怒感直率地表现出来。他的创作过程或欣赏者对其作品的观赏过程，始终是动情的。

第二节 美育与美学的起源发展

创造价值的根本力量是人，人的知识水平和素质将在未来经济和社会发展中起决定性的作用。在21世纪，教育越来越重视培养高质量和高素质的人才，强调创新能力的发展以及个性化的发展与提高。与此同时，还强调全面提升人才的综合素质，这就是恩格斯"自由王国"理念的具体体现。这种发展使得人的成长具有多样性、个性化以及自我决定性的特点。在高素质教育中，美育的情感教育具有独特而不可替代的作用。

一、美育思想的由来和发展

西方美育的起源追溯至文明的开端——以古希腊半岛为中心的爱琴海文化时期。例如我们可通过现代考古成果，领略克诺索斯迷宫那恢宏的建筑和富有世俗人性的壁画，是如何透露了克里特文化时期希腊世界对美及其作用的最初认识与追求。这些审美意识蕴含着西方美学思想和美育思想的最初萌芽。

毕达哥拉斯主张通过音乐净化灵魂，这可谓是最为早期的西方美育思想之一。起源于公元前6世纪的毕达哥拉斯学派，从数学比例和谐美学观念与灵魂不朽宗教信仰出发，认为音乐和人的灵魂一样，都是一种和谐的存在。基于这种观点，

---

[1] [德]马克思、恩格斯:《马克思恩格斯全集》(第3卷)，中共中央马克思恩格斯列宁斯大林著作编译局译，人民出版社1979年版，第189页。

汪子嵩在《希腊哲学史 第1卷》中指出，毕达哥拉斯主张利用医学进行身体的净化，同时也用音乐来实现精神上的净化。他要求门徒在早晚听取特定音乐，以驱除白天的精神干扰以及梦中的麻痹。因此，毕达哥拉斯被看作是"最早利用节奏和旋律进行音乐教育的人"①。在毕达哥拉斯的学说中，净化是指心智和道德的双重净化，其目的在于塑造一种包含"美德"的道德心灵。尽管毕达哥拉斯试图把道德还原为数的方式不正确，无法建立真正的道德理论，但他是"第一个尝试将道德与美学相结合"的哲学家，并提出了"美德即和谐"的思想。②

雅典教育实践中的内蕴美育为美育思想的演进打下了基础。古希腊教育有着两种类型，斯巴达教育以其严格而野蛮的特点为西方教育史所熟知。在斯巴达，军事教育被高度重视，崇尚武功，然而，音乐教育也是其重要组成部分，因为音乐可以激发士气，培养士兵的组织纪律性。反之，雅典注重文治，这与其经济繁荣、政治民主有关。它所要做的不仅仅是把学生培养成身体健壮的军人，更是要让他们成为具有多方面才能和文化修养的政治家和商人，善于进行商业交流。因此，雅典教育十分注重全面发展个体的身体、智力、美感和道德素养，是一种富有多样性和个性化的教育。在这个基础上，古希腊的许多思想家展开了初步的理论总结。比如，柏拉图在《理想国》中提出了教育体系应该包括身体和心灵（也就是艺术教育）两个方面。他认为，在智力教育之前，必须首先进行音乐和体育教育，以共同强化人类的身心。③他调研了人类的成长历程。起初，人们关注外表美，但随着对内在美、行为美、制度美和知识美的经历，人们最终能够领悟理念世界中的美。他认为，自然美和艺术美能够陶冶人的情操、美化人的内心，因此主张从儿童时期开始灌输美学。古希腊哲学家亚里士多德也强调了和谐教育的重要性，其中包括文学、体育、音乐和绘画等艺术形式，并特别强调审美教育。他提出美育"不只是为着某一个目的，而是同时为了几个目的，那就是教育，净化，精神享受……"④毕达哥拉斯的"美德"思想为后来的柏拉图和亚里士多德提供了进一步发展的空间。其中，柏拉图提出了"公正、理性、勇敢和节制"四种美德。在他和亚里士多德看来，公正是其他德行的总体。亚里士多德则进一步强调，"美是一种善"，并将美、善以及美育、德育相统一。

---

① 汪子嵩:《希腊哲学史》(第1卷)，新华出版社1988年版，第349页。
② 北京大学哲学系外国哲学史教研室:《古希腊罗马哲学》，商务印书馆1961年版，第36页。
③ 陈村富:《古希腊名著精要》，商务印书馆1989年版，第33页。
④ 伍蠡甫:《西方文论选》(上卷)，上海译文出版社1979年版，第95—96页。

在古罗马时期，普洛丁重视心灵的审美教育。他将其视为一种神圣的教育，旨在使人向宗教信仰倾斜，并将人性引向神性。普洛丁的这种教育思想为中世纪神学美学的形成奠定了基础。类似地，奥古斯丁提出造物主是美的根源，所有的美都是上帝赋予万物的。因此，审美教育被视为内心回归上帝的方式。在此背景下，审美教育成为宗教教育不可或缺的一部分。

在文艺复兴时期，人们重新认识到并赞赏了生活、自然和艺术的审美价值。在教育方面，人文主义者推崇"个性自由""个性全面发展""人的各种能力的提高"，并且重视审美教育，将其视为人文主义教育的重要内容。在这个时期，教育已经包括了德育、智育、体育和美育。例如，维多利诺这位意大利人文主义教育家将他所创建的学校称为"快乐之家"。他把学校建在美丽的自然环境中，使儿童在愉悦的氛围中身心得到和谐的发展。他认为教育的终极目的是培养具有充分发展的精神、身体和道德的人，因此非常重视智育、德育、体育和美育的全面实施。

18世纪德国美学家席勒是最早提出并将审美教育作为一门理论进行研究的人之一。1793—1794年，他为了感谢丹麦王子奥古斯丁堡的克里斯谦公爵对他生活的资助，书写了27封有关人的美感教育的书简，这些书简后来被合成为《美育书简》，并成为西方世界中"第一部美育宣言书"。该书明确使用了"美育"一词，系统地阐述并分析了美育的含义、内涵、特性、目标及其对社会的意义。席勒的美育思想建立在康德的美学理论基础上。康德将人类心灵的活动分类为"知、情、意"，并认为美学判断（情）是沟通认知（知）和道德（意）的桥梁。《美育书简》探讨的核心问题是如何从资本主义的人类分裂中达到人性的统一和自由，以及如何通过个体人性的完善来改革国家，实现政治自由。席勒认为，作为解决这些问题的手段，审美教育要优先于社会政治经济革命，因为只有通过美学教育才能达到人格完善和人性自由的目的。他提出："若是要把感性的人变成理性的人，唯一的路径是先使他成为审美的人。"[①] 席勒主张通过审美教育来实现人类的自由和社会的进步，认为这是唯一的途径。即使在阶级社会当中，试图用美育取代社会变革只是一种空想，但席勒非常强调美育的重要性。他认为，通过学习美育，"感性的人"可以成为理性的人，"理性的人"可以成为有情感的人，从而引导人们从自然状态向道德状态转化，培养完善的个性和美丽的心灵。这种思想在当时非常重要。席勒的审美教育理论将审美教育与社会变革和改革联系起来，扩大了审

---

① 北京大学哲学系美学教研室：《西方美学家论美和美感》，商务印书馆1981年版，第181页。

美教育研究的领域。从人性自由完整的角度来探讨审美教育的实质和作用，深化了审美教育的理论。因此，席勒在审美教育学方面做出了极大的贡献。

在中国，美育的源头可以追溯到原始氏族社会。盘古开天，燧人氏钻木取火，教民熟食；伏羲氏结绳织网，教民驯养鸟兽；神农氏尝百草，教民稼穑……中华大地流传的许多三皇五帝发明创造的传说，都涉及"先王乐教"故事。战国史官所写《世本》一书中就有关于"先王之乐"，它说："伏羲作琴，伏羲作瑟。神农作琴，神农作瑟。女娲作笙簧。随作笙，随作竽。颛顼命飞龙氏铸洪钟，声振而远……夷作鼓，伶伦作磬……尧修黄帝乐为《咸池》，无句作磬……舜作箫，夔作乐。"① 秦代的《吕氏春秋》对"先王之乐"记载最为系统。《古乐》篇从朱襄氏、葛天氏、阴康氏、黄帝以下一直说到周成王。② 《尚书·舜典》记载："帝曰：夔，命汝典乐，教胄子。直而温，宽而栗，刚而无虐，简而无傲。诗言志，歌永言，声依永，律和声。八音克谐，无相夺伦，神人以和。夔曰：于予击石拊石，百兽率舞。"③

舜时已经实施了乐教并较为准确地总结了乐的功能特点。周公继承了夏商王朝的治理经验，将礼乐教化制度系统地完善起来。根据《周礼》的规定，学校需要"以乐德教国子"，即通过礼仪培养学生忠诚、敬畏、遵纪守法、孝顺和尊敬等美德；"以乐语教国子"，即通过诗歌教育学生学习和运用诗歌，领悟其美学和寓意之所在，培养辞令；"以乐舞教国子"，即在舞蹈表演方面展现先代圣王的功业和壮举，以达到歌颂赞美的目的。④ 周公所创立的礼乐体系是一套仪式规范和综合艺术的结合体。其中，礼是仪式规范的体现，而乐则是音乐、舞蹈和诗歌三位一体的艺术形式。这一体系的核心思想在于通过礼乐的相融相辅，促进社会制度和道德规范的完善。此外，礼乐也是一种审美教育方式，被用来培养奴隶主和贵族的良好审美品位。

在审美教育思想方面，先秦诸子都有较系统的提出，而儒道两派又有不同的观点和立场。

孔子，儒家学派的创始人，设想了一种名为"仁学教育"的理念，其目的在于教导个人如何融入社会礼仪制度，塑造内在文化心理结构。该教育强调"仁"是核心，着眼于培养志向高远、品行优良的"仁人志士"。显然，这是一种强调

---

① （汉）宋衷：《世本》，时代文艺出版社2008年版，第13页。
② 杨红伟：《吕氏春秋》，岳麓书社2019年版，第233—239页。
③ 陈戍国：《尚书》，岳麓书社2019年版，第152页。
④ （西周）周公旦：《周礼》，漓江出版社2022年版，第42页。

奴隶制伦理的教育。孔子认为，仁学教育并非强调道德而摒弃情感，所以他强调同时实施诗教和乐教。他提出了"兴于诗，立于礼，成于乐"的观点，认为"诗"和"乐"是君子修身成人的重要途径。具体而言，"诗"可以给予人精神力量，促进情感的熏陶；"礼"可以使人在社会中立足并发掘个人本质；而"乐"则是情感和本质完美结合的过程，被视为塑造完美人格的最终环节。孔子同时也强调了美感体验应该融入"仁""礼"教育之中，特别注意节制、适度享受的美感体验。"乐而不淫，哀而不伤。"审美教育依附于仁学教育，不是禁欲，也不是情感的放纵，而是以"仁""礼"为规范，有节制地满足情欲。①

在孟子那里，孔子的仁学和审美教育理论得到了更深层次的发扬光大，他更强调内在的人性修养，旨在培养出完整的人格。而荀子则从另一个角度推广孔子的仁学和审美教育理念，更加注重外在行为的规范和礼仪教育，赋予人们更多的规范框架。虽然荀子主张人性本恶，但在审美教育方面却格外注重。

孔子关于仁学和审美教育的理论在孟子那里得到了发扬光大，并更加注重内在的人性修养，以塑造完整人格为目标。孟子的人格教育中，也包括审美培养，但在仁学教育方面不如孔子显著。荀子从另一个角度推广了孔子仁学的审美教育理念，更注重外在规范的礼仪教育。尽管荀子主张人性恶，但他十分重视审美教育。他认为人性本身不会变得美好，而是必须通过塑造和教育来提高人的美德。荀子认为，孔子所传承的《诗》《书》《礼》《乐》等儒家经典及特别强调审美教育的《乐》，都是进行审美教育的重要手段。这些经典具有"化性起伪"的作用。荀子认为文艺具有非常强大的感染力，可以在很大程度上影响社会和政治的稳定，有助于培养人才、移风易俗。②

老子是道家学派的创始人，他主张"无为而无不为"，将哲学原则"道"作为指导，带有深刻的美学思考。老子认为，美学应该依靠自然而非刻意追求美感。与儒家学派强调审美和艺术教育不同，老子采取了超然的态度。而老子的继承者庄子，则更加注重个人的审美修养。庄子依据老子的"无为"思想，阐述了"天地有大美而不言"的美学命题。美是超越功利的，源于自然无为。既没有明确目的，又符合规律。庄子认为，通过领悟自然无为的"道"，才能达到至美的境界。而要达到这种审美境界，则需要依靠个人的审美修养，而不是简单的审美教育。③

---

① （春秋）孔子：《论语》，岳麓书社2018年版，第41—43页。
② 朱志荣：《荀子的性情论美育观》，《美术研究》2020年第1期，第18—22页。
③ 兰应飞、何昕：《先秦道家美育思想初探》，《吉林广播电视大学学报》2020年第2期，第105—106页。

儒家和道家在审美教育上有不同的强调，儒家注重功利，而道家则更注重超越功利。两者观点各有其局限性，但也能相互补充。这两个学派的审美教育思想，对汉代以后封建制度的审美教育产生了深刻的影响。

汉朝思想家有关审美教育的观点，多是先秦儒家学派观点的继承、发挥。一方面强化了社会的规范作用，另一方面又淡化了审美教育的功能。如董仲舒把审美教育视为施行"五者""教化"的一种工具，忽视审美教育的特殊功能，这是对先秦儒家学派的一种倒退。

魏晋时期，继承老庄哲学影响的玄学颇盛。一大批艺术理论家，不是像汉朝那样强调外在礼仪秩序的规范，而是着重主体人格的独立，强调主体的感受、鉴赏和创造，强调艺术（审美）表现神、意、气韵，如"得意忘象"[1]、"传神写照"[2]、"气韵生动"[3]，都体现了一种主体的审美追求。这对于审美修养是必不可少的，只是没涉及审美教育，仍与老庄的审美教育观点一脉相承。

唐代许多人把审美与教育割裂开来，已失去先秦儒家学派的传统。大多数人提倡文以明道，如唐朝著名教育家韩愈，他认为教化的目的在于"明先王之教"，教育内容不外乎"仁、义、道、德"，教育就是"传道授业解惑"，重在使学生"闻道"。这种教育主张，完全排除了审美教育。[4]柳宗元在教育观上也是遵循"圣人之道"的，同样没有给审美教育以应有的地位。[5]

宋明理学家大都围绕主体人性以论教育，与唐朝重在先王之道论教育有很大的不同，因而较多涉及审美教育问题。朱熹主张建立理性、排除感性的理学教育，但是他也注意到利用"四书"进行"感激兴发人心"的教育，似乎也涉及审美教育。王阳明在实施教育方面，与朱熹强调"四书"不同，强调"六经"（六艺），其中包括《诗》《乐》，因而比较重视审美教育。他针对当时不注重感发情感教育的弊端，根据儿童的心理特点，提出以审美教育导向礼法教育的观点。[6]

王夫之、颜元和戴震等明清思想家虽然在哲学观点上存在很大分歧，但是在教育思想方面，他们对审美教育的理论和实践总结都进行了一定程度的涵盖，重视感性、情感和情欲的培养，认为感性教育和性情陶冶应该受到应有的重视。在

---

[1] 肖雯利：《简论王弼"得意忘象"的辩证内涵》，《新丝路》2023年第3期，第113—115页。
[2] 程元帅：《浅析顾恺之的"传神写照"》，《美术教育研究》2020年第18期，第12—13页。
[3] 崔召慧：《浅析谢赫的"气韵生动"》，《求知导刊》2020年第24期，第6—7页。
[4] 潘石瑛：《韩愈的教育实践研究》，《卷宗》2014年第2期，第72页。
[5] 刘奕：《柳宗元的教育思想及启示分析》，《广西教育》2017年第47期，第135—136页。
[6] 王连增：《论宋朝的理学教育思想》，《齐齐哈尔大学学报（哲学社会科学版）》1991年第5期，第82—86页。

这方面，他们的思想比朱熹理学教育更为先进。当然，他们所涵盖的审美教育并不具备现代美育理论的特征。

在五四运动时期，随着中西方文化交流和思想解放运动兴起，梁启超、王国维、蔡元培以及鲁迅等人开始引入西方美学思想，并提出了与之相关的美育观点。梁启超是最早将西方美学思想融汇到中国传统美学思想中的先驱之一。除了强调美学的重要性外，他还特别关注了教育领域，并率先提出了"趣味教育"，即审美教育。实际上，趣味教育的核心在于情感教育，而艺术则是情感教育最佳的工具。梁启超意识到审美教育的核心，因此将其视为趣味教育和情感教育。他在近代中国审美教育方面做出了启蒙性的贡献，这一点是非常重要的，不容忽视。[1]

王国维受到梁启超启蒙思想的影响，为中国审美教育思想史的发展做出了划时代的贡献，推进了审美教育理论的深入研究。他指出当时社会存在着风气败坏、功利心重的问题，人们对国家和民族的未来失去了信心和希望，缺乏心灵生活和动力，因此深感寻求西方思想的启示是必要的。通过美学和教育学的双重探究，王国维发现了审美教育的重要意义，并论述了在推进政治改革和教育兴起的同时，注重情感培养的必要性。王国维于1906年发表的《论教育之宗旨》中，认为教育的目的是培养"完全之人物"，即在身体和精神两方面得到和谐发展的人。针对这一目标，他将教育划分为体育和心育两个部分，其中心育包括智育、德育和美育。从他的观点来看，美育不仅是德育和智育的重要手段，而且拥有其独特的作用和目标。因此，他在论文中明确提出将美育纳入全面发展的教育目标之中。[2] 王国维在审美教育方面的思想提升了该领域的地位。他分析了审美教育的独特和不可替代的功能，同时还指出了它与德育、智育之间的联系和差异。这些思想为中国的审美理论做出了重要贡献。

蔡元培是一位教育家和美学家，他不仅理论深刻，而且实践性强，甚至超越了王国维的审美教育理论。他将审美教育称为"美感教育"或"情感陶冶"，旨在通过应用美学理论于教育，以培养学生的感情。他非常强调美学理论的实践运用，这一点与现代的审美教育有着很大的联系，这也是他超越前人的地方。在他看来，美育在整个教育体系中占有特殊的地位，并渗透到其他三育中去。鉴于当时儒家经典和宗教迷信都很盛行，他主张用美育代替宗教信仰，这直接与王国维提出的美育和宗教并列的观点形成对比。此外，他还纠正了把审美教育仅仅视为

---

[1] 张文博:《趣味教育：梁启超美育思想的内涵与价值》，《河南教育学院学报（哲学社会科学版）》2021年第5期，第74—79页。

[2] 戴逸:《近代教育文选》，巴蜀书社2011年版，第114—119页。

美术教育的错误观点，并率先提出了家庭教育、学校教育和社会教育的概念，同时指出了美育的途径、方法和手段，这些都在前人中是独一无二的。他不单纯在学理层面对美育进行系统全面的探讨，同样也热衷于贯彻实践。在他担任教育总长期间，提倡一项"五育"并重的教育方针，"五育"包括：体育教育（军国民）、智育教育（实利主义）、德育教育（公民道德）、哲学观念教育（世界观教育）及美育教育（美感教育）。此外，他亲自参与美育实践，为我国近代美育体系的构建及美育思想的发展做出了重大的贡献。①

作为新文化运动的先驱者，鲁迅在推广新文化运动和培养革命人才的探索中，特别注重美育的重要性。在担任教育部职务期间，鲁迅积极支持蔡元培的美育理念，亲自主持《星期美术讲座》，阐述《美术略论》的观点。此外，他提倡艺术教育，编写和翻译了大量美学著作，创立艺术院校，举办艺术展览等，为我国美育的普及和发展做出了卓越的贡献。②

在美育发展方面，人们直到马克思主义出现之后，才真正认识到美育的本质及其地位。马克思和恩格斯以历史唯物主义观点审视文艺审美现象，为科学的美育理论奠定了坚实的理论基础。相较于席勒等人所得出的结论，马克思和恩格斯得出了截然相反的结论：政治解放是打开审美自由之门的先决条件，而非审美自由是实现政治解放的前提。他们批判地继承了历史上珍贵的美育思想遗产，以生产方式的发展和变革为基础，推崇实现人类全面发展的科学理论，把以往的抽象想象变为现实。

二、美学思想的由来和发展

人类从使用文身或树叶遮盖身体、筑巢掘洞到进行文艺活动如音乐、舞蹈等实践活动中逐渐具备了审美观念。哲学思想在人类思维能力的提高中孕育而生，而后美学思想又在人们对审美经验的深入反思中诞生。西方美学思想的起源可以追溯到古希腊时期，初期多为自然哲学的辅助而被广泛应用，特别是在探究宇宙本质问题时探讨美的概念。

自德谟克利特开始致力于对人类内心探究的研究，再到智者派所倡导的"人是万物的尺度"，以及苏格拉底强调的"认识你自己"，③哲学领域的研究焦点由自

---

① 赵成清：《蔡元培现代艺术思想研究》，上海社会科学院出版社2019年版，第32—36页。
② 殷学明：《20世纪中国审美价值论研究》，齐鲁书社2017年版，第142—174页。
③ [意]卢恰诺·德克雷申佐：《哲学从这里开始》，任今可译，九州出版社2021年版，第148—161页。

然界转向了社会领域,这使得人与自然哲学之前的关系发生了根本性的改变。同时,这也使得美学思想开始注意到人类社会问题的发展。①柏拉图和亚里士多德是古希腊美学思想的两位重要代表。柏拉图主要关注美的哲学研究,而其在《大希庇阿斯篇》中提出的"什么是美"问题,②至今仍具有极高的研究价值。

亚里士多德专注于审美创造的研究,其所著《诗学》成为文艺美学最早的经典之一。贺拉斯在古罗马和朗吉努斯继承了亚里士多德开创的文艺美学之路,通过自己的著作《诗艺》和朗吉努斯的《论崇高》对文艺进行了美学探讨。与此同时,普洛丁是古代和中世纪之交的思想家,他进一步阐述了柏拉图的"理念论",将绝对理念和神看作一切美的根源,赋予了美更多的神秘主义属性。这为中世纪的圣·奥古斯丁和托马斯·阿奎那等神学家奠定了美学理论的基础,并将美视为上帝的一种属性。中世纪的美学家从维护天主教的反动的封建统治目的出发,认为上帝是最高的美,是一切感性事物美的最终源泉。③

强调人文精神的重要性,推崇人类天赋的创造力和独立思考的能力。在文艺复兴时期,人们开始反对以神权为核心的封建统治和压抑个性自由的禁欲主义,支持理性至上和全面发展等理念,展示出了极大的人道主义情感。这种情感特别在文艺和美学领域中得到了充分的表达,主张重新审视古希腊文化,并以古典艺术为模板,使艺术跳出神学的限制,更加注重人文精神的价值,同时推崇人类创造力以及独立思考的能力,回归到真实的社会当中,以此展现出人的尊严和价值,让这个领域成为最能够发挥个人创造力的自由场所。因此,文艺复兴运动要求艺术不再着眼于描述神的形象,而是将关注点转向人间事物的描绘;同时,该运动敦促艺术家不再使用中世纪象征及比喻手法,并提倡其探讨科学理论并融入艺术创作中。文艺复兴推进了生产力和精神文化的解放,促成了美学从神学向人文学转变,为新的美学思想注入了巨大的活力和生机。

在近代欧洲,英国经验主义、大陆理性主义哲学以及法国启蒙运动都聚焦于人性研究,推动了美学思想的发展。其中,莱布尼茨和沃尔夫对于理性的研究,维柯对于想象的研究,夏夫兹博里、哈奇生、博克、休谟对于感官、情感、观念的研究,为德国启蒙运动时期的美学家鲍姆嘉通的美学学科建立提出了理论准备。

美学是一门独立的学科,其起源可以追溯到1750年,当时鲍姆嘉通出版了

---

① 葛树先:《西方历代哲学家思想纵览》,南开大学出版社2018年版,第29—30页。
② [古希腊]柏拉图:《柏拉图文艺对话集》,朱光潜译,商务印书馆2013年版,第165—194页。
③ 朱光潜:《西方美学史》(上卷),北京理工大学出版社2018年版,第111—140页。

他的专著《美学》第一卷。这本名为《埃斯特惕卡》的著作使鲍姆嘉通成为"美学之父"。①

按照希腊字根的原意,"埃斯特惕卡"意为"感性学"。鲍姆嘉通认为,人类的心理活动可以归结为知识、意志和情感三个方面。其中,逻辑学研究的是知识或理性认知,伦理学则是探讨意志的问题。然而,对于情感这个"混沌的"认知方式,长期以来却缺乏相应的科学研究。为了填补这一空白,鲍姆嘉通撰写了《埃斯特惕卡》,力图探究感性认知的问题。实际上,这部著作不仅仅是认识论上的新科学,也是一门研究艺术与美的学科。在鲍姆嘉通看来,完善感性认知的过程就是一种美的体验。美学则是指导如何用美的方式思考的学问,它是研究低级认知方式的一门学问,也是一门以美的方式思考的艺术,是关于美的理论。虽然鲍姆嘉通尝试构建了美学体系,但一般认为他并未能够完整地完成它。

康德的唯心主义美学体系在1790年创作的《判断力批判》一书中首次展现。康德哲学的研究重点在于主观心理的建构,他认为人的心理功能可以分为知、情、意三个部分,分别对应着人的理解力、判断力和理性能力。这些功能相互交织且不可替代,有必要进行独立的研究。《纯粹理性批判》关注认识功能,而《实践理性批判》则研究了意志功能。与此同时,康德的《判断力批判》则专注于研究情感功能,即快感或不快感感受。这三部批判作品汇聚在一起,构成了康德的哲学体系。

康德所从事的本体论研究将世界分为物自体和现象世界两个层面。现象世界受到各种必然律的支配,因而是有限而必然的,是《纯粹理性批判》所探究的重点,内容主要与人类如何了解自然界种种规律,并为自然界制定法则有关。物自体则是理论上无法证明的,不受任何必然律的支配,因而具有自由、信仰和理性的属性,是《实践理性批判》所研究的主要内容,关注的是精神世界自由意志的实践信仰和道德行为。尽管看似两个层面相互独立,互不相交,但从它们相互关联的角度来看,它们之间似乎存在着一道无法逾越的鸿沟。根据康德长时间的思考和探索,他发现判断力可以将现象和物自体、自然的必然和道德的自由相互联系。判断力具有认识性质、意志性质和略带有悟性的特质(理论理性),并且具有理性性质(实践理性),因此能够作为桥梁,将悟性和理性、知和意相互联系。因此,知、意、情三者相辅相成,康德完成了他的主观唯心主义哲学体系,也成

---

① [德]鲍姆嘉通:《鲍姆嘉通说美学》,高鹤文、祁祥德译,华中科技大学出版社2018年版,第19—34页。

为美学史上第一位完成了唯心主义美学体系的哲学家。①

康德被认为是第一位确立唯心主义美学体系的哲学家。他的研究主要集中在人类主观审美意识的微观层面。康德认为，审美只是人的主观评价，与对象的内容和概念无关。相较于历史进程的宏观分析，之前的美学家更多地采用了理论分析的方法，重视微观层面的研究。这导致美学研究缺乏对历史和文化发展全过程的探索。与之不同，黑格尔则摒弃现状，全面考证人类思想发展的总历史，并给予总体批判和评价。在美学研究上，他更加重视把美学问题放在整个人类思想发展的进程中进行宏观研究。因此，他开创了结合人类认识史来研究美学问题的先河。传统唯心主义美学家常常空洞地推崇审美理论，脱离了艺术实践和当下审美实践。相比之下，黑格尔对于艺术史有相当深入的知识储备，擅长在具体美术作品的基础上实施审美分析。②黑格尔对古希腊悲剧表现出浓厚的兴趣，曾两次将索福克勒斯的著名作品《安提戈涅》翻译成德文。③他对席勒和歌德也推崇备至，经常在《美学》中引证他们的作品。④黑格尔在探讨艺术哲学时，更为重视具体的艺术事实和材料，他进行了深入的分析并从中得出了结论。这一方法与他进行哲学研究的方式不同，同时也是他独特的特色所在。因此，他更愿意将其所著的巨作《美学》称为"艺术哲学"。⑤它后来也确实被人誉为"艺术的百科全书"。

美学学科在中国的确立和发展，是一个历史悠久的过程。这一学科的确立，首先是与中国美学思想的发展息息相关。中国美学思想发展源远流长，可以追溯到古代奴隶社会。在先秦时期，美学思想已被提出，以儒家和道家为代表的思想成为主流。儒家注重美与善的相融，探讨审美和艺术的道德、伦理作用；而道家则认为美是自然的表现，能够帮助人们在精神上获得超脱外界束缚的自由状态，与功利欲望无关。在两汉时期，美学思想常以对先秦各家美学思想的批判与综合为主，并在某些方面有所创新发展。例如，以道家为主的《淮南子》吸收了儒家的美学思想，儒家的美学思想也在董仲舒的作品中得到了深入阐发和拓展。在先秦两汉时期，美学思想就与哲学伦理或艺术理论批评融为一体，这一特点在中国

---

① 邓晓芒：《康德哲学诸问题》，文津出版社2019年版，第206—234页。

② [德]克劳斯·费维克：《黑格尔的艺术哲学》，徐贤梁译，商务印书馆2018年版，第49—76页。

③ 陈旭东：《〈安提戈涅〉与黑格尔和解观的重读》，《淮南师范学院学报》2016年第5期，第6—11页。

④ 朱立元：《黑格尔美学引论》，天津教育出版社2013年版，第1—12页。

⑤ [德]克劳斯·费维克：《黑格尔的艺术哲学》，徐贤梁译，商务印书馆2018年版，第103—110页。

美学思想中得到了长期的延续和进一步强化。

在魏晋南北朝时期，中国美学思想并没有像欧洲中世纪美学思想那样受到神学的束缚而发展困难。相反，中国美学思想在"美和文艺从统一的奴隶主国家所要求的善的紧身束缚中得到了一定程度的解放，不再只被看作是善的附庸，而显得具有自身独立的价值了"①。在那个时代，先秦两汉重视善而轻视美的传统观念已经发生了转变，人们开始更加重视自然美的追求，并探讨审美和艺术的特征。与政治伦理不同，美学思想与玄学和佛学探讨相关，又与文艺理论批评结合。到了隋唐时期，中国美学思想重申了美善统一论，更加重视审美和艺术的教化作用，并积极发掘和发挥先秦儒家美学思想中有生命力的部分。

在晚唐至明中叶，中国的美学思想与佛教（特别是禅宗）结合形成了一种新的美学思想。禅宗不仅追求超脱尘世中的烦恼，实现绝对自由，同时也不主张完全脱离世俗生活，不否定个体生命的价值。禅宗认为，通过个体心灵、直觉和顿悟，可以达到一种绝对自由的人生境界。禅宗思想的这种极为神秘的形态，似乎包含了对审美和艺术创造心理特征的理解，因此被一些文艺理论家和批评家所接受，并用以解释各种审美现象。如司空图便从主体心灵对某种人生境界的体验中寻找美，从与自身的愿望、情感、理想相契合的自由境界中去寻求审美满足。始于司空图的重内心追求，否定外在政治伦理束缚的美学思想，到了后期封建社会日益成为主流，从而演变为宋代追求天然平淡之美。宋代美学思想受司空图的影响，借助于禅宗哲学，更加深入地考察了审美心理特征问题，较魏晋南北朝以后有了新的突破和发展。如果说先秦两汉美学思想是将美看作一个形而上学与伦理问题进行研究，那么魏晋南北朝以后的美学思想则开始研究审美心理问题。这一中国美学思想中心的转变与西方美学思想的发展有相似之处。

在明中叶到戊戌变法这一历史时期，封建社会内部已经出现了资本主义的苗头，进一步带动了商品经济的发展和市民阶层的活跃与扩大。这种社会变化催生了一股浪漫主义倾向，追求个性解放和自由，这也在美学思想上表现为推崇纯真自然之美，力求艺术创新，并且特别强调美与实用、功利之间的区别。同时，审美心理的研究仍然受到重视，但受制于中国传统美学思想的顽固保守，无法进行更深入的发展和突破。

在19世纪末期，资产阶级改良主义运动兴起并于戊戌变法前后达到高峰。当时，一批资产阶级改良主义者开始引进西方的文艺和美学思想，其中梁启超最

---

① 李泽厚、刘纲纪：《中国美学史》（第1卷），中国社会科学出版社1984年版，第37—38页。

为知名。然而，真正系统地介绍这些思想的却是王国维。尽管处于资产阶级改良主义低潮时期，王国维仍将对康德、席勒、叔本华的美学思想引入了中国传统的文艺和美学研究之中，从而完成了一系列具有开创性的著作，为近代中国美学的建立奠定了基础。然而，近代中国美学学科具有独立形态的标志则是辛亥革命后蔡元培开始极力弘扬美学思想，并积极倡导美育。在鲁迅的积极支持和赞助下，蔡元培为中国美学学科的创建和发展做出了重大贡献。

马克思主义哲学的出现，标志着哲学的重大革新，为美学研究走上科学发展之路，为确立美学科学提供了正确的理论基础。马克思和恩格斯在建立马克思主义哲学的过程中，虽没能够写出专门论述美学问题的著作，却始终没有忘记美学，在许多著作中提出了具有重大原则性意义的美学观点，并具体分析论述了大量的审美现象，这些宝贵的美学观点表明，美学研究已经发生了重大的变革，其方向和途径也得到了根本的改变。马克思主义哲学提供的基本思想为美学科学的确立提供了基础，其中包括历史唯物主义的实践观和人造自然的思想。此外，马克思主义哲学还为美学研究提供了方法论原则，这些原则包括理论和实践的统一、逻辑和历史的统一等。

马克思在《1844年经济学哲学手稿》中提出了"劳动创造了美"和"按照美的规律来建造"的基本美学命题，为探讨美的根源和本质，探讨审美创造的规律，解开"美之谜"提供了一把科学的钥匙。其中论述了人类的审美能力、审美感受，"都只是由于它的对象的存在，由于人化的自然界，才产生出来的"，肯定了它们的形成是"以往全部世界历史的产物"；论述了艺术如同政治、法律、宗教、道德、科学一样，"都不过是生产的一些特殊方式，并且受生产的普遍规律的支配"。

具体分析了现实和艺术的审美现象，为引导美学面向现实生活实际展开具体研究提供了光辉范例。

马克思主义美学诞生之后，现代西方美学还出现了众多的流派和理论，涌现了一批具有代表性的美学家。例如意大利的克罗齐提出"直觉说"，英国的科林伍德和法国的柏格森发展了直觉理论，随后，在美国又出现了以桑塔耶纳和杜威为代表的自然主义美学。与此同时，苏珊·朗格的符号论美学也形成一股潮流。其他一些美学流派，如现象美学、存在主义美学、结构主义美学、分析美学等也相当活跃。

现代西方美学主要关注审美心理学的研究，通过"自下而上"的实验方式来考察审美经验和心理结构，取代传统"自上而下"的哲学思考方式。在此基础上，涌现了众多审美心理学的理论，如德国立普斯的"移情说"，美国鲁道夫·阿恩海姆的格式塔心理美学，奥地利弗洛伊德的精神分析美学，以及信息论心理美学、人本心理美学等。这些理论旨在从审美主体的心理活动角度来破解审美活动的奥秘。然而，这些心理学美学理论各自存在一定的缺陷。

随着自然科学和人文科学不断进步，目前在西方一些国家，美学已与心理学、社会学、伦理学、教育学、语言学等学科紧密相连，出现了美学与其他学科相互渗透和合流的态势。此外，美学也借鉴了自然科学中的新方法，应用"老三论"（系统论、控制论和信息论）和"新三论"（耗散结构论、协同论和突变论）来解析审美实践和文艺现象。所有这些变化都使得西方传统美学的体系发生了重要的变革。

我国自五四运动以来，美学研究领域发生了重大变化。鲁迅、瞿秋白翻译和介绍了普列汉诺夫、卢那察尔斯基等人的马克思主义美学著作，扩大了马克思主义美学的影响。出现了朱光潜的《文艺心理学》《变态心理学》《谈美》和蔡仪的《新美学》等美学著作。中华人民共和国成立后，20世纪50年代中期至60年代初期的美学讨论主要集中在美的本质、美学的研究对象和自然美学问题上。党的十一届三中全会之后，我国美学界努力赶上世界美学研究水平，在各方面进行了深入探讨，并与其他学科相交叉，面向实际，产生许多分支，展现了美学的分化和综合的发展趋向。近年来，我国美学在审美心理学、艺术社会学和审美教育学等方面的研究取得了丰硕成果。所有研究成果同美的哲学研究结合在一起，逐渐形成基础美学的学科体系。

第三节　美育与美学的关系

一、美育的性质、功能和途径

美育学在我国是一门新兴的边缘学科，它主要探讨审美教育的性质、功能、任务、方法和途径。审美教育是指在特定时代，施教者依据对审美意识（包括审美观念、审美趣味、审美理想等）和美学理论的了解，通过艺术等审美媒介向受教育者灌输审美影响的过程。审美教育的目的是塑造受教育者的性情，促进其心理结构向着更加完善的方向发展，最终培养其成为具有感受、理解以及评价美的能力，同时具备创造生活美与艺术美的能力。简言之，审美教育同样是一种感性、趣味、与人格共同体现的教育形式。

全面的、自由的是人类发展的目标,感性教育是其中的一个方面。美育作为感性教育的一部分,可以作为理性教育的重要补充(如德育、智育)。美育使用形象化的手段来进行教育,并保持其始终的感性生动性和直接性。感性教育通过解放和提升感性来塑造健康的人格,改善人们的生存质量。我们称这种"解放"和"提升"为"感性泄导"和"感性升华"。

对于人的感性,既不能否认其合理要求,又不能任其放纵。一味地禁欲,断然排斥人们合理的感性欲求都是不应该的。为了确保受教育者的全面健康成长,单纯地抑制感性是不可行的。相反,应当允许感性得到恰当的表达,以实现健康的发展。美育通过审美和艺术活动来唤起人们的感性,为感官的拓展和充实提供了广泛的空间,使外界的刺激有助于保持感官的活力,同时不断激发感情和想象力,使之得以充实。美育以健康的审美活动和艺术活动为指导,正确引导感性的抒发,并融入文明之路。

美育被视为趣味教育,其中审美趣味指个体对美的偏爱和审美能力。审美能力则包括对美的敏感性和辨别力的引导工作,帮助人们从低级趣味走向高级趣味。趣味与人的感性紧密相关,只有真实情感才能激发趣味,因此,趣味教育的引导必须基于感性,从最基础的感性做起。梁启超说得好:"审美本能,是我们人人都有的,但感觉器官不常用不会用,久而久之麻木了。……美术的功用,在把这种麻木状态恢复过来,令没趣变为有趣。"①需要用美的生活和艺术形象来引领青少年走向健康、高雅的审美道路,从而改善他们对生活的态度和评价,培养他们的幸福感和远离"享乐化""肉体化"趣味的影响。

人格教育和审美教育一样重要。健康的人格超越了将人格简单地归结于个人某一方面的观念,这意味着健康的人格不仅能超越理性、道德和感性等维度,而且是一个具有整体性和协调性的人格。一个健康的人格能够充分发展并有机地统一各种不同的人格要素。此外,健康的人格还具备能够正确处理自己与他人、社会和自然环境关系的态度和能力,这是一个富有爱心的人格特征。健康的人格还具有专门的创造能力和技能,能够实现人生和生活的自我意识和能力的不断更新和实现。此外,健康的人格还具有丰富情感和审美化的特质,并且能够回味性地体验情感,达到深思的境界,同时还具备良好的审美鉴赏力和表现力,因此在生活中能够获得无穷无尽的快乐。美育通过发展人的感性,促进其感性和理性的协调发展,并对健康人格的塑造产生了积极影响。与德育和智育相比,美育更加注

---

① 安徽师范大学中国诗学研究中心:《中国诗学研究(第17辑)》,安徽师范大学出版社2019年版,第96—109页。

重感性，这是德育和智育所不具备的。德育和智育注重培养理性而忽视感性，而健康的人格应该是感性和理性相辅相成的，只有两者协调发展，人的整体素质才能得到提升。

美育的作用是一种系统性的开放结构，直接对个体的情感生活和人格发展产生影响。美育在教育领域的主要作用是为青少年成长期提供重要的文化营养，同时也是感性教育和人生教育的重要途径。审美教育是一种以情感为中心的教育形式，其目的在于弥补目前教育结构中所缺失的人文素质培养，同时承担了维护教育完整性的重要职责。美育可以通过培养正确的审美价值观，帮助学生既关注物质利益，也追求精神价值；既追求知识技能，也注重内在丰富和提高；既追求个人需求，也尊重社会和他人的需求。美育的人文本质是培养学生对人生和理想的自觉意识，使其具备未来公民所需的道德责任感和价值观。这种感性、直观、形象、有趣的方式将丰富的价值体验融入德育、智育和体育之中，从而实现了教育职能的完整性。

美育在社会中具有一定的功能，它能够美化社会关系的状态。通过美学教育，将人类、社会和理性的价值观传递给个体、自然和感性的对象，有利于促进个体心理和精神的平衡，改善人与人之间的交往关系，将个体逐步纳入一个新的社会关系中。美育的实施可以提高人的心理素质、文化修养和社会化的人格状态。通过欣赏古典艺术，我们可以与先辈在情感方面进行交流，而欣赏其他民族、其他国家的艺术，则意味着我们正在走向世界，并且与世界各民族、各国家的人民进行情感交流。美育对社会关系有一定的正面影响，它可以促进和谐、协调和融合，有助于消解敌视和仇恨，培养个体对生命、对社会和对自然更加热爱的情感。

美育的最高层面功能在于推动人类文明的进步。对于物质文明而言，美育融合了高度体验性与参与性的活动，包含了想象、造型、感性直观、自由表现、注重过程等方面，能自动促进学生心理素质的协调发展，全面提高学生的综合能力，尤其是创造力方面，包括创造欲望、动力、技能、创造意识和思维等，为物质文明的发展提供了基础支撑。对于精神文明而言，美育的价值定位非常明确，旨在通过审美化人的精神，培养学生的健康多样化的审美需求、趣味和能力，让学生从价值意义上理解人类和自身，按照美的规律自觉地塑造自己。此外，美育还表现出渗透功能，以自觉或潜移默化的方式培养学生健全完美的人格和整体生存态度及生活观念。

为实现美育功能，我们必须设定美育的任务，那就是：从人类这一实际的主体切入，不断满足并提升人类的审美需求，发展和完善人类的审美感知、想象、理解和情感能力，推动人类的审美创造能力进一步提高。通过审美创造，不断完善和实现自己的审美需要和审美意识，引导人们的审美生活，使之不断走向高度自由的审美世界、真正的人性世界。

青少年的美育工作，尤其是大学生的美育工作存在两种倾向：一是把艺术教育等于美育，以为学会唱歌、跳舞、绘画、书法便是达到美育要求；二是把美学理论的学习当作美育，似乎上了美学课即完成了美育的任务。这两种倾向都有片面性。艺术教育以培养学生艺术感受力和表现力为中心，使学生具备较丰富的审美体验，这是儿童和少年时代主要的美育形式，适应少年儿童的思维特点。儿童思维特点是形象思维，直接与客体有关，离开具体事物的支持就会感到困难。少年思维能力虽然可以超出事物的具体内容，可以离开客体进行逻辑思维，但毕竟不成熟。因此，艺术教育是他们主要的美育形式。美学理论课以掌握关于审美对象的特征和形态、审美过程阶段和规律以及审美价值观的基础理论为中心，使学生具有较自觉的审美知识、良好的审美态度和正确的审美观，它是学生审美体验的理论升华。可见，从艺术课到美学理论课，是一个从感性审美修养到理论审美修养的提高过程。学好艺术课，掌握丰富的审美体验是学好美学理论的基础，就像没有感性认识无法飞跃到理性认识一样，美学课离不开艺术课及其他形式的审美活动。另外，审美理论修养有助于个体审美经验的深化和审美意识的自觉，有助于在艺术领域和非艺术领域确立正确的审美观。

因此，大学生美育课程体系应由以下几个方面组成。

艺术课程：包括基础性的艺术知识、艺术史知识、艺术欣赏和少量的艺术技巧等。由于应试教育的弊端，中小学忽视了艺术教育，甚至取消了规定的艺术技巧课，因此，大学生有必要补上或深化艺术课。

在非艺术课和学校的其他活动中渗透美育内容。艺术美是现实美的集中反映，应该充分发掘非艺术领域的美，通过各种教育活动让学生领略人生、社会、自然无限丰富的美。

美学理论：包括美学原理、各类艺术美学和环境美学、社会美学等分类美学理论。这就把在艺术教育中，在渗透其中的德育、智育、体育、劳动教育中所获得的审美体验上升到理论高度来把握。

在大学教育中，作为未来教师的高等师范院校学生需要具备的不仅仅是一般现代人的审美素质，还需要掌握与教师职业相关的审美素质。因此，他们需要学习美育理论课程，掌握美育的基本理论、心理学和相关知识实践的操作方法。尤其是在教育系，学生需要学习以美育为主题的美育学课程。

二、美学是研究审美主体与审美客体的审美关系的科学

关于美学研究对象问题存在不同看法。有的美学家认为,由于美学研究对象的不确定,断定它不可能是科学的,因而提出否定或取消的观点。著名的英国哲学家艾耶尔就认为,所谓伦理学、美学等价值判断,实际上是一种感性的表现,没有科学上的真理性,没有什么客观的有效性。[①] 维特根斯坦认为,美学理论之间的争论,犹如个人欣赏之间的争论一样,实际上只是运用语词的问题。这些逻辑实证主义和分析哲学的代表,由于美学一些基本概念的歧义含混和审美的个性差异而否认美学作为理论科学的存在价值的看法是偏颇的。[②]

绝大多数的美学家承认美学有自己的研究对象。柏拉图最早认为美是美学研究的对象。他在美学成为一门独立的科学前就对什么是美的问题进行过专门的研究,要探求使具体事物所以成为美的那个本质的东西,它是一切事物美的根源,一切美的事物都是由它决定、由它发生的。"美学之父"鲍姆嘉通也把美作为美学的对象,同时也把美的艺术作为美学的对象:"美学的对象就是感性认识的完善(单就它本身来看),这就是美……美,指教导怎样以美的方式去思维,是作为研究低级认识方式的科学,即作为低级认识论的美学的任务。美学是以美的方式去思维的艺术,是美的艺术的理论。"[③]

把艺术作为美学研究对象的突出代表是黑格尔。在他看来,只有艺术才是真正的美,因为艺术是心灵产生和再生的美,而自然美只是属于心灵美(艺术美)的反应,这种反应原是一种不完全不完善的形态,它的实体原已包含在心灵之中。因此,美学的"对象就是广大美的领域,说得更精确一点,它的范围就是艺术"[④],"或则毋宁说,就是美的艺术"[⑤]。黑格尔把美学称为"艺术哲学"或"美的艺术哲学"。车尔尼雪夫斯基可能是旧美学中最接近马克思主义美学的一位美学家,他在批判黑格尔唯心主义美学思想的同时,提出了"美是生活"的著名论断。可是,他认为美学研究对象不应当是美,而应当是艺术,美学是研究艺术观,或是艺术

[①] 齐志家:《自由选择如何可能——基于艾耶尔〈自由与必然〉的理解》,《武汉纺织大学学报》2011年第4期,第1—3页。
[②] 黄雨璇:《维特根斯坦的美的本质论》,《华中师范大学研究生学报》2019年第4期,第83—87页。
[③] 朱光潜:《西方美学史》(上卷),人民文学出版社1986年版,第297页。
[④] 邓晓芒:《康德哲学诸问题》,文津出版社2019年版,第206—234页。
[⑤] [德]黑格尔:《美学》(第1卷),商务印书馆1979年版,第3页。

的一般规律，包括整个艺术理论，即美学是关于艺术的科学。①

据一些美学家称，审美心理是美学的研究主体。此观点源于英国经验主义美学，特别是休谟和博克的美学。休谟采用了心理学分析方法，为其心系的两个基本问题——美的本质和审美趣味——寻找答案。②博克对美感以及优美、崇高的生理和心理的特征作了许多具体的考查、描述和分析，这对于康德的美学思想产生了重要的影响。③康德非常重视对审美心理的研究。他将审美判断与逻辑判断，将审美快感与感官快感和道德快感区分开来。这使得康德成为近代美学心理学分析美学先驱。④19世纪末以来，心理学的美学获得了很大的发展，实验美学、格式塔心理学美学、精神分析美学等，都是心理学美学的代表。它们认为，审美对象是审美经验事实，美学应当研究这样一些问题，如"美感经验是怎样产生和发展的""人在审美活动中的心理状态是怎样的""审美对象是怎样形成的"，等等。

以上几种关于美学研究对象的看法，从不同侧面对美学研究的内容和范围进行了一些探讨，不乏其合理因素，但是不能说是完善的。把美学研究对象规定为美，这仅仅是从审美客体的角度去研究，忽视了审美主体方面在审美过程中的重要作用。把美学研究对象规定为艺术或艺术理论，这显得太狭窄，因为美学不只是研究艺术美，除了艺术美之外，在自然界和社会生活中都有美的存在。这样，就把丰富多彩的现实美排除在美学研究的范围之外。同时，也不能认为美学要研究艺术的全部问题，否则就把它和艺术学混同起来了，就扩大了美学研究领域。事实上，美学关注的并不是艺术中的所有问题，而是专注于探究艺术与美学相关的话题，揭示艺术审美的本质和特征。仅仅从审美心理学的角度来研究美学也比较片面，因为这样无法回答一些重要的哲学问题，如美的本质是什么。因此，心理学单独探讨并不能得出正确的答案。

近年来，国内外还有关于美学研究对象的提法值得注意，如"美学的对象是审美欣赏、审美创造和审美教育""美学——审美活动的理论""美学是研究人对现实的审美关系的科学"，等等。这些提法共同的合理性在于不再是把美学对象仅看作审美客体或审美主体的心理活动，不再把艺术活动看作唯一的审美活动。我们认为，把美学研究对象界定为审美主体对审美客体的审美关系更为合理。这

---

① [俄] 车尔尼雪夫斯基：《当代美学概念批判》，人民文学出版社1959年版，第30—42页。
② 朱鹏达：《浅析休谟"审美趣味"理论》，《文渊（高中版）》2021年第4期，第728—729页。
③ 罗中起：《博克的美学思想》，《锦州师范学院学报（哲学社会科学版）》1989年第3期，第22—32页。
④ 邓晓芒：《康德哲学诸问题》，文津出版社2019年版，第100—109页。

是因为，人类在社会实践中，要与外部世界发生一定的对象性的关系，其中一种关系是审美关系，它是由具有审美特性的对象和具有审美能力的主体所构成。从审美对象来看，并不是客观世界存在，审美对象就已存在，而是只有在有了人以后当它与人的社会生活发生了某种关系，对人产生了一定的审美价值时才产生。从审美主体来说，也不是任何人在任何时候都能成为审美主体，而必须是具有一定审美能力的人，处在审美时刻，对审美对象采取一定的审美态度的时候，才成为审美的主体。只有这样的审美对象和审美主体才能构成一定的审美关系。这种提法较之前三种明显合理之处在于指出任何审美活动都是对象性的活动。"美学是研究人对现实的审美关系的科学"的提法，对"人"与"现实"没有体现是处于对象性关系中的人与现实。"美学——审美活动的理论"提法过于抽象，没有指出审美活动的实质内容是审美主、客体的对象性活动。"美学对象是审美欣赏、审美创造和审美教育"的提法又略显具体，审美欣赏、审美创造和审美教育实质上都是审美主、客体之间的审美关系。

但是，任何一种对美学对象的规定，都对美学对象本质内容的具体化做出过重要贡献。美学研究的内容主要有以下方面。首先，我们需要深入探讨审美客体所具有的美学特质，探究美的起源、本质、特点以及美的内容和形式等相关问题，这属于哲学领域的探讨。其次，我们需要探究审美主体与审美客体之间所产生的各种审美关系。这种关系包括两个方面：一是审美经验领域的研究，即美感的心理起源、特殊规律以及美感的心理结构和过程的分析，这属于心理学范畴；二是探究思想与物质的交融与结合，由此产生的审美实践的研究。这些实践包括审美创作和审美教育。最后，我们需要对艺术进行研究，这不仅包括对作为一个特殊和典型审美对象的艺术美的研究，还包括作为审美主体和客体间审美关系的艺术美的欣赏、艺术创造和艺术教育等的研究。

总的来说，美育和美学是相互包含、相互渗透、相互关联的概念。从美育的角度来看，美学扮演了重要的理论基础，同时也将美育实践和经验上升为理论形式。而从美学的角度来看，美育则是指审美主体和审美客体之间发生的审美关系，是审美实践中的一种体现形式。

第二章　新时代高校美育探索

在新时代背景下，高校美育教学呈现崭新的面貌。本章的主题为新时代高校美育探索，分别从高校审美教育体系与课程、新时代高校美育中的教师因素、新时代高校美育的价值等方面展开论述。

第一节 高校审美教育体系与课程

一、高校审美教育目标体系

(一) 高校审美教育目标体系的基本概念

1. 审美教育目标的含义

目标,是指在客观环境和主观预测的基础上,人们行为活动的预期结果,是一种期望。审美教育目标就是从受教育者所要形成的审美素质的角度,来说明审美教育的作用和预期价值,即要把教育对象塑造成什么样子,其审美素质达到什么程度或境界,也就是期望作用对象在审美素质方面所要达到的标准或规格。所以,高校审美教育目标是整个高校教育目标的重要组成部分,是教育目标在审美素质方面的具体体现,是对高校审美教育结果的具体要求,也是对审美教育质和量的具体规定。它是整个审美教育活动的前提,决定着审美教育内容与各个步骤的方向度,制约着整个过程的进行。

目标是纲领,纲举才能目张。审美教育目标的提出,是教育活动的起点,而目标的实现又是一定的教育活动的终点。整个审美教育过程就是在其目标价值枢纽作用的观照下进行的,以实现目标为导向来组织、协调和调整主客体全部行动的过程。也就是说,审美教育主客体的全部活动都是服从和服务于审美教育的目标的。只有明确建立了目标,才会有针对性地设计、选择和组织恰当的活动。结合社会需求制定科学合理的目标是审美教育过程的第一步,它引导着后续的每一个步骤。为了实现预期目标,我们会努力寻找最佳途径,精心设计教育内容,积极探索各种方法,目标指导着审美教育活动的实施和深入。目标是活动的前提,目标不同,教育活动的规模和具体操作的程序也会不同。所以,正确、合理的审美教育目标,是贯穿整个教育活动和实现其价值的中心环节。

高校审美教育目标的提出是从客观实际出发的,它反映了不同社会历史条件和社会实践的要求,反映了教育对象的审美素质现状和发展的需要,是从社会对大学生的审美素质要求和大学生自身全面发展的需要提出来的。也就是说,它又是客观现实的反映,反映了一定社会发展阶段的经济、文化对教育对象达到的审美素质方面的标准,表述出了人才培养在这方面的具体规格,体现了鲜明的社会性、国家性、民族性、时代性和前瞻性特征。

2. 高校审美教育目标体系构建的意义

高校审美教育目标体系的构建，对整个审美教育的实施有着重要的意义。

（1）方向与标准

加强和改进审美教育，首先必须确保其具有正确的方向性。我们的审美教育目标的制定，要以我国的传统文化以及现阶段的社会经济、文化、生活条件为基础，依据大学生的审美现状及发展需要来制定。一旦制定，就是工作的纲领，它对整个审美教育的向度和程度、内容和方法规定了方向，也就是确定了育人的方向和标准。如果目标正确、科学又恰当，就能使我们的审美教育工作充分体现中国特色社会主义社会的性质和发展需要，就能为教育对象审美素质的提高和全面健康发展起到导向作用。高校的审美教育就可以在总目标的指引下，通过具体目标去支配、调节、指导和控制整个教育过程，就会有标准可依，科学地选择相应的教育内容和方法，提高审美教育课程编制和教学的科学性与针对性，通过各种显性与隐性的教育活动，使学生达到教育目标所期望的目的，从而避免审美教育过程中的随意性和形式主义。

（2）科学与统一

审美教育是一个系统工程，需要加强教育工作的整体性和统一性，并将教育目标贯穿于教育工作的全过程，贯穿于审美教育的每个阶段、每个环节之中。过程的整体性和统一性，是体现审美教育是否科学的一个方面。高校应在审美教育总体目标的指导下有一个整体与科学的规划，即推进审美教育目标管理的实施，制订出具体目标并贯穿于教育的始终，以此来确定审美教育活动的内容、方法、载体、途径等的选择和设计，这是整个教育过程的逻辑起点。审美教育活动的实施，不可避免地会受到各种主客观因素的限制和干扰，我们只有时刻注意围绕教育目标，注意各层次、各方面的分目标之间的协调一致，才能避免偏离工作过程的整体轨道，避免造成混乱、内耗和损失，从而保证审美教育工作的整体性和科学性。

（3）实效与激励

以审美教育目标体系为导向来开展工作，可以增强工作的实效性，而这正是我们加强和改进审美教育要达到的根本目的。目标是出发点，是我们工作的导向，也是审美教育工作的归宿。审美教育是否有效，着重看工作的实际效果，其依据就是审美教育的预定目标是否有效。我们若能以审美教育的目标体系为导向来安排实践活动，把目标贯穿于每个环节、每个步骤的选择和安排中，并随时按照目标来调整教育的内容和方式，就能较好地保证目标的有效实现。此外，从教育者的角度来看,只有明确了工作目标后,才能有明确的工作方向,才能调动起潜在的积极性;只有在达到了工作目标后,才会产生成就感和满足感,从而激发出高昂的工作热情。所以,审美教育目标对教育者来说,既具有挑战性又具有激励作用。

(4)评价与考核

审美教育目标一旦确定,便成为一定时期内评价、考核审美教育整体工作、考核教育工作者绩效的客观标准。审美教育的效果究竟怎样,要根据预定目标实现的向度、程度方能确定,即要视目标的最终实现情况而定。高校审美教育应实行目标管理,不仅要制订出具体目标,还要有一套为实现目标而进行的组织、激励、控制、检查、评价的管理方法与制度。由于目标可以分解、落实到人,所以这样不仅可以对学校审美教育的总体目标实施情况进行考核,还可将个人完成的实绩对照目标进行考评。教师也可以具体目标去监督评价学生,构建审美教育评价体系。这样可以提高评价与考核的清晰度、准确性和层次性,使每个部门、单位和个人的教育绩效易于考查与评价。

(二)高校审美教育目标体系的确立

1. 高校审美教育目标体系确立的依据

审美教育目标是整个教育目标的组成部分,作为审美教育活动所要达到的预期结果,在形式上体现着教育者的主观愿望和要求,但实质上反映着国家、社会发展、素质教育以及当代大学生自身发展的客观要求。所以,满足社会发展需要和当代大学生发展需要,是构建高校审美教育目标体系的两个重要依据。

(1)当今社会发展的需要

社会发展已进入了信息化和经济全球化时代。社会的转型,引起了整个社会生活方式的变化,审美教育目标的提出和确定,受社会发展所产生的制约因素的影响越来越多。我们必须考虑,如何使当代大学生形成合乎社会发展主流的审美观,以适应目前的日常生活以及审美化倾向。所以,满足当今社会发展的需要,是构建和确立当代大学生审美教育目标的重要依据。

在构建中国特色社会主义社会的过程中,经济建设提供物质基础,政治建设提供政治保障,文化建设提供精神动力和智力支持。所以,在当代大学生审美教育目标确立的过程中,我们不仅要适应社会上层建筑和意识形态的需要,还要适应社会转型发展的需要。在具体确立审美教育目标时,一是要考虑国家和民族的特点,从国家、民族的特点和传统出发提出要求;二是要考虑社会规范,即要维护和发展目前社会、生活秩序所必需的制度、规范和准则，因为人们在审美过程中，无一例外地需要一定准则、规范的指导和约束；三是要考虑与科学技术发展相适应，因为科学技术的新发展和市场经济的新发展，都给传统审美观带来了一系列新的问题与挑战，需要破旧立新；四是要考虑经济和社会发展对当代大学生提出的审美素质的新要求，如要具有正确的审美价值取向和理性等。总之，我们要考虑到社会发展的多方面因素，不仅要立足现实，从实际出发，还要面向未来，超越现实，适应社会未来发展的需要。

（2）当代大学生自身发展的需要

审美教育不仅要促进社会的和谐发展，还要促进人的全面发展，所以要根据教育对象自身发展的需要和心理发展水平来制定教育目标。也就是说，适应和满足当代大学生自身发展的需要，是确定高校审美教育目标的又一重要依据。

当代大学生正处于成长过程中，有自身发展的需要。这种需要有物质方面的，更有精神方面的。精神方面主要表现为自我价值的体现和自我完善的追求。需要是个体进取的内在动力和个性完善的力量源泉。在面向21世纪、面对今后的人生道路时，他们追求自我价值的实现，追求人格的完善，有着强烈的自我发展需要。如果精神追求得不到满足，他们的内心就会失去平衡，就会产生消极情绪，从而影响学习的积极性。我们的审美教育目标应该真实反映当代大学生的这种精神需求，正视他们的心理状态，用发展的眼光去看待当代大学生的素质，激发他们的积极性，帮助他们树立自信心，帮助他们实现成才的愿望。所以，我们要根据当代大学生的实际情况来制定具体的审美教育目标，通过循序渐进的审美教育，切实提高他们的审美素质，使其人格得到进一步完善。

审美教育目标体系的构建和确立，既离不开一个国家、一个民族文化的传承，也离不开社会发展的需要，更离不开学生自我发展的需要和审美心理发展的规律。事实上，这些方面并不是相互对立的，而是相互联系的，有着很多相统一之处。所以，我们要将这些因素综合起来，相互兼顾，力求达到目标的方向性与现实性、社会性与个体性的统一。

2. 高校审美教育目标体系的内容要点

审美教育目标，是根据社会发展和受教育者生存、成长的需要而提出的，反映着一定社会对其公民在审美需要、审美行为、审美心理等方面的基本要求和受教育者自身成长的需要以及心理发展水平。有专家学者认为，目前我国各级各类学校审美教育的总目标是："培养学生的审美能力、审美情操、审美理想，它以艺术美和现实美为教学资源，以培养美的感受力、审美力、创造力为教育手段，以塑造自由、健全的人格为最终目的。"① 这一目标，对审美教育具有指导与制约作用。同时，审美教育目标又是一个具有复杂性、多样性、层次性，且覆盖面很宽的内容体系。为了指导具体的实施过程，我们需要在系统论指导下对其进行分解，在总目标下可分为不同类型、不同层次的具体目标，这些具体目标是总目标系统中的子系统，是构成总目标的基本要素。各具体目标的内容有如下三点。

（1）培养正确健康的审美价值观的目标

审美价值观是指人们对于客观事物和现象在审美上的认识、评价和偏好，它体现了人们从美学角度所做出的判断、评价以及相应的行为选择。简单来说，它是关于审美的一种观点，人们根据这个观点来判断自己喜欢或厌恶什么。它是一种内在的审美标准，由许多心理因素组成，如审美需求、动机、趣味、理想等，以及相应的审美认知、情感和信念。大体上，这些成分又可分为下列不同的层次：一是审美价值观的基础层次，即审美需要与审美趣味；二是审美价值观的核心层次，即审美判断与审美标准；三是审美价值观的高级层次，即审美理想。

审美价值观是世界观的重要组成部分，是世界观在审美实践中的具体体现。因此，帮助大学生树立健康、正确的审美价值观，使之在审美活动中做出科学的、客观的审美评价，就成为高校审美教育的重要目标。马克思主义审美价值观是指导我们审美活动的灵魂，因此，在审美活动中，我们要以马克思主义审美价值观为指导，教育启迪大学生的心灵，形成与历史发展趋势相一致的社会心态，塑造全面和谐的人格。

审美观是人的世界观和人生观在审美实践中的体现，它是人们在审美实践活动中形成的对美、美感和美的创造等问题的基本观点，是对审美对象进行审美评判的原则体系。人们对真、善、美三个方面的认识分别构成了真理观、伦理观和审美观。这三者相互联系又相互区别，成为世界观的有机组成部分。审美观正确与否，直接影响一个人对人生和世界的看法。所以，树立正确的审美观，对个人和社会都有巨大的影响，是审美教育的首要任务。人的审美观不是天生的，也不是一成不变的，而是建立在一定社会实践基础之上的，并随实践的发展而发展。人的审美观念是从实用观念发展而来的，墨子曰："食必常饱，然后求美；衣必常暖，然后求丽；居必常安，然后求乐。"② 人们只有获得了生存所需的最低生活资料，才可能进行包括审美在内的其他精神活动。审美观对人的社会实践起着极大的促进作用，因为人的实践活动是受一定的审美观所支配的，即使是出门前穿一

---

① 曾繁仁：《现代美育理论》，河南人民出版社2006年版，第329页。
② 方勇：《墨子》，商务印书馆2018年版，第32页。

件什么衣服，都会有审美观在衡量。文明的程度越高，人的审美自觉性也就越强。不同的人对美有不同的理解，这就形成了不同的审美观，有的正确，有的不正确；有的高尚，有的低级。我们要结合自身的审美实践，不断提高审美能力，并树立正确的审美观念。

（2）培养较强的审美能力的目标

审美能力是指人们感受、鉴赏和创造美的能力。美处处都有，但能否感受和鉴赏却因人而异。没有相应的审美能力，就不能对美有所感动。所以，高校审美教育的重要任务之一就是培养和提高大学生的审美能力。

审美能力包括审美感受力、审美想象力、审美鉴赏力和审美创造力。

审美感受力是指审美主体对审美对象的感知能力。它是审美活动的出发点。席勒说："感受能力的培养是时代最急迫的需要，这不仅因为它是一种改善对人生洞察力的手段，而且因为它本身就会唤起洞察力的改善。"[1]它包括审美感觉能力和审美知觉能力两个方面。

审美感觉是指审美主体对审美对象的外在形式特征，如线条、色彩、声音等的直观反映。它比较具体、直接，也更多地带有生理的成分，与人的生理机制有密切的联系，是对美的事物的个别属性的反应，如看到花的颜色、闻到花的香味等。在改造客观世界的社会实践中，人的感觉器官逐渐脱离动物性而成为人的感觉、社会化的感觉。因此，人的感觉器官的生理反应常与人的社会生活相联系，超越了动物的功利性而具有了社会性。正因如此，人的感觉器官才具有审美的功能。

审美知觉是指审美主体对审美对象的完整形象的整体把握。它是对美的事物的多种属性的反映。与审美感觉相比，审美知觉具有综合性和整体性的特点，它可以调动我们的多种感觉器官，对审美对象进行综合感受，从而形成系统的整体印象，如从花的颜色、味道、形状等各方面综合得出对花的知觉印象。审美感觉与审美知觉统称为"审美感知"。

培养审美能力，既要培养人对审美对象的外在形式的感知能力，更要培养人对审美对象的内在意蕴的体味能力，即观其形而体其神。如果缺乏对美的敏锐的感知能力，就不可能获得审美愉悦。我们不是缺少美，而是缺少发现美的眼睛。因此，提高人们的审美感受能力，训练人们的感觉器官，让人们更好地发现美、感受美是审美教育的基本目标。

---

[1] 刘慧：《关于高校素质教育中美育教育的几点哲学思索》，《金融科学》1999年第2期，第129—132页。

审美想象力是指审美主体在以往表象积累的基础上，通过各种审美方式在头脑中再现出客观事物的感性映象的能力。审美想象力是人类自觉的有意识的本质力量的重要特征，是包括美的创造在内的一切创造性劳动不可缺少的。它在审美心理中占据着重要的地位。审美想象力以记忆表象为基础。我们头脑中是否储备了丰富和精确的记忆表象，直接关系着审美想象力的丰富与否。因此，一方面，我们要观察和体验社会生活和大自然的美，存储足够多的记忆表象，为丰富的想象打下基础；另一方面，也要有多方面的知识积累，为想象力的升华铺开理性之路。没有知识做后盾，想象力最终也会枯竭。此外，我们还应开展多姿多彩的对艺术美的鉴赏。艺术美是审美想象力最集中的表现，我们通过鉴赏艺术美，才能广开想象之门，培养我们的想象力。

审美鉴赏力是指审美主体对审美对象的鉴别和欣赏能力。它包括两个方面：一是对美丑的鉴别分析能力，二是对审美对象的领悟和评价能力。在复杂的现实生活中，美丑相杂，良莠并存，正如雨果所说："丑就在美的旁边，畸形靠近着优美，粗俗藏在崇高的背后，恶与善并存，黑暗与光明相共。"[①]

因此，如果缺乏美丑的鉴别分析能力，我们就无法理解和欣赏美，当然也得不到更多的审美享受，更不可能做出正确的评价。此外，对美的事物，我们不仅要感受其外在的形式，更要领略其内在意蕴，这样才能获得无穷的审美享受。我们要欣赏美，就必须具备相应的能力。

审美创造力是在感知美、鉴赏美的基础上按照美的规律进行创造性实践活动的能力。审美教育不仅是培养人们发现美、欣赏美、热爱美的能力，更重要的还在于培养人们创造美的能力。审美创造能力是人的本质力量的充分发挥。它包括物质的审美创造和精神的审美创造。物质的审美创造包括自然美、科技美和社会生活美的创造，如改造山河、美化环境、科学发明等。物质的审美创造是功利的，又是审美的，而精神的审美创造主要是艺术美的创造，它是超功利性的。物质的审美创造与精神的审美创造相互联系，相互促进。

人的审美创造能力因人而异，有的平庸，有的非凡。审美教育的任务就是开发创造潜能，开启智慧之门，发掘和提高人的审美创造能力，使平凡的人变得非凡，使平庸的人变得卓越。我们要达到这个目标，一是要激发审美创造欲望，也就是要引导人们深入生活，在社会实践中发现美、感受美，激起心灵的冲动，充分发挥审美想象力，积极创造美好的生活。二是要认识和掌握美的规律，按照美

---

① 顾永芝：《略论丑的审美化》，《南京艺术学院学报（美术与设计版）》1991年第3期，第19—21页。

的规律来创造美。美的规律决定着美的事物的性质，也决定着事物的发展过程和最终结果。只有认识和运用美的规律，才能更好地创造美。三是要注重创造性思维的培养和训练。创新意识和创造性思维是一切创造活动的基础。没有创新意识和创造性思维，一切科学发现和发明，一切艺术创造都不可能。所以，发展审美创造力，就是要培养创新意识和创造性思维能力。

（3）塑造健全审美心理结构的目标

审美心理结构是人的心理结构系统的一个子系统，是主体内部反映客观事物的审美特性及其相互联系的心理活动结构，是构成主体与客体审美关系的中介。它包括感知、想象、情感、理解等因素。这些因素相互影响和作用，形成了人的审美心理活动，从而使人产生审美感受、审美体验和审美判断。

审美心理结构的特征主要体现在以下几点。

①理性积淀在感性之中

审美结构中的理性因素不是以逻辑的形式表现出来的，而是积淀和渗透在感性之中，融化在想象和情感之中，需要感悟和意会才能领略的，如苏轼的《题西林壁》："横看成岭侧成峰，远近高低各不同。不识庐山真面目，只缘身在此山中。"诗中所写是庐山之景，但其中蕴含的意味却远远超出了感性形象。

②超功利性

审美心理活动不以直接功利为目的，而要与审美对象保持一定的审美距离，对之采取观照和欣赏的态度，如欣赏画——《虾》，不是为了满足食欲。人们通过对审美对象的欣赏，获得了精神上的享受，这样可以更好地投身到改造世界和创造美的社会实践中。从这个意义上说，审美的超功利性中又蕴含有功利的因素，即人类社会生活的功利性和实用性。

③强烈的情感体验

在审美心理结构中，情感占据主导地位，审美主体始终处于饱满的情感状态，具有强烈的情感体验。这种情感体现审美主体的主观态度。审美情感是一种高级情感，它也不同于科学情感和道德情感。虽然都是高级情感，但科学情感不直接渗入认识过程，科学认识需要的是客观的观察和冷静的思考。审美情感直接渗入审美对象，贯穿于审美全过程，使审美过程成为情感体验过程。这个过程甚至出现了"移情"现象，也就是将主观情感投注到审美对象中，使审美对象似乎也有情感，所谓"登山则情满于山，观海则意溢于海"（《文心雕龙·神思》）。道德情感要求立即化为符合某种道德规范的现实行动。而审美情感并不要求立即付诸行动，只是采取观赏的态度就可以，重在情感体验。

审美心理结构是人的健全心理结构的重要组成部分，是其他心理结构所无法替代的。它有助于培养健康的人格，促进感性与理性的交融，使情感和理智协调统一，同时有助于培养积极乐观的生活态度，引导人们树立超越人生的思想价值，实现个性的和谐和身心健康发展。审美心理是个体在先天和后天共同作用下形成的，是在心理过程与个体心理方面所具有的较稳定的基本特征、倾向和品质。它是大学生整体素质的重要构成部分，能够在很大程度上对其他素质的形成与发展产生制约、影响或促进作用。高校可以通过有针对性、有计划的审美心理教育活动，帮助学生了解更多的审美心理知识，唤醒他们的心理潜能，提高他们的自我心理保健能力和心理调适能力。除此之外，审美心理结构还有助于培养学生独特的审美个性，营造健康的情感氛围和高雅的审美情趣，从而塑造健全的人格。有关研究表明，审美教育是建立健康的审美情感和认知体系，塑造健全的审美心理结构的有效途径。

上述三个方面的目标，虽各有其自身的特定内容，但又是一个不可分割的有着内在有机联系的整体。

（三）高校审美教育目标的分解

1. 高校审美教育目标分解的依据

（1）满足审美教育目标自身结构与实施过程的需要

目标是目的的具体化和规范化，审美教育目标本身就是一个多维度、多层面的复杂的体系，我们仅仅抓住总目标是无法落到实处的，必须考虑如何把总目标进行分解与细化，也就是说，目标本身客观地有着分目标。总目标和分目标之间是从属关系，总目标决定着分目标。审美教育的总目标是教育实践的总方向和总要求，高度的概括性和抽象性是其显著特征。不管是教育根本内容的制定，还是教育措施的选择，抑或是教育方法的应用都以审美教育总目标为依据，审美教育的其他环节都以审美教育总目标为根本准则。审美教育总目标的实现并不是一件简单的事，需要将其分解成具体可操作、有标准、分级别的目标体系。显而易见，将教育目标体系进行分解和细化是至关重要的。但是，在进行这一步骤之前，必须对总体目标有深刻的理解和精确的把握。此外，必须始终以教育的总目标作为核心和灵魂，只有分目标始终以总目标为中心，始终围绕在总目标周围，才能充分展现其价值。在实施过程中，分目标是教育实践的具体指引，实际上展现了教育总体目标在某个特定方面、特定阶段、特定水平上的具体要求。因此，审美教育的各项目标都必须与总体目标相一致，以确保其作为服务的有效性。要让当代大学生在审美教育方面取得实际效果，必须建立一个全面而可实行的教育目标体系，并针对性地制定具体的教育分目标，这样才能确保总体目标得到贯彻和实现。也就是说，审美教育目标体系自身结构内部存在目标之间的从属层次关系，就是我们进行目标分解的重要依据。

从审美教育总目标提出的内容来看，显然也存在不同的内容层面。审美教育的实施过程，就是通过各种方式和途径，把目标所要求的内容转化为受教育者的思想、观点，并形成其行为习惯的过程。要想使各个不同内容层面的实施过程收到预期的效果，我们就必须使这些不同层次的实施过程有各自具体的活动目标。这也就需要对整个目标体系进行分解与细化，把它划分成若干个不同层次的子系统，构成目标实施序列。只有这个总系统中的各个组成部分在教育实践中都分别发挥各自独有的作用，才能使整个目标体系处于充分发挥效能的状态。审美教育实施过程的规律与实际需要也对其目标体系的分解提出了要求。

（2）考虑当代大学生思想、心理的发展水平与接受能力

审美教育目标的分层，是根据受教育者的思想、心理发展水平和接受能力提出来的。当代大学生的思想、心理现状，直接影响着教育目标要求的广度和深度。过去，高校比较习惯把学生作为灌输、约束、督导的受教育对象，现在已越来越清楚地看到，学生作为审美主体乃是自己审美原则、观念的真正确立者和创造者，如果把他们的自主、自觉从教育过程中抽掉，就不可能真正达到教育目的。所以，审美教育目标的分层和序列，就应当根据当代大学生的思想认识水平和心理接受能力来编制。尽管大学生有了一定的知识水平，思想、心理的成长较之中学生要成熟许多，但仍处在进一步成长与发展中，科学的审美价值观尚未确立或正在建构之中，而且其审美素质有上、中、下之分。所以审美教育目标不能笼而统之，而要分层实施，从基础性目标开始，再到成长性目标，最后到发展性目标。目标定高了，会使学生感到可望而不可即，就会丧失追求的信心与勇气；目标定低了，会使学生感到这些都是自己已经做到的，不必再追求，影响学生的进取心。因而，学生的思想心理发展水平与接受能力及其具有的阶段性和序列性，也是高校审美教育目标分解的重要依据。

（3）符合社会对当代大学生审美素质发展的规格要求

在当代社会，知识已成为推动经济蓬勃发展的重要推动力量，而拥有高水平人文素质的人则是社会发展的动力源泉。人文素质可以指引我们如何运用所学知识，为社会创造价值和利益。在人文素质中，审美素养是至关重要的。拥有卓越审美素养的人通常具有高尚的心灵、丰富的情感和深邃的思想境界。他们追求美

好，崇尚远大的理想，反感丑陋和虚伪，并且渴望真理、尊重公共道德。这样的人会把他们的知识转化成对人类理想有益、促进人类社会发展的行动，以创造一个更美好的世界。审美教育的目标就是将文化知识内化为良好的审美素养，使之利于人的品德修养和境界提升。

当代社会的一个显著的时代特征是：人才、知识、经济三位一体，相互包容。然而，掌握和积累知识并不总能绝对地转化为技能或能力。只有将知识运用于现实生活中，外化成有创造性的能力，才能发挥培根所说的"知识就是力量"的实际价值。知识总是与其获得者和使用者的能力息息相关。知识要想转化为能力需要满足以下条件：首先，知识的获得者和使用者要接受审美教育，开启心智；其次，知识的获得者和使用者需要进行一定的实践训练，尤其是思维及能力训练。随着社会经济的发展，具有创新能力、组织管理能力、思维能力和表达能力的智能型人才越发受到社会的青睐。当今社会对教育的期望是通过有计划、专门针对性的教育，使学生在潜移默化中体会和领悟人文知识，从而培养其内在素质和良好的心理素质。只有这样，人才才能从被视为仓库型的状态转变为具备素质型特点，从而获得一定的社会价值。也就是说，社会需要高校审美教育体系有比较全面而深入的结构分解。

2. 高校审美教育目标分解的要点

（1）正确处理目标的主次关系

正确处理目标的主次关系即处理好过程目标与终极目标、首位目标与非首位目标的辩证关系。审美教育的终极目标就是总目标，是目标体系中所含价值最高的目标，它在目标体系中占有最重要的地位。过程目标是目标体系中所含的局部或阶段性目标。在两者的关系中，首先，要坚持过程目标以终极目标为指导的原则。过程目标只有与终极目标联结起来，才能转化成为终极目标的有机组成部分，成为整个目标体系中不可缺少的环节。同时要注意，过程目标（第二、第三及以下层次的目标）虽不像终极目标那样在目标体系中占有最高位置，但它具有强烈的直接性和现实性。如果没有明确的过程目标，那么终极目标就只是虚无缥缈的概念。因此，高校审美教育应当坚持以终极目标为导向，将过程目标与总目标相统一，从终极目标出发，制定符合人才培养要求的方案，并有针对性地对学生进行有目的和有计划的指导。同时，需要以过程目标为依托，通过逐步实现过程目标来达成最终目标。在制定过程目标时，需要确保它们之间相互关联，并且与终极目标保持逻辑一致性。一般来说，第三层次或更细化层次的目标才具有可操作性。比如，较高审美鉴赏力的培养，是整个审美教育目标中的一个环节，但它也不可能在某一天突然实现，而是要通过一系列具体的教育和实践活动逐渐达到。也就是说，如果只强调总目标的作用，忽视过程目标，忽视对学生审美素质的过程培养，终极目标的实现也只能是空中楼阁。

（2）正确处理近期、中期、远期目标的关系

审美教育从时间维度和发展阶段上划分，可以分为近期目标、中期目标和远期目标。

近期目标是审美教育在较短时期内能够实现的目标，从个体角度来讲，就是要解决大学生面临的种种审美困惑，传授基本的审美理论知识等。中期目标是经过长期的努力才能实现的审美教育目标。对个人而言，就是要较大程度地提高受教育者的审美能力，以及形成健康的审美心理，促进受教育者的迅速成长。远期目标即长远目标，是经过相当长时间的持续努力才能实现的审美教育目标。对个人而言，就是要引导学生树立科学的审美价值观，适应社会发展的需要，并使其成为全面发展的优秀人才。

总体来说，审美教育的近期目标是中期与远期目标的基础，是目标发展链条中的首要环节，只有先达到近期目标，解决好眼前的问题，才能打好基础，进而发展与形成中期与远期目标。审美教育的中期目标是联结近期目标和远期目标的纽带与桥梁，是审美教育的阶段性目标，既对近期目标的制定和实施起着指导和制约作用，又对远期目标的实现起着阶梯作用；既是近期目标发展的必然结果，又是远期目标实现的必经阶段。审美教育的远期目标是整个目标体系中根本的、最高的目标，是近期目标和中期目标的指南，它规定了近期目标和中期目标的性质和方向，贯穿于审美教育的全过程，对社会和个人的审美素质建设起着重要的导向与推动作用。在高校审美教育目标的实施过程中，我们要争取处理这三者的关系，对时间做以通盘考虑，按近期、中期、远期目标分序列设置大学生在校期间的审美教育目标，在时间上尽量细化到每学年的要求上；在空间上把具体目标分解到教育、教学、管理、服务的各项活动之中，分项落实与推进；从近期目标开始落实，循序渐进，最终达到教育目标。

（3）正确处理共性与个性的关系

在审美教育过程中，受教育者是实现其教育目标的主体。审美教育的过程不仅是教育者有目的、有计划地对受教育者进行教育的过程，同时也是学生接受教育并把教育要求主动内化为自身审美素质的过程。没有后者，教育目标就无法真正实现。所以，我们在对审美教育目标进行分解或设计时，应从学生的实际情况出发，遵循审美素质形成并逐步递增的规律进行设计，以促进学生个体的内化过

程，这是直接关系到审美教育目标能否真正实现的一个根本问题。对当代大学生而言，由于其面对的社会环境的复杂性，高校就更应该根据教育对象的身心发展规律，根据学生的实际审美素养水平来设定教育目标。这就要求我们正确处理整体教育与个体内化的关系。

二、高校审美教育的内容体系

（一）高校审美教育内容体系构建应遵循的规律

1. 尊重学生成长的规律

青年大学生群体正处于人生关键阶段，从年龄来看已经是成年人却未真正融入社会。他们的身心发展特征和规律与中小学生和社会成年人迥然不同，所以高校在设计审美教育内容时应考虑并尊重这种成长规律。一方面，高校需要深入研究青年大学生人格的形成和发展规律，从认知、情感、意志和行为四个方面入手，有针对性地选择和设计教育内容，以使培养审美价值观的教育目的更加科学、逐步进行；另一方面，高校在设计教学内容时，既要考虑当代青年大学生思想独立、好奇心强、个性张扬等身心特点，同时又要符合大学生在思想、心理、行为等方面的成长规律。

2. 尊重审美教育的规律

高校可以利用艺术美、社会美、自然美等多种方式实现审美教育中的教育目标。通常，高校都是经过审美创造和接受来实现最基本的审美教育活动的教育目标。若想让学生认可教育内容，把内在的审美需求激发出来，形成强烈的审美意愿和正确的审美理解，就要在设计教育内容时，符合大学生的审美需求、审美接受和教育内容的内在规定性，这样才可以实现尊重审美教育的规律。当一个受教育者根据自己的审美标准，并且遵循美学原则，运用各种技巧和方法，有意识地从事审美实践，这便是审美创造。审美创造的动力是社会现实和审美理想之间的差异。审美教育的目标在于引导受教育者发现审美理想的丰富多彩，反思社会现实的缺憾，在唤醒其创造力的同时，帮助他们达到审美体验的视觉和情感统一，并且以内在理性为基础赋予情感深度。审美教育的最终目的是实现从无意识到有意识、从自发到自觉的审美创作过程，产生自然而然的教育效果。

3. 尊重时代发展的规律

伴随着时代的进步和科技的突飞猛进，知识经济时代悄然来临，社会、政治、经济、文化等领域都发生了翻天覆地的变化。相比于之前的大学生，当前大学生在思想、心理和行为等方面都发生了不小的变化，并且他们所处的学校、家庭和社会环境也在发生着前所未有的变革。近年来，随着中国经济体制改革和经济的迅猛发展，人们的思想观念日趋多元化，生活方式也处在一种快速变化中。当代大学生大部分出生于2000年前后，学术界称其为跨世纪的一代。随着对外交流活动的日趋频繁，国际联系日益密切，经济全球化步伐不断加快，世界经济一体化趋势日益凸显，特别是飞速发展的网络技术，使得当代大学生深受新时代的洗礼和影响，形成了独特的思想和生活方式。影响审美教育效果的因素是多种多样的，其中审美教育内容是否符合时代发展的规律，是否与时代精神相契合，是否与时俱进是影响教育效果的直接因素。构建新时期的审美教育内容要尊重时代发展的规律，要顺应时代的发展。审美教育要随着时代的变迁与时俱进，在内容上要不断丰富和创新，使之成为当代青年大学生所喜闻乐见的内容，从而更愿意去接受、更乐于去接受、更有兴趣去接受，使审美教育内容的创新成为审美教育发展过程中的关键一环。这也是既符合审美教育内容发展的内在规律，同时也符合审美教育内容发展的时代要求。

（二）高校审美教育内容体系构建应遵循的原则

高校审美教育内容体系的整体构建，应根据系统论原则，搭建审美教育的要素结构和层次结构，把各项教育内容有机组合，由浅入深，由低到高，由远及近，由具体到抽象，由感性到理性，形成科学化、系统化、规范化的审美教育内容体系。具体而言，应遵循以下三点原则。

1.前瞻性与现实性相结合的原则

高校审美教育是一项既关注当前现实，又注重未来发展的教育实践。审美教育的内涵和目标应该具备理想性和超越性，只有超越现实生活的范畴，才能真正发挥引领和激励作用。审美教育应当贴近当代大学生的审美价值观，并针对他们未来的发展进行设计。教育内容应当坚持先进的审美理念、理论和评价标准，以帮助学生更好地理解和欣赏艺术。审美思想属于意识形态的范畴，社会中既有积极先进的审美思想，又有消极落后的思想，高校应引导学生接纳和认同积极的、先进的审美思想，主动践行先进的审美行为规范，同时对落后的、不符合时代发展要求的思想持批判态度，坚决抵制落后的审美行为规范。以是否反映社会文化发展需要，是否反映人的全面发展的需要作为衡量审美思想是否先进的重要标准。如果审美教育的内容不具有前瞻性，它就无法成功地引领学生的思想方向和激发他们的热情，从而失去其吸引力。

教育目标的实现离不开社会环境和教育对象的支持，审美教育也不例外。审美教育是在一定的社会环境中进行的，以现实中的学生为教育对象，因此必须考虑现实的客观条件和学生的审美认知水平。如果审美教育的内容脱离所处的现实社会，不从学生的实际情况出发，不考虑学生的接受程度，那么所教授的内容就会变得空洞无物，流于形式，成为无实际效果和针对性的空话。因此，高校在确定审美教育内容时，必须坚持前瞻性与现实性相结合的原则。一方面，需要深入研究社会文化问题，加强与学生的沟通交流，掌握他们的个性特点、兴趣爱好及审美认知水平等情况，了解学生的思想动态，以他们现有的审美困惑和矛盾为教育突破口；另一方面，需要考虑到社会文化未来的发展方向以及学生可能面临的审美问题，从而引导学生提高审美认识水平，进一步认识社会文化的发展趋势，引导他们树立正确健康的审美观念。随着社会文化的全球化和网络化趋势的持续发展，当代大学生的审美素质面临新的挑战和要求。为了适应这一变化，我们需要对教育内容进行改进，使其能够体现发展性要求，紧密关联学生生活和时代特征，比如要注重网络审美和生态审美等方面的内容。经验表明，只有将审美教育的内容体系建立在前瞻性和现实性相结合的基础上，才能达到既有导向性又有实效性的效果，同时也能够更具有说服力和生命力。

2. 导向性与主体性相结合的原则

日益成熟的网络和通信技术使得人们进入信息时代，鱼龙混杂的信息充斥在网络世界。如何构建科学且先进的高校审美教育内容体系是教育界思考的热点问题。我国是社会主义国家，高校肩负着培养社会主义后备军的重大使命，因此在构建高校审美教育内容体系时，必须以马克思主义为指导思想，坚持马克思主义审美观在各项内容中的主导地位，以马克思主义的审美理念和审美规范来指导和启迪学生。在当今审美价值观念快速变化的时代，只有明确建立科学的意识形态指导地位，才能确保大学生的审美价值导向是正确的。审美教育的内容应当建立在正确的导向性基础之上，不能仅仅满足于被动地迎合学生的需求，而必须积极主动地适应并引导学生。

同时，审美教育的内容应该充分考虑到个体自身的发展需求，并且重视学生在学习与认知过程中所具备的能动性和创造性。审美教育是以人为对象的实践活动，也就是说，人在审美教育中处于主导地位，只有学生积极主动参与到审美教育中，才能有效提高审美教育质量，如果忽视学生的自身特点和主观能动性，就会使教育处于被动局面，进而使教育质量大打折扣。因此，审美教育的内容应该在正确引导学生审美价值观的基础上，尊重学生的主体需求，并激发学生的自我意识和自我驱动力，从而实现导向性与主体性的有机结合。

3. 整体性与层次性相结合的原则

高校审美教育内容体系是一个涵盖多种方面内容的有机结合的整体，美学知识、审美观念、判断标准以及行为规范等都属于高校审美教育内容体系的范畴，该体系以育人为宗旨，囊括多个层次，多个方面，每个方面又相互影响、相互作用。也就是说，审美教育内容必须是一个整体，它的全部内容都应以教育目标为核心。因为审美教育的目标是分层次的，所以审美教育的内容必然有不同的层次。此外，学生的审美认知并不是一成不变的，而是一个从低层次逐渐向高层次演进的过程，教育内容的设置应该与学生的审美认知水平相匹配，需要按照从低到高的分层次方式进行安排。虽然当前学术界对于审美教育的内容结构划分没有统一的意见，但就其主要内容而言，大致相似。这种综合且递进的结构，涵盖了矛盾及统一的双重特征。在构建高校审美教育内容体系时，应遵循整体性与层次性相结合的原则。一方面要从审美教育这个整体系统出发，考虑各方面内容在其中的地位以及相互关系，同时也要考虑各个阶段内容之间的衔接，以保持系统自身的完整性。这样做可以避免各自为政的现象，同时强化审美教育的功能。另一方面，需要在系统内部区分不同的层次，既要照顾到大多数学生审美认知程度，安排较低层次普遍性教育内容，满足大部分学生的审美需求，又要站在人类和社会发展的角度，选取具有超前性的高层次内容，满足社会进步和学生全面发展的需求，要根据社会文化和现代大学生的实际需求，有目的地选取重点，逐步设计教育内容，以切实提高审美教育的效率。

（三）高校审美教育内容体系的确定

1. 审美认知教育

概念是认识事物的前提和基础。大多数学生对于审美认知教育这个词语比较陌生，要想理解审美认知教育的基本含义，我们首先要理解认知的基本概念。认知是心理学上的术语，指的是人的认识能力。该词有着丰富的内涵，不仅包括一种静态性的内容结构，如知识，还包括一种动态性的加工过程，如认识。基于不同的研究角度，不同学者对于认知有着不同的理解。代表性的观点有以下两种。陈菊先认为："认知（知识）的发展，说到底是结构的发展，是结构的不断扩展和螺旋上升的建构。"[①] 张春兴认为，认知即"认识""学习"，指"个体经由意识活

---

① 刘堂斌：《建构认知结构，增强主体意识——开放式文言文教学初探》，华中师范大学2001年硕士学位论文。

动对事物认识与理解的心理历程"。①从静态的角度来看，认知即"知识"或"信念"。认知包括从低级的感知过程到复杂的言语及问题解决过程，它是个体知识经验积累的前提。

审美认知教育从字面上看，由是审美、认知、教育三个词语组成。教育是一个耳熟能详的词汇，结合前面对审美所下的定义，本书认为，审美认知教育以审美活动为载体，教育人们认知美和接受美的过程，涉及美学信息的输入、编码、转化、储存、提取和运用等各个方面的审美信息加工活动。从审美心理学的角度来看，审美认知教育是促使受教育者形成的一个审美心理认知结构。这种结构是审美个体在进行审美活动时所形成的，且在未来的审美体验中扮演着决定性的角色。审美教育活动主要涵盖了以下内容：学习理解审美理论知识，掌握处理审美信息的方法，以及控制和运用审美心理机制参与各类审美活动。在进行审美活动中，审美认知教育是不可或缺的一环，它可以帮助个体内部进行加工和应用审美信息。这种心理活动对于培养正确的审美感受和审美意识至关重要。因此，在具体的教育过程中，本书认为在原有的审美教育活动的前提下，应注重以下两个方面内容的设计实施。

（1）注重对悲剧与喜剧、丑与荒诞等审美形式的辨明

在日常的审美教育中，重视向学生传授审美形态的相关知识，引导学生正确认识悲剧与喜剧、丑与荒诞等不同的审美形态。虽然这些审美形态的样式千差万别，但是它们都具有刺激大学生感觉和情感的功能，进而影响其人格发展。例如，人们在观看莎士比亚的悲剧《哈姆雷特》后，感觉心灵得到净化，灵魂得以升华，悲剧之所以有这样的效果，是因为它能够引发人们内心深处的怜悯和恐惧情感。悲剧主人公常常不是因为罪恶而受到痛苦，而是因为他们犯了某些错误或有一些缺点，因此他们的遭遇会引起我们的同情和怜悯。他并非完美无缺的英雄，反而更像我们这些普通人，这会让我们担心自己可能因为犯同样的错误或有相同的缺点而遭受惩罚，因此引发了强烈的恐惧和不安。悲剧的事情一开始使我们感到沮丧，但随后激励我们前行。虽然悲剧表现了不幸和死亡，但它更重要的特征是其崇高、壮丽、英勇的性质。人们深深地敬仰那种英勇坚韧的品格，在他们身上感受到了强烈的悲壮气息，由此感念不已，从而激发自己持续进取的意愿。只有在追求崇高的精神力量和对悲剧的感受中，我们才能够开阔心胸，摆脱卑俗、琐碎的爱好，从而提高我们的生活品质，达到不断进步的目标。

相较于悲剧，喜剧提供了一种截然不同的审美体验。它通常能够为人们带来

---

① 张春兴:《张氏心理学辞典》，上海辞书出版社1992年版，第123页。

轻松愉快的感受。喜剧常常烘托出一种紧张的氛围，并在没有对主要角色造成任何重大损失的情况下解除这种紧张感。这是一种神奇的体验，首先是惊讶，其次是喜悦，这期间，联想、想象等知觉被充分调动，通过跌宕起伏的情节，人们逐渐理解主人公的选择，灵魂得以净化。情感的运动迅速且灵敏，但并没有经历心灵上的疼痛。在喜剧的氛围里，压力得以缓解，情绪得以放松，心灵得到洗礼。对那些精神常年处于紧张状态的人来说，定期欣赏喜剧是一种放松精神，实现心理平衡的理想方式。在欣赏喜剧时，需要保持清醒的视角与审美观，敏锐地察觉其中的不协调和滑稽之处。通过这种审视，我们可以深刻反思人类社会与自身存在的缺陷和弱点，从而能够培养自己机智敏锐的审美判断能力，并实现对自我的提升和对现实的超越。通过欣赏喜剧，可以更有效地培养人们的幽默感，使其对生活持乐观、达观的态度。喜剧艺术所包含的幽默元素深刻地影响了人们的心灵。那些具备幽默态度的人是乐观开朗、宽容大度，愿意面带微笑迎接生活的挑战。那种有趣幽默的积极心态可以让人在遇到尴尬或错误的时候轻松笑过，以一种镇定自若的态度面对人生中的挫折，并且在不伤害自己的前提下，清醒地面对当下的问题。

而丑和荒诞往往更加具有深刻的意味，"一旦放弃了通常的与和谐的，而且一旦形成的不平常的选择强烈吸引我们的注意时，我们便能领会到，那激发美感的东西表现了藏在内部的有价值的精神生活……一般来说，丑如果突然出现，就会含义深长"[①]。荒诞艺术让人们突然醒悟，从乏味平庸的生活中跳出来，深刻认识到生存环境的荒谬。它通过把人性化的形象转化为非人性化的形象，表达了人类尊严和价值的缺失，强调了通过"作为人而成为人"的价值要求来摆脱荒诞和丑陋的感受，并在崇尚美的审美理念的指导下，积极参与审美创造实践，以行动来创造美好的世界。

（2）加强对民族传统文化的审美引导

荣格主张的集体无意识理论使其在心理学界声名鹊起，后人将其与弗洛伊德、阿德勒并称为心理学界"三巨头"。在荣格看来，受地理环境、风俗习惯等多种因素的影响，不同民族、不同国家有着不同的文化心理，个体在社会实践中潜移默化地受到集体无意识理论的影响，形成了独特的思维模式和行为方式，亦即不同的人格特质，中华民族源远流长，在五千年的历史长河中，创造了璀璨的文化，其中蕴含着代表社会美和人性美的精华元素。在人类历史上，存在着四大古代文明，即古埃及人创造的埃及文明、古印度人创造的印度文明，生活在两河流域的

---

① [德]德索：《美学与艺术理论》，兰金仁译，中国社会科学出版社1987年版，第157页。

古苏美尔人、巴比伦人等创造的两河流域文明，以及中华民族创造的中华文明。中华文明历经几千年而不曾中断的，相比之下其他文明则有着断续甚至消失的历史。这说明中华民族的传统文化极富合理性，秉持着兼容并蓄的原则，不断汲取其他文化中的优秀成分，使传统文化具有强大的生命力。中国传统文化是中国文明的根基，它塑造了中华民族的民族品格，磨炼了中国人的民族精神。中国卓越的传统文化是中华民族稳居世界民族之林之首的基石，凝聚着中华民族勤劳智慧的结晶，是中华民族最宝贵的财富和永恒的动力，更是无数中华儿女坚毅信念的支撑。鲁迅曾指出，越是民族的就越是世界的。这表明，只有具备深厚的民族文化底蕴、具有强烈民族特色的事物才会在日趋激烈的市场竞争中展现独特的魅力，并获得全球文化的认可。因此，肯定中国传统文化的教育价值，弘扬优秀文化传统，是大学生审美教育中的重要内容。

2. 审美情感教育

美学界的专家学者对审美情感进行了广泛而深入的研究，他们一致认为审美情感指的是指审美主体对美的各种意识形态的情感表现和内在心理表现。由此引申出审美情感教育的内容：一是审美关爱教育，二是审美理想教育。在审美体验中，主体所进行的审美实践会激发其审美情感，同时这种情感也会向主体施加影响，引导和规范其后续的审美活动。在以美成人的审美教育活动中，我们应注重以下两个方面的教育内容。

（1）审美关爱教育

个体在成长过程中会产生各种各样的需求，研究人员将这些需求概括为两类：一是物质需求，二是精神需求。在审美活动时，人们会自发地产生一种内在的心理感受，研究人员将其称为"审美情感"。审美关爱教育同一般的审美认知教育有着显著的区别，即它并不强调实用性和功利性，而是更注重人格与审美情感之间的内在契合。在审美关爱教育中，最关键的是让当代大学生培养出关心他人和真诚待人的能力，建构人格中中国传统文化所特有的"仁"的特质。

从一些高校的审美教育来看，培养青年大学生的审美情感并不难，关键在于高校审美教育的发展和建设。目前许多大学鼓励并组织学生参加志愿服务活动，如定期举办尊老爱幼、关爱社区和慈善募捐等活动。这种做法不仅能有效地进行德育教育，也是培养当代大学生审美情操的重要途径。

当然，学校还可以通过审美教育课堂的教育、校园文化环境的熏陶、校园文化活动的引导，帮助大学生形成健康的人格。因此，在大学生的成长教育中，高校应以审美情感的熏陶和培育为目的，通过开展丰富多彩的关爱教育活动，使他们学会体恤和关爱他人，在家庭关爱自己的亲人，在学校与人真诚相处，尊重老师、帮助同学、关心集体，从而形成高尚的道德品质、良好的行为习惯和主动的团队合作意识。长此以往，学生能够自觉形成积极的情感体验，并且具备关爱的意识，懂得关爱身边的人和事，这对完善大学生自我人格品质具有重要意义。

（2）审美理想教育

根据审美水平的不同，审美可以划分为多个层次，其中审美理想是处于最高层次的审美范畴。艺术活动是最能充分、集中地体现审美理想的场所。它源于审美经验，并对其进行了深刻的归纳总结。社会实践是审美理想的源泉，因为人参与社会活动的目的之一就是在认识到现实生活中的不足之处后，进而产生理想，并为了实现理想而不懈奋斗。人的审美理想就产生于这个过程中。审美理想是人在社会实践中审美经验的凝结和升华，它与一般的社会理想、观念有着显著的差异。一般的社会理想、观念是逻辑概念的集合体，并不具备经验性的形象特征，审美理想则相反，它包含了经验性的形象特征，不能被逻辑概念所替代或涵盖。但这并不意味着审美理想是可以能够被触摸、具有具体形象的物质，事实上，审美理想仍然是抽象的事物，要想使审美理想"物质化"，使之成为所有人都可以接受的东西，只能借助艺术这一透视审美理想的"棱镜"来完成。

审美理想在人的认知活动中发挥着极为重要的导引与推动作用。对美的坚信与追寻是许多重大科学发明的基本动力。比如，哥白尼提出的令世人震惊的"日心说"，在一定程度上就是源于对科学美的追求，尤其是受到了毕达哥拉斯派提出的圆（球体）是最美的图形、宇宙是球体等美学思想的影响。这种影响的有力解读者是伟大的科学家爱因斯坦，他曾明确指出，在他从事科学活动时："所有这些努力所依据的是，相信存在应当有一个完全和谐的结构。今天我们比以往任何时候都更没有理由容许我们自己被迫放弃这个奇妙的信念。"[①] 虽然艺术家经常借助逻辑形态来表现审美理想，但是审美理想与审美主体内心的审美经验和艺术直觉的关系更为紧密。德国哲学家康德对于审美理想有着精辟的论述，在他看来，审美理想是审美主体的先决条件，审美活动的开展离不开审美理想的指导。由此可知，审美理想对于认识活动具有深远的影响，因为我们衡量一个事物是美还是丑的标准和尺度是建立在审美理想之上的。因此，在培养当代大学生的人格方面，树立正确、积极向上的审美理想具有至关重要的作用。这种理想不仅能引导认知活动向着理想人格方向发展，而且可作为大学生人格建构的前提条件及标准。

---

① 方在庆:《真理、因果性与探索的动机——爱因斯坦的实在论初探》,《清华大学学报（哲学社会科学版）》1997年第1期,第39—45页。

3. 审美实践教育

有关研究表明，审美实践教育对于人的健康成长有着积极意义：首先，它可以有效地培养人们的感性能力，实现审美情感教育的目的；其次，它有助于个人健全人格的形成。感性不仅指艺术，同时也与现实紧密相关。有别于其他形式的教育，审美教育以感性经验为出发点，辐射影响全面的价值创造。感性发展由两个层次构成：一是感性要求的满足与解放，二是感性的提升与塑造。审美教育实践由多个环节组成，如审美体验、审美创造等。审美实践教育以审美主体——人为对象，以丰富多彩的审美体验活动为载体，充分调动人的积极性，鼓励人主动参与社会实践，进而领悟美的真谛，并且运用艺术手段将其深刻而直接地表达出来，自由自觉地创造美。审美实践教育在追求美的无功利性的同时，也致力于实现人格养成这一功利性目标，两者相辅相成，融为一体。

社会美是审美实践的重要环节。一般来说，"人的感悟生命首先是一种自然生命力""生命的存在与运动使人具有自然的需要和欲望"[①]。然而，随着时代的发展，人类在改造世界的过程中为了自身的生存和繁衍制定了一系列规章制度，人的感性生命不断受到理性的规范，同时人类在漫长的进化过程中积累了丰富的社会文化，从而使人的感性生命蕴含更加深刻的内涵。可以说，一个真正的人必须具备社会性感性能力，这种能力融合了认知、理解和判断等理性元素，使他们更加敏锐、善解人意。

审美教育旨在通过审美表现形式的启发，释放和提升人的感性素养，激发人们内在深层次的情感和想象力，并保持其活力与生机。在审美教育实践中要关注到感性发展的两个层次：一方面要满足学生基本的感性需要，另一方面又要在此基础上提升学生的感性能力。感性需要的满足和感性能力的提升两者相互渗透、相互促进，感性能力的提升有赖于感性需要的满足，感性需要的满足是提升学生感性能力的前提和基础，同时感性能力的提升则可以使学生获得更高层次的感性满足。目前的审美教育实践过于强调知识技能的传授，而忽略了学生自身的审美需求、兴趣和个性。这种教育方法往往无法满足学生的感性需要，从而难以有效提升他们的感性能力。由于学校审美教育无法满足学生的需要，因此他们不得不转向校外，接受更多来自大众审美教育的影响。

审美教育实践的首要目标是培养学生的感性能力。因此，在教育过程中，我们要秉持以学生为本的教育理念，从学生的兴趣爱好、个性特点出发，尊重学生

---

① 王旭晓：《感性、理性、审美与人的完善》，《南京理工大学学报（社会科学版）》2000年第1期，第31—38页。

的个体差异性，以直观的审美形式为依托，以丰富学生的审美体验，提升他们的审美情趣。有关研究表明，感性与个性是相辅相成的关系，没有个性，感性也就无从谈起。富于意蕴的直观形式使得感性因素自由表达的机会增多，从而为感性提供了充分发展的环境和条件。所以，本书认为，在审美教育实践中，促进感性发展要做到以下三个方面。

（1）尊重和培养个性

如何提高审美教育的质量是教育界人士思考的热点问题。教育实践表明，在审美教育中，保持与现实生活和历史中具体的个体联系，不丧失感性，是切实提高审美教育质量和效率的有效途径，也是审美教育中至关重要的内容。这是因为感性与个性是紧密相连的，尊重感性就意味着尊重学生的个性，对培养和发展他们的个性具有积极意义。尊重个性在审美教育中起着不可估量的作用，它既是审美教育的基石，也是其宗旨。审美教育在尊重、建构和强化个体特性方面具有独特优势，因此通常被视为尊重个性、建构个性和强化个性的教育的首选。尽管德育也强调个性化教育，但任何严谨的教育专家都会认同，德育本质上建立在普遍的道德伦理规范基础之上，而在德育中的所谓"个性"，仅仅是方法论层面上的概念。在智力和教育方面，虽然倡导要尊重和保护个人对世界的好奇心和探究精神，但是无论个人以何种个性化的方式探索世界，最终这些经验都需要接近、贴近、归于某种真理性的知识。审美活动强调个性化的观点、感受、体验和直觉洞察，不仅要求所欣赏的对象具体、生动，而且对主体的个性化要求也很高。个性不仅是审美的期望，同时也是其塑造和形成的基础，缺乏个性就无法产生真正的审美体验，因此，没有个性也就没有审美，审美教育也就无从谈起。

（2）尊重学生感性需要，完善学生感性机能

感觉、知觉、情感、想象等是人类所独有的感性机能，它们在审美、艺术活动中扮演着至关重要的角色。感性机能具有丰富的内涵，它不仅包括感官层面的机能，也包括情感体验层面的机能。这种感性机能以情感为核心，但又不超越情感的范畴。这是因为感性跨越了肉体和精神的界限，是一个个体化的概念，它融合了生理和心理层面的因素。尽管感性教育以心理机能的提高为重点，但是生理机能的进步同样至关重要。人的一切活动都要以一定的生理机能为基础，在审美、艺术活动中也是如此。因此，在人的审美和艺术活动中，教学要重视学生的感性需要，关注作为感性活动基础的生理机能，并对个体的人格、人性做整体性观照。

（3）运用直观的审美创造影响学生的观念意识

感性教育以把握对象内蕴为归宿，形成良好的审美趣味和审美观念，而不是

以逻辑结论为主旨，这是一种生机勃勃地面对对象的领悟理解。然而，人们习惯了以概念、推理等形式来认识世界，容易忽略通过实践、体验等直观形式来把握世界。其实，直观形式得到的观念意识，往往比概念形式中的观念意识更丰富，而且能对人的心灵产生更加深入细致的影响。尤其是在人们几乎单一地以理性来认识世界的情况下，我们更需要发展人类的感性，更需要发挥直观作用。正是从这个意义上来说，我们认为审美教育也是一种感性教育。

三、高校审美教育课程的特质与载体

（一）高校审美教育课程的特质

对美育课程的特质，不同专家基于不同的研究角度有着不同的观点，有的学者认为美育课程属于艺术教育的范畴，有的专家将美育课程归入情感教育的范畴，还有的专家认为美育课程与知识课程有很多共同点，应该归入知识教育体系。笔者认为上述观点都有不足之处。这是因为教育是一个多方面、多元化、立体综合的有机体，而非单一的、平面的。它呈现一种矛盾但又统一的状态，而非单方面倾向，美育教育也不例外，将其简单地定位于艺术教育、情感教育或是知识教育都是不科学的。因此，我们要从以下四点来把握审美教育课程的特质。

1. 指向性与非功利性的辩证统一

美育的指向性十分明确，就是将美的精华注入我们的内心，通过美育塑造健全的人格。正如席勒所言："有身体健康的教育，有智力认识的教育，有伦理道德的教育，有审美趣味和美的教育。这最后一种教育的目的在于，培养我们的感性能力和精神能力的整体达到尽可能有的和谐。"[①] 这正是美育课程的指向性所在。美育的本质功能和主体价值在于培养人格，这是评估、规划和执行美育课程的基本原则和核心目标。然而，美育所追求的人格塑造是一种最终目标，这是一个长期的过程，不能急于求成，必须遵循循序渐进的原则，在潜移默化中引导学生，因此美育又具有极强的非功利色彩。

美育的非功利性是美育的本质规定性所在。也就是说，美育并非追求任何功利目的。这是美育与智育、德育的根本区别。智育的目标是使人们能够深刻理解世界，不断探索和改善世界。德育的目标是通过规范个体行为以符合集体和社会的总体要求。不管是智育还是德育都具有强烈的功利性，不同之处在于，智育的功利性体现在物质层面，而德育的功利性体现在精神层面。智育的功利是人们追

---

① 朱立元：《把握美育内涵塑造美好心灵》，《人民日报》2018年10月19日第24版。

求眼下的个人利益，而德育的功利则在于为社会作出贡献，实现社会利益的最大化。相较于智育和德育，美育不强求从外界获取利益，也不要求内心世界奉行规范。它只是培养人们的一种无功利的鉴赏能力，旨在帮助人们全神贯注地"静观"，进入一个"物我同一"的澄明境界。通过审视形式，人们可以得到一种言语无法表达的喜悦和愉悦感，从而实现精神上的自由，达到感性和理性的和谐发展。

坚持美育指向性与非功利性的辩证统一，要把握两个方面：第一，从促进学生个性发展的角度出发，规划并实践美育课程，应该始终把"促进学生人格养成"作为一个重要的美育目标，所有的美育活动都应该有助于学生的人格完善；第二，要将艺术教育形式，如艺术品欣赏和技能训练，作为美育的重要手段，但是不应该将这些教育形式视为最终目标。美育的目标是要让大学生认识到，我们所面对的世界不仅仅是一个追求功利的世界，而是一个更加丰富多彩、充满诗意的世界，我们的生活需要更多的文化和艺术的滋养。人生的意义不在于仅实现某个特定目标，而是在于"人"。我们应该在个人与集体（包括阶级、民族和人类）之间找到平衡，充分发挥自身价值，感受生活本身的意义和乐趣，并发掘生活中的美好，学会欣赏这些美好，从而成为一个富有审美意识的人。

2. 共性与个性的辩证统一

在审美教育中，必须同时考虑到共性和个性的相互关系，并保持其辩证统一。一方面，教育者在制定教育目标时要遵循社会的普遍标准，要结合学生的实际情况选取契合时代精神的教育内容，灵活采用教学方法，引导大学生认识美的重要性，培养他们积极主动的美学意识，促进大学生树立崇高的美学意识，提高他们创造美和表达美的能力。另一方面，美育效果能否实现与学生的参与和接受程度息息相关。只有学生对美育课程有着浓厚的兴趣，积极主动参与审美活动，才能达成良好的美育效果。教育对象并非一张空白的画布，可以随意涂画。相反，他们是有生命力且能够活动的个体，拥有独特的兴趣和能力。这就意味着，美育的内容、方法和目标必须兼顾普遍性和个性化，在尊重个体差异的前提下，注重引导和弘扬个性美，不违反美育的快乐、自由和个性化的本质，因材施教。因此，与智育和德育注重一致标准相比，审美教育需要妥善处理好共性和个性的关系，实现共性和个性的和谐统一，要对个性给予高度的尊重和关注。

尊重个性意味着在美育课程中，教师和学生有着更多的自主性，能够充分发挥自身的个性。一方面，审美对象是美育中至关重要的因素之一，它本身就拥有多种色彩和独特的特点。以自然美为例，无论是巍峨的高山，还是潺潺的溪流，这些存在于自然界中的事物，因为人们赋予了其各种各样的美好词汇，而散发出钟灵毓秀的韵味，可以说，它是人性化和个性化保护开发的产物。社会美具有多重元素，如商品美、环境美和人性美等，每个元素都具有现代化特征，呈现独特的魅力。从艺术美的角度来说，人类在漫长的历史长河中创作出了数之不尽的艺术珍品，如崇尚写实风格的油画，侧重写意的中国传统山水画，美不胜收。另一方面，审美主体本身也处于不断发展变化中，以大学生为例，他们正处于人生最充满活力、希望和潜力的黄金时期。大学生以其深厚的学识储备为基础，在审美方面有着极高的素养和敏锐的感受力，经过长时间的磨炼和沉淀，其审美意识也日益趋于成熟。因为每个人对知识的掌握程度和兴趣爱好都不同，所以他们的审美心理会呈现很强的不稳定性和可塑性。因此，在实行大学生美育时，需要重视共性和个性的辩证统一。这包括两个要点：一是要根据学生的兴趣、个性等特点，提供多种美育途径，紧跟时代潮流，因势利导，注重差异，以满足个性化需求；二是需要建立个性化的学习评价体系，摆脱传统的应试考核性评价方式，以更准确、客观的方式评估学生的学习效果。

3. 独立性与渗透性的辩证统一

作为教育体系的一个必要组成部分，美育必然需要具备一定程度的独立性。美育的健康发展离不开一系列基础措施，包括建立完备的、与时俱进的理论体系、独立的课程设置以及优质的文学艺术课堂教学等主要美育渠道。

美育是一种培养和激发审美能力的无功利行为。审美能力的培养是一项长期且具有挑战性的工作，除美育学科本身的理论和教学支持外，还需要通过实践和在各学科的教学中渗透审美视角来促进人格养成。这种渗透可以涵盖数学、逻辑等多个学科。这就是说，美育的推行需要所有教师、所有学科齐心协力，而非单纯仰赖某一门课程或学科的独自努力。因此，从狭义上来看，美育课程是一门课程，但从广义上来看，美育课程的宗旨是塑造健全的人格，要实现这一目标，就一定要把美育落实到教育的全过程。

美育的功能是其他教育不能取代的。这是因为美育具有如下优势：第一，美育能够拓宽人的视野，启迪人的智慧，陶冶人的情操；第二，美育有助于净化人的心灵，引导人们建立正确的人生观、价值观，有助于人形成健全的人格；第三，美育有助于提升人们的品德和文化修养。美育不仅对于教育和培养身心健康、全面发展的人有着重要作用，同时还能够推动整个社会、整个人类的进步。不仅如此，美育还是自然、科技、艺术等诸领域进步的"助推器"。因此，我们要对美育给予高度重视，将其贯彻落实到教育的全过程中。

一方面我们要保持美育的独立性，遵循美育的发展规律，将美育课程作为美育的主渠道，提升美育教师的专业素养，体现美育特色；另一方面，我们需要坚定地认识到"大美育"的重要性，将美育融入学校教育的方方面面，在学校教学、科研、管理、后勤服务的各个环节都体现美育的理念，以实现美育的全过程，提升美育效率，收获美育成果。除此之外，高校还要更加积极主动地推动教学改革，对学校的教学计划、要求、课程和评估系统进行全面的调整和重构，创新美育教学思路，以切实贯彻素质教育的总体目标。在将美育融入教育全过程后，它与其他教育形成了密切的互动关系。美育不再被看作是一个独立的学科，而是贯穿于各个学科之中的教育元素。它既可以作为一种专业性的艺术学习，又可以与其他教育形式结合，促进学生的综合素质和个性发展。因此，美育与其他教育之间的关系更加紧密，相互促进，形成了一种全面的教育体系。也就是现象学所说的在场与不在场事物之间的关系。在课堂教学中，智育等其他教育作为在场教育要充分认识到未在场的美育的重要意义，注重培养学生广阔的美育视野，并针对性地深化学生对于所学知识中蕴含的美（如科学、人文方面的精神）的理解和把握。这样做可以有助于防止片面智育导致科学精神和人文精神分离，推动学生个人素质的全面提升。

4. 引导与体验的辩证统一

审美教育的过程应该是教育者和受教育者相互作用、相互影响、共同发展的过程。大学生属于高学历人群，有一定的理论素养，具备一定的知识结构，可以初步运用马克思主义基本原理分析和解决问题。因此，开展审美教育课程应旨在引导学生塑造健全的人格，帮助学生培养全面发展的个性，同时引导他们运用马克思主义唯物辩证法的美学观点来理解美的概念、欣赏美的价值以及创造美的方法。审美教育重视体验，需要有计划、有步骤、持续地促进健康向上的审美实践活动，指导大学生发展正确的审美情趣，养成健康的审美习惯；需要将美学知识和美育实践相结合，通过美育讲座和日常行为引导，以及艺术技能培养和情感体验的有机结合，帮助大学生完成审美教育，并将所学的知识应用到实际中去。

在美育课程教学中，教师的角色类似于大学生审美活动的导游，通过感染、欣赏和探源等方面的引导，让学生认识作品的艺术魅力，进而领悟美的本质。苏霍姆林斯基也认为，学校美育首先要教会学生认识美，在认识美的基础上，进而培养学生的情操和修养。[①] 所谓认识美，让学生对自然、社会、周围环境以及艺术中的美有更深入的了解，知道哪些事物是美的，哪些事物是丑的。美的情感、

---

① 马瑛：《从苏霍姆林斯基美育思想重审美育在全面发展教育中的地位》，《教育观察》2021年第40期，第120—124页。

修养是指基于对自然和艺术的深入理解，逐渐产生并体验到美的感受。这种情感会影响我们整个精神生活，从而使我们注重美、珍惜美、创造美。

同时，所有的美育教学和美育活动都应该着重引导学生去体验美、领略美。个人的美感经验不是可以用文字记录下来，更不是可以用科学算法得出的，它是通过感官感受到的，通过心灵感悟到的，是一种只可意会不可言传的微妙感受。美的感受因个体差异而异，无法被一概而论，也不存在"标准答案"。在这个意义上，苏霍姆林斯基倡导让学生亲身体验大自然的美丽。他的信念是，人类和大自然是息息相关的，因此应该抓住这个关系来向学生介绍精神上的财富。他在帕夫雷什中学开展审美教育时，创造了游览美的世界的方法，如定期让学生参观博物馆、美术馆，组织学生去自然界中观察和分析自然现象。实践证明，该方法对于提高审美教育质量，提升学生的审美能力有着积极意义。在高校美育课程建设中，强调美的感受和体验也是至关重要的。

（二）高校审美教育课程的载体

1. 基本载体：美育课程的课堂教学

学校的使命是培养社会需要的人才，教学活动是贯彻教育目标的主要途径，而课堂则是教学活动的主要场所。因此课堂教学是开展教育活动、落实教育目标的主要形式，也是美育的根本途径和主要渠道。高校在开展美育课程的课堂教学时，应遵循科学的教学理念，确立特定的教育目标、结合学生的实际情况，制订合理的教学计划，灵活采用多种方法组织教学。这些措施有助于美育成为高校的一项基本任务，以培养学生的审美素养和能力。

当前高校美育课程的课堂教学由两部分组成：一是文学的课堂教学，二是艺术的课堂教学。文学课堂教学包括教授文学的基础知识和进行文学作品的观赏，让学生通过理解文学语言中的"意向"，接受文学艺术中的审美意识，并塑造自己的审美情感。文学是一门语言艺术，它利用语言这种基础材料创造出具体而形象的审美形象，这些形象用于反映社会生活和表达情感。文学形象地描绘了现实生活和代表性的人物，同时还能更加自由地表达人类丰富而复杂的情感世界。文学通过文字和语言，激发人们的想象力，使他们发现真实世界的本质，领悟到人类内心最美好的情感。文学的审美特点主要在于它所传达的情感深度、形象表达的隐晦性以及所呈现的内容的丰富性等方面。文学作品具有激发学生情感、观察力和创造力的功能，它通过优美、生动的语言和形象，感染学生，帮助他们在品味善与美、情与理、言与行的过程中形成对美的鉴赏力和创造力。

艺术课堂涵盖了许多不同的领域，如音乐艺术、美术鉴赏、戏曲和电影艺术等。《辞海》将艺术解释为"通过塑造形象具体地反映社会生活、表现作者思想感情的一种社会意识形态。艺术在本质上关注的是人的心灵"。这个概念包含了两层含义：第一，艺术是一种具有社会意识形态的表现形式，通过创造具体形象来反映社会生活并表达作者的思想和情感；第二，艺术以人的内心为焦点，其本质是探索人的精神世界。高校艺术教育的宗旨是培养学生具备基本的艺术美学素养。通常情况下，人们通过参与艺术鉴赏和实践活动来逐渐培养艺术修养。艺术修养的水平不仅会影响个人的性格发展和完善，而且它本身也是一种涉及社会性人格素质的特质。在艺术教育中，音乐教育是一个至关重要的组成部分。欣赏音乐不仅可以缓解学习过度所带来的疲劳，还能促进学生对其他学科的理解和消化。因此，高校需要定制适合不同学生音乐素质的综合音乐素质训练教育课程。训练的内容应从基础知识入手，逐渐升级，包括音乐史、音乐理论、音乐欣赏等方面，同时注重发掘学生的音高感、节奏感、音色感和声感等个人特点，激发他们的音乐想象力、感受力和表现力，让他们真正领会音乐艺术的美妙。音乐课的设置可以引导学生培养审美意识和艺术修养，使他们在日常生活中表现得更加美好，涵养心灵，塑造高尚品位。此外，美术是提升审美能力的重要途径，也是学校进行美育的重要学科之一。无论是逼真地展现着大自然美景的山水画，还是刻画出鲜明人物性格及社会生活的人物画，所有这些有价值的美术作品都能够让人感受到美，从形象和色彩中体验到令人愉悦或其他健康情感，从而加深人们对生活的认识，进一步激发热爱生活的热情。以美成人的美育，应在课程设计和课堂教学方面从教育目标、教育内容和教育形式三个方面进行科学、合理的设置和构建。

（1）注重教育目标的全面性和层次性

从理论的角度出发来考查，美育的目标可以分为两个层次，它们相互关联、相互渗透。第一个层次是表层，它包括传递审美知识、提高人们的审美感受和创造能力，以及培养与此相关的能力素质，如感知力、想象力和理解力等。第二个层次是深层，包括陶冶人的精神世界，重建人的心理结构，塑造健全的人格，从而帮助个体实现全方位的成长和发展。美育目标的实现并不是一蹴而就的，而是一个由浅入深、由部分到整体的过程。对于美育而言，引导学生形成健全人格，实现他们全面发展是其终极目标，这也是美育课程的核心教育内容。传统观念认为美育是为那些具备丰富技艺的艺术家准备的。但是，现代美育需要更进一步，不仅要对审美知识和能力进行教育，还要扩展学生的知识背景和思维领域，为学生提供基础文化知识、价值观、认知理论和方法论等，以拓展学生的知识范围和思维空间，防止他们仅仅停留于专业知识和方法层面。由此可知，现代美育要具有更深刻的内涵，不仅丰富学生的文化底蕴，同时陶冶学生的情操。美育是一种多元化的育人活动，涉及各种美学和艺术形式，通过体验和参与这些艺术形式的审美活动，全面促进人的个性素质发展。它既可以加强人们的审美能力，也能够引导人们形成高尚的道德情操，并且对开启人们的心智具有积极的促进作用。因此，美育课程属于素质教育的范畴，以培养学生具备真善美和谐统一的人格为宗旨，强调培养学生的整体素质，在尊重学生个性的基础上，实现他们的全面发展。

在教学中，要综合考虑社会需求及学生的实际情况，按照循序渐进的原则，制定具体且逐步深入的教学目标。在制定目标时，需要注意以下三点：第一，既要关注表面层面的目标，还需要考虑深层目标；第二，既要从社会需求出发，制定一般性目标，又要考虑学生的个体差异性，制定与学生个性相契合的特殊性目标；第三，既要站在塑造学生健全人格的角度，制定远期性课程目标，又要结合学生当前的审美水平，制定近期性的课程目标。综合考虑，我们不仅需要考虑知识性目标，还需要考虑行为、情感、认知、结果、体验、表现等方面的目标。确立科学、合理的教学目标可以有效地规划和执行教育计划，使教学更加有计划和有目的。教师的职责不仅在于传授审美领域相关知识，更需要引导学生进入艺术所创造的审美环境中，领悟其中丰富的审美情感，接受美的感染与熏陶。此外，教师还需要注重培养学生的人文素养，帮助他们完善自身的个性，以实现全面发展。

（2）注重教育内容的系统性和科学性

美是有相对普适标准的，但也会因为每个人的独特个性而呈现不同特点。因此，在审美教育中，除了要普及共性美的标准外，还需要根据不同个体的审美接受机制和个性特点，提供针对性的教育和引导，帮助他们树立正确的个性发展观。

在审美教育内容设置上贯彻系统性和科学性的原则，就需要创建完备的课程体系和教学计划。首先，在课程内容的选择方面，教育的目的并不是让学生仅仅掌握某个专业领域的知识系统和要求，而是通过课程内容的学习，扩展学生的知识视野，完善他们的思考方式，引导学生获得基础性的文化知识，帮助他们树立正确的人生观、价值观，传授他们认识世界的方法，指导他们利用学到的知识解决现实生活中的问题，从而培养学生独立思考的能力，提升他们的审美意识，增强学生的文化素养和人格魅力。其次，教学内容的选择重点应在突出文学艺术门类课程。文学艺术课程的教学内容包括文学、音乐、美术等不同学科，其涵盖的理论知识主要包括文学和美学基础理论、艺术理论、文学和艺术史以及相关文学艺术常识等方面的内容。学生可以通过研究基础理论知识，了解到文学和艺术中美的原则以及各种审美范畴，从而对美的表现形式和人类审美活动的过程有所认识。通过参与审美活动，学生可以进入独特的审美领域，并从中获得极大的审美乐趣和享受。如果不积极参与具体的审美活动，是无法真正感受到美的魅力的。课堂活动可视为审美活动的一种形式，它能够激发学生的思维，让学生在实践中变得更加活跃，同时避免了教学活动中因知识程度差异而导致的师生交流障碍。课堂活动涉及学生更广泛的学习兴趣和情感体验，同时也促进了他们的观察能力、想象能力、创造能力和实践能力的提升。因此，这为审美教育拓展了更加广阔的发展空间。

（3）注重教育形式的互动性和多样性

人和动物的显著区别就在于人有主观能动性，具有独立思考的能力，能够根据社会环境的变化，选择朝哪个方向发展，具有自我教育的能力。自我意识对个人的人格发展具有重要的组织与推动作用，它能够影响并塑造人格品质结构中的其他成分。有关研究表明，教育效果的高低同受教者的积极性成正比，如果受教育者积极性较高，能够主动参与教育过程，教育效果较高；反之，如果受教育者对教育内容不感兴趣，参与教育活动的积极性较低，教育效果也会大打折扣。由此可知，任何教育目标的达成都离不开受教育者的积极参与。因此，点燃受教育者的学习激情，激发受教育者的自主意识，鼓励他们在课程学习中自我建构和自主建设，是美育起到作用的前提条件，也是受教育者个人发展的核心要素。传统的美育课程侧重于向学生传授美学知识，以教师讲授为主，这种枯燥、抽象的讲解分析，无法调动学生的积极性，更无法提升学生的审美情趣，同美学课程的教学宗旨相距甚远。美育需要的不仅仅是美学理论的指导，同时还需要与教育学、艺术理论和实践相结合。美育是一门将理论和实践融为一体，并以感性形象的方式影响人们情感世界的课程。与仅仅简单的欣赏不同，美学课程旨在揭示美的规律并介绍美学知识，需要有一定的深度，具有理论性和系统性。与一般的专业课程不同，美学课程需要利用艺术作品的独特魅力来启迪和感染学生，以将课堂变成一个不仅传播学术知识，还能够陶冶心灵的神圣之地。

2. 特殊载体：教师的言传身教

特殊载体指的是在美育过程中，对学生人格养成和完善起到相对特殊作用的教育形式或手段。教师的言传身教是指教师在美育过程中扮演着至关重要的角色，他们不仅具有健康的体魄，而且有着卓越的知识、真挚的情感、独到的见解，在与学生的沟通交流中，发挥其人格魅力，感染学生，使其欣赏教师的优良品质，认同教师的思想观念，赞赏教师的顽强意志，钦佩教师的高尚道德，从而对学生产生同化和影响作用。这是教师的综合能力和品质的外在表现，包括他们的才智、品质、气质和语言等方面。教师的言传身教对学生的品格塑造具有极为重要的影响，可视为学生人格提升的重要途径。

教育是一种微妙而深刻的人际交流，能够触及人与人之间的内心世界。乌申斯基认为，只有人格能对发展和形成人格起作用。大学是青年学生的关键时期，随着年龄的增长和阅历的增加，原本朦胧的世界观、人生观、价值观在这一时期初具雏形，且日趋完善。他们的生理和心理逐渐成熟，并朝着多元化的方向发展。教师是与学生关系较为密切的长者，自然成为学生学习与跟随的对象。教师的一言一行都会对学生产生深远的影响，有时甚至会被学生模仿。教师的观念、道德品质、生活状态和对待事物的态度，都或多或少地对所有学生产生影响。教师的品德是一种后天环境因素，会对学生的个性发展产生长久且潜移默化的影响。苏霍姆林斯基说："能力、志向、才干的培养问题，没有教师个性对学生个性的直接影响，是不可能实际解决的。"[1] 吴季松也认为，即使在知识经济时代，教师依然是教育的第一要素。创造性思维要通过与教师高素质的交流获得。[2] 因此，承担着"传道、授业、解惑"使命的教师，不仅仅是知识的传递者，更需要以言传身教的方式影响和指导学生，成为学生人生路上的导师。对教师来说，提升自身的道德品质和文化修养，以完美的人格力量感染学生是提高教育质量的最佳途径。卓越人格力量在美育过程中所起的作用是任何观念更新、知识丰富、技巧高超所无法取代的。

教师的个人魅力是一种独特的教育影响力。教师言传身教对于学生思想品德、行为习惯、美学修养以及人格素质等方面的培养起着不可估量的作用。很多成功人士在取得成就之后，都深深怀念他们求学时期的导师，甚至是孩童时代的启蒙教师。这些导师的指引和帮助早已在学生心中根深蒂固，尤其是导师高贵的人格所散发出的魅力，令他们十分钦佩。因此，在实施教学活动时，我们应当认识到教师的重大责任，重视培养教师的人格力量，使其成为一种能够影响学生的正面榜样。

（1）良好的性格特征

性格是人格中的核心因素，是表现在人对现实的态度和行为方式的比较稳定的独特的心理特征的总和。性格类型是指一类人共同具有的独特性格特征组合，

---

[1] 魏姜涛、左光霞：《随风潜入夜，润物细无声——浅谈教师人格对学生成长的影响》，《高等函授学报（哲学社会科学版）》2008年第12期，第103—105页。

[2] 吴季松：《知识经济及未来发展》，《马克思主义与现实》1998年第3期，第29—33、54页。

研究人员一般将性格类型划分为两个维度：一是内倾—外倾，二是稳定—不稳定。外倾性格的衡量标准是积极主动、善于与他人交往、开朗；内倾性格的显著特征是孤僻、沉思；稳定情绪的显著特征是从容、镇静、可靠；而情绪不稳定则表现为心情易变、焦虑和易激动等。在教育过程中，教师需要根据自己的性格特点，选择不同的教学方式，以满足不同性格类型的学生的需求。例如，外倾型的教师可以使用说服教育法和实践锻炼法来教学，而内倾型的教师则更适合采用榜样示范法和情感陶冶法。通常来说，作为一名教师，其职业特点要求教师具备情绪平稳、善于付出、勤奋学习、亲近学生以及诚实公正等积极品质。教师需要成为学生的榜样，在政治思想、个人品德、价值观念和行为习惯等方面注重实际行动，做到言行一致。只有教师身体力行、成为榜样，学生才会效法并学有所成。教育实践中，教师需要具备高度的政治素养，坚定正确的政治方向，在社会发展的重要时期为学生指引方向，同时还需要具备较强的政治鉴别能力和敏锐性。这样的教师拥有正确的世界观、人生观和价值观，他们的品行高尚、爱岗敬业，能够以自己的良好榜样感染和影响学生。对于年轻学生来说，在教师个人的典范下成长，是任何其他事情都无法替代的最有益的体验。

（2）和谐融洽的师生关系和较强的协调能力

在教学中，和谐融洽的师生关系具有极其重要的作用，它有利于教师对教育的开展，有助于缩短师生之间的距离，让学生的学习动力从单一的认知需求上升到情感上的需求，也让教师的工作动力从职业需求上升为职责上的需求。因此，教师应以爱为出发点，更多地尊重和信任学生，这种爱和尊重信任的态度是建立和谐师生关系的基础，也是促进师生情感沟通的桥梁。教师应该重视学生个性，发扬民主精神，善于发现学生身上的闪光点。此外，教师还需要具备协调和管理能力，以建立良好、和谐、融洽的师生关系。具有良好协调能力的老师，在教学过程中会积极与学生交流沟通，展现真诚、尊重和信任的态度，这有助于建立和增强师生之间的信任和尊重，并有利于学生形成健康的人格。师生之间的信息交流和情感联系可以促进彼此的合作和相互激励，营造一种和谐融洽的关系，从而形成协同合作的效应。因此，教师不仅要成为传授知识及技能的才华横溢的教职员，而且还要与学生建立友谊，促进学术及情感沟通，在学术研究、社交交际、人际相处等方面对学生进行指导和引导。学校管理人员应该树立育人意识，强化服务意识，充分地尊重教师和学生，加强沟通和了解，全面构建校园和谐的人际关系。这样，学生可以在人际交往中充分体验美，感受美，从而营造一种积极向上的氛围，促进大学生身心健康成长。

3. 新的载体：网络平台

从 20 世纪 60 年代起，互联网的广泛应用使现代社会进入了信息网络的时代。信息网络逐步渗透到人类社会生活的方方面面，不仅深刻影响着社会经济、文化、教育、科学等诸多领域，还深刻改变着人们的思维方式和行为习惯。它不仅传播信息和思想，而且塑造和影响着人们的世界观、价值观和精神状态。在我国网络用户中，大学生占据着重要的一部分。他们构成了庞大的网民群体。随着网络技术的不断进步，教学和学习模式也在不断发生变化。因此，在高校审美课程建设方面，应该积极探索利用网络平台来进行审美教育，以便为学生提供全新的学习途径。具体而言，网络这一新载体的运用主要体现在网络艺术教育课程、网络艺术氛围营造和网络艺术互动平台三个方面。

（1）网络艺术教育课程

伴随着网络时代的悄然来临，网络课程这一新型的教学资源应运而生，它以网页为载体，借助网络突破了时间和空间的限制。网络课程并不是某一个具体的物体，而是按照一定的教学目标和教学策略组织起来的教学内容和活动的总和，通过网页形式存储在网络服务器中并提供给用户的学习资源。网络课程的实施有赖于自主式学习、协作式学习等先进学习方法的支持。网络艺术教育课程具有如下优势：首先，它使学生能够随时随地使用电脑或手机进行艺术教育课程的学习，为学生提供了极大的方便；其次，通过利用互联网和现代科技的优势为学生提供了形象生动的教育内容，不同风格的艺术作品，如古代珍品、音乐和戏剧等，都可以通过虚拟的方式得到充分呈现。因而网络课程教学的审美化设计可以对学生的美育起到事半功倍的效果。

（2）网络艺术氛围营造

相比于报纸、期刊、电视等传统信息传播方式，网络具有信息量大、信息更新及时、信息资源共享等显著优势，网络为人们提供了信息自由发布、自由传播的平台，每个人都可以成为网上信息的提供者，也可以在网络上自由浏览信息，并获取有价值的信息。无论是社会中的何种群体或个体都可以通过网络来实现信息资源的共享。网络艺术的相关信息主要涵盖以下两个方面。第一，网站的建设和设计要追求形式美，这包括网页的色彩搭配、内容结构和链接的新颖性。这些元素展现了人的创造力和想象力。第二，网络内容要按照美学原则进行构建，尤其是在校园网中。由于学校会对网络信息进行严格审查，因此内容带有较强的主导倾向，能够引导学生参与网络艺术教育活动。学校在其网站首页上设立教育板块，用以提供与教育相关的信息。内容方面，需要包括文史哲、艺术、中外文化的优秀作品和基础科学知识，通过综合运用声音、文字、图像和影像等表现形式，来表达教育内容，以提升信息传达的能力。

（3）网络艺术互动平台

相较于传统媒介，网络的交流模式更加多元化，如一对一、一对多、多对多等，这是传统媒介所无法想象的。网络可以为师生提供更广泛的互动空间和机会，这意味着学生不仅可以接受信息，还可以发布自己的信息。网络交流的核心在于参与，它实现了不同主体之间的互动和交流。网络互动性的存在，为师生之间的相互影响带来了微妙的变化，教育者与学习者在交流过程中的角色不断转换，这有助于促进人际关系的和谐。在网络教学中，教师传授知识并与学生互动，以了解学生的反馈信息。通过美的展示和引导，教师帮助学生欣赏、认知、感受美，并利用美来促进他们的情绪调节，并增强精神上的自尊、自信，同时完善人格。

四、高校审美教育课程建设的创新发展

（一）优化美育课程教学内容

1. 深化审美教育理论研究

审美教育不仅是一个封闭的系统，而且审美教育也是在整个学校教育过程中不断渗透实现其思想理论与行为方式融合的。因此，审美教育系统的有效运行离不开学校系统教育。所以，有效运行审美教育系统，则需要学校系统教育的支持。在实施时，高校要依据社会教育的发展，对审美教育的教学措施进行调节，进而把审美的各个因素有效利用起来，以实现最好的成效。所以，深化审美教育理论的研究作为理论基础，一定要居于首要位置。

（1）深化审美教育理论研究，要适应社会发展的需要

社会实践对审美教育的要求是审美教育一定要根据社会实践的要求进行，同时，也要转为自己的自觉活动。从现实情况来看，社会主义现代化建设以及物质文明和精神文明建设的伟大实践，对审美教育的要求是，要服务、培养全面发展的人。审美教育的社会目标和方向是培育全面的人才。与此同时，实施审美教育就是约束教师，对学生进行审美教育，并且，学生和参加审美教育的每个环节都要确保正常有效地运行。提高审美，还包括培养审美创造能力，这也是社会所需要的。在此需要注意的是，这样的势头不可超越学校审美教育和活动的承受范围，要保证审美教育活动在自主的学校教育范围内有效实行，并使其成为研究审美教育的调节力和推动力。

（2）深化审美教育理论研究，要以教育整体为依托

高校审美教育作为高校教育的一个子系统，需要与其他教育紧密相连，以构成一个完整的系统。并且，在这个系统中，我们要保证审美教育与共同目标的有效融合。从教育体系的运行来看，审美教育是整个系统活跃的重要部分，而且也是必不可少的依赖。审美教育依托于其他教育活动，在学校实施教育活动的时候，教师要把学生的道德理论实践性、行为能力、审美价值、智力发展逻辑思维方式，以及审美素养和知识结构都提升上去。审美教育在学生的审美情感升华和情感净化上起到了一定的促进作用，同时也为劳育和体育提供了一种意志力和精神支撑。同时，运动技巧和操作技能也给审美教育带来了感性条件，这对提高学生审美素质起到了一定的帮助作用，同时也为培养审美创造力打下了坚实的基础。

高校审美教育既要符合社会需求，也要得到教育系统和学校教育的支持，同时，自身因素也要得到审美运行机制的调节。所以，需要强调审美教育有效运行的内在机制，主要包含审美教育的施教者（教师）、受教者（学生）以及审美媒介、教学过程，其中，处于课堂教学主体的是受教者，所以，只有学生积极地自我调节，与审美教育的实施相配合，方能确保达成最佳效果。然而，在教学中，教师最主要的工作是调节学生和课堂之间的关系，保证学生可以感受到审美价值以及素养对自身发展的重要性。这样一来，教师需要了解学生的审美需求和审美能力，降低他们和因为与教学内容不协调而导致的矛盾。在教学中，教师要选择合适的教育目的和教学方法，以适应学生的审美需求和审美能力，这样方能实现因材施教的审美教育，保证学生在教育中通过审美媒介积累审美经验，从而提升审美能力。

审美受教者也要对审美教育目的有一定的了解，包括审美媒介的性质和实施教育的要求，并且受教育者要依据自己的审美需求和能力，通过观照和操作去感受、体悟审美媒介的审美价值，从而可以把审美经验唤起来，进一步落实并实现审美教育目的。有显著效果的审美教育，要思考教育者不同的个性和丰富多彩的审美媒介，以及基于此而出现的审美教育情境的多角度的变化，所以，教师要依据现实情况，采用比较灵活的方式，对审美教育的系统活动展开调节，让其有效运行，不可停留在固定模式中，让其丧失活力和运行的有效性。

2.加强审美教育课程体系建设

（1）科学定位审美教育课程目标

学校建设审美教育课程体系时应对艺术课程给予高度重视，将其作为审美教育课程建设体系的主体，同时重视其他学科的美育渗透功能，深刻认识到审美教育知识的重要意义。课程建设要凸显综合性的特质，注重实践活动。要把培养学生的人文素养，提升审美情趣作为教育核心，注重培养学生的创新能力，结合社会需求和高校发展规划对学校的审美教育课程目标进行科学定位。特殊教育学校的审美教育课程应当秉持因材施教的原则，深入分析学生的身心发展特点，以学生的审美认知水平为出发点，重视开发学生的潜能，注重培养学生的特长和兴趣。审美教育课程应当将艺术教育和职业技能培养有机结合，为学生成为社会有用之才、过上幸福健康的生活奠定坚实基础。为培养具备高水平审美修养和专业技能素质的人才，职业院校的审美教育课程需要加强对艺术实践的重视，并有效融合专业课程。普通高校的审美教育课程应当充分利用本校相关学科和当地教育资源的优势，拓宽教育教学的形式和内容，并指导学生，让他们在学习中完善自我修养，强化责任感和使命感，传承并弘扬中华优秀文化艺术。

（2）完善审美教育课程建设

审美教育课程的建设要进一步加强，就要对审美教育在课程设计上的有效性、科学性展开具体研究，争取达到规范性、针对性、系统性的有机统一，从而实现教学方式和目标、课程设置以及考核办法的内在统一。本书把适合于普通高校的"扇形模块"审美教育课程体系建立起来，可以使得审美教育贯穿于学生的第一至第三课堂。具体来说，就是将审美教育理论课程作为必修课，把第一课堂的基础打扎实，审美教育鉴赏课程作为选修课来给第一课堂做补充，审美教育实践课程作为创新载体把第一至第三课堂丰富起来，从根本上把大学生的综合素质和人文素养提升上去。

①美育理论课程

此课程处于扇形底部的端点上，是最基础的部分，主要解决的问题是："什么是美？""为何要审美？""怎样审美？"上述这三个问题是大学生了解人文知识和提升美育理论的普及课程。我们可以参考教育部推荐的重点教材，并将其与普通高校的专业特色以及实践经验相结合，把相关的理论课程开展起来，使其成为所有学生都适用的必修课。

②美育鉴赏课程

此课程支撑并拓展了扇形模块，是纯理论走向详细具体的审美途径。例如，开设的鉴赏课程——"影视鉴赏""书画鉴赏""音乐鉴赏"等，作为第一课堂的延伸，学生可以依据自己的喜好，选择其中的一门或者是几门作为选修课。

③美育实践课程

课程体系的最终目标以及重要环节便是美育实践方面的课程，同时，美育实践课程也将课堂教育进行了拓展延伸。这个实践范围包含艺术课程自身，如观看艺术展演、聆听音乐会、参观书画展览等；与此同时，第二、第三课堂也应该在其范围当中，把校园文化、社会实践等多种载体利用起来，有效结合大学生的专业学科背景，并进行实践活动，如举办文艺会演、书画摄影比赛、知识竞赛等；依托学校团结组织的力量，把一些节日（青年节、教师节、重阳节等）充分利用起来，以不同主题、不同时期的党建活动和团日活动作为工具，普及美育元素，增强学生美育理论基础，帮助学生深入理解美育的方式和应用，达到潜移默化的教育效果。

（3）加强美育的渗透与融合

高校要把美育贯穿在学校的整个过程和各个方面，并将其渗透在所有学科当中；要进一步强化美育和智力开发教育、道德教育以及体育的有效融合，并将其与各个学科的科学以及社会实践活动有效融合；要把不同学科所蕴藏的美育资源挖掘出来，把历史、语文等人文学科的美育功能体现出来，并把数学、物理等自然学科中的美育价值挖掘出来；要加大力度开展以美育为主题的跨学科教育教学以及课外校外实践活动，把相关学科的美育内容有机融合到一起，把各个学科教师的优势体现出来，以美育目标为核心，形成课堂教学、课外活动以及校园文化的育人合力。

（二）创新美育课程教学模式

1. 构建多元化的审美教育课程模式

（1）优化审美教育课程模式

一流大学最不可少的就是美的熏陶和教育。高等院校的美育类课程要构成一个系统、综合且有序的课程体系，在审美教育课程设置上要进一步优化，将其教学效果的重要保障提升上来。通识审美教育课程要改变传统的教育模式，建立多元化的课程体系。

①课程安排

在课程安排和形式上，通识审美教育课程在设置上应该选用公共必修课和选修课有效结合的方式，一方面确保学生都可以修习审美教育课程，另一方面也可以使学生依据自己的喜好和审美需求自主去选择。课程安排指各门课程所设立的具体课时、学分、年级等方面的规定和设计。在安排开设时间时，高校可根据不同年级的特点开设不同类型的课程，对大一、大二的学生开设基础性和导向性的必修课，对大三、大四的学生开设可以满足不同层次需求的课程。在通识审美教育课程体系中，高校可以试着把美育和其他看上去没有太大关联的学科结合起来，将美育和数学、机械、生物等专业有效结合，将美育和法学、哲学、历史等学科有效结合，把各自的优势和特长都充分体现出来，从而使得所有受教者都能从这样的创新美育中获得全新的感受。这种多元化的通识审美教育课程体系，可以让所有的大学生都具备高尚的道德情操和良好的审美情趣。此外，针对选修课，我们无须拘泥于线下的课程，教师可引导学生进行线上学习。教师录制的课程，然后将其放到与自己相关的平台上，学生可以自己去学习。诚然，学生也可以依托目前的线上学习平台，如慕课，里面有丰富的课程，教师可以指导学生选择，也可以由学生自主选择。这样，必修、选修、线上、线下相结合的方式，无疑使美学课程形式更为丰富和多样。

②教育方法

在教育方法上，通识审美教育课程要坚持理论与实践相结合。审美教育目标，一方面要让学生熟悉美的知识，另一方面要让学生在教育活动中把感知和创造美的能力培养出来。传统的课堂只是单一强调理论知识，把学生的主观能动性忽略了，因此并没有达到美育所期待的成效。通识审美教育课程开展的具有趣味性、创造性、自主性、实践性等特征的活动课程，可以让学生体验美，并且创造美。通识审美教育课程需要传授知识，培养技能，转变审美观念，锻炼实践能力。

③教材选用

在美育的教材上，通识审美教育课程的教材需要与现如今国内的培养目标以及学生的现实需求相符。在选择教材内容、组织和编写上，我们首先要注重实用性知识，其次要确保有效传授实践经验。在理论上，美育教材应该浅显易懂，对知识的实用性与可读性的融合要多加重视，要做到在为学生树立健康良好的审美观念上给予一定的帮助，以培养其发现、感知和创造美的能力。

（2）创新艺术人才培养模式

内涵建设是专业艺术院校所重视的，同时，办学特色也要体现出来，专业设置要同社会需求以及艺术前沿进行衔接。创新艺术人才培养模式，要进一步加强社会服务意识，强化实践育人，完善协同育人的人才培养模式，加强培养人才和经济社会发展的契合度，为经济发展和文化繁荣提供高素质、多样化的艺术专门人才；要遵循艺术人才成长规律，促进艺术教育与思想政治教育的有机融合、专业课程教学与文化课程教学的相辅相成，坚持德艺双馨，着力提升学生的综合素养,培养造就具有丰厚文化底蕴、素质全面、专业扎实的艺术专门人才。

2. 推进美育教学团队建设

确保教学可以正常有序进行的前提条件是具有优良的师资队伍,同时,这也是美育课程模式创新的支撑和保障,因此,高校一定要把具备高素质的师资队伍建设起来,确保课程模式的创新和顺利实施。各高校要与自身实际情况有效结合,把自身的师资特色与优势体现出来,有效结合专职和兼职,以及培养和引进、进修和培训,把有着合理的结构、明显的梯队、良好的协作分工的优秀美育教学团队建设起来。

(1)以专职化、专业化为目标方向,努力确保美育师资队伍的数量和质量

审美教育课程的教师要具备深厚的美学知识和美育专业技能,并将审美化教育观念树立起来,通过现代教学手段提升学生的积极性,通过改进教学方法和丰富教学内容,把教学质量提升上去,通过完善教学和评价体系进一步改善教学效果,并与实际情况相结合,创造性地把课内外教学组织起来。

在高校开展正常的美育,然后深化美育,这一切的前提条件是要具备一定的师资力量。在师资队伍中,最关键的是专职美育师资的扩充,并且他们还要具有专业的背景、水平、素质和技能。与此同时,也要相互取长补短、互通有无,校内各个专业的教师都应积极地参与到美育中,这样就使得教师在把自身专业优势体现出来的同时,可以进一步深层次地了解美育。诚然,学校之间的限制和壁垒也要努力冲破。

(2)以自我培养、自我提高为主要途径,不断提高美育师资队伍的整体素质

如果要实践美育就需要进一步深化、更新知识,这样一来,美育师资队伍需要再次进行学习和提升。主要通过两种方式:第一,将本校的美育教师送去进修、培训,专题以及短期进修培训均可,长时间深造学习也可以,主要目的是让教师的教学理念得到及时更新,教学手段也能跟上时代的脚步,做到与时代同发展;第二,把美育方面的专家、学者请进学校授课,这样,美育教师可以增长知识、开阔视野、陶冶情操。

审美教育课程的教师要进一步加强自身的审美修养。当代高等教育对教师的要求是,要具备较高的审美素质,这样才能培养出创新型人才。教师应该注重培养自身的审美能力,全方位地塑造自己。

(三)丰富美育课程的方法

方法的含义非常广,通常指的是为了得到某种东西或者是达到某种目的而采用的手段和行为方式。美育方法顾名思义就是为了实现美育目标而采取的方法。

美育课程的建设需要美育方法的支撑，但传统的美育方法及形式过于单一，所以丰富美育方法也是高校美育课程创新发展的一个方向。

1. 知识传授法

知识传授法指把美育的基本知识或者是常识直接通过课堂教学的方式输送给受教育者的一种传递方法，这种方法在大学美育教育中是最基本且最常用的。知识传授法有多种方式，其中主要的有知识讲授法和学习宣传法。下面我们来详细了解一下这两种方法。

知识传授法是一种使用最多且应用最广的理论教育法。其含义是，教育者通过口头语言把美学理论传授给受教育者的一种教育方法。运用此教育法需要注意的是：讲授内容要正确，所讲解的概念和知识要科学；全面且系统地进行讲解，与此同时，理论和实践所结合的关键点也要找到；采用启发的方式讲解，避免填鸭式和注入式，要循序渐进地引导。

学习宣传法是利用多种传媒或者舆论的方式将美学理论知识传授给学生的一种方法。这种方法主要是邀请专家对学生进行美学知识讲座，以此来宣传美的思想，引发学生去思考。理论宣传法有很强的系统性，所辐射的面很大，影响范围也非常广，对受教者产生的影响也很大，同时也营造出了良好的舆论环境，能够促进和引导学生自觉学习。

知识传授法的基本特征如下。

（1）直接性

在审美教育中，教师和学生都应意识到他们正在进行或接受教育。传授法只有在教育接受者自发地接纳的前提下，才能取得有效的效果。

（2）易普及性

知识传授简单易行，通常意义上，只要有一两名专业的美育理论教育者和充足的教育场所，就可以面向上百名或数百名受教育者同时开展。

在课堂上普及美育，教师一方面要向学生传授美学基本理论知识，另一方面要引导学生认识美的起源、本质和规律，要认清楚审美对象的价值，同时，欣赏和创造美的原则与基本方法也要掌握住。在平时的工作、学习和生活中，教师可以让学生亲自去体验客观世界以及人自身的美，使他们能够对比分辨真善美和假恶丑，并对其进行正确的评价。通过学习并传授美的知识和理论，教师从理性上给予学生一定的帮助，让他们对美的本质、规律、范畴、形态有一定的认识，并对各种艺术的基本常识也有一定的了解。在此基础上，学生欣赏美的能力得到进一步提升，审美素养也得到进一步发展。

2. 实践体验法

美育中的实践体验法指把大学生组织起来参加多种审美实践活动，并在其中体验真实的美，进而将审美能力提升上去的一种方法。这是通过改造客观世界进而改造主观世界的一个过程。通常，此方法主要包含参加校园活动、参观访问、劳动实践等方式。

实践体验指的是受教育者通过亲身体验，并将其在实践中社会化，从而形成美的理论原则的深层次且准确的认识，同时，学生审美和创造美的能力和水平也有所提高，身心获得了发展。体验以亲身实践为基础，学生通过自己的感官、认识领悟和情感以及生命体验达成"价值世界"与"意义世界"，最终形成对美的态度。所有的客体在体验世界中都是生命化的，有着生命的情调和意蕴。体验能够超越物质，达到精神；超越经验，达到理性；超越暂时，达到恒久。

在审美教育中，实践体验法有着无法取代的作用。把学生组织起来感受现实审美生活，基于在感性认识上验证学习到的美育知识和理论，同时，对强化审美理论教育成果也起到一定的帮助作用；此外，在实践中能够产生新的感受，可以满足并提升个体的审美需要，从而使得学生的身心得到协调发展。

在美育过程中实施实践体验法需要遵守下列原则：第一，实践体验的长效机制的建立。实践—认识—再实践—再认识，此过程不停地循环往复。大学生的审美观是波动的，如果想要通过一次实践活动便提升他们的审美能力是很不现实的。审美实践长效机制的建立，就是为了保障实践活动长期有效地进行下去，从而把学生的审美观以及创造能力提升上去。第二，指导实践体验过程。不能进行科学组织的通常都浮于表面，流于形式。想要获得深层次的教育效果，就要强化对实践过程的指导。首先，从大学审美价值观实际情况的客观需求着手，并制订计划。其次，在体验中给予学生一定的指导，让他们带有目的性地去观察记录。最后，相关的理论支持和比较参考的对象要提供给学生，并指导学生深入理解，从而达到思想和情感的共鸣，获得美的享受与深刻教育。

3. 自我教育法

自我教育法指的是受教者依据审美的要求和目标，通过自我学习和修养的方式，从内心去接受、欣赏以及创造美的方法。

审美教育中的自我教育法的特点是具备主动性和自觉性，这是受教育者为了把自身的审美能力提升上去而进行的审美过程。主要的依据是辩证法中有关外因通过内因而起到一定作用的原理。只有涵盖自我美育的才是真正意义上的教育，这是因为教育者的教育活动是一种外因，它无法取代教育者的认识、内化活动，以及实践外化活动。

在审美教育中，自我教育的意义重大。自我教育的作用有：对教育者与受教育者的有效融合起到帮助作用。学生进行自我教育的前提和基础是教师的他育，然而，教师教育效果的关键与保障是自我教育。自我教育可以把受教育者的主观能动性充分体现出来，使得受教育者可以积极主动且自觉地进行自我修养和学习，可以提升受教育者的审美水平，同时，也塑造了他们健全的人格，对教育者自我能力的提升起到帮助作用。"教是为了不教"，受教育者需要具备自我教育的能力，才能做到自立、自为。所以，学生自我教育的过程，其实是一种提升审美修养的过程。自我教育的时候，学生通过自我学习和发现，可以逐渐增强审美能力，并进一步完善审美心理结构，从而提升人格的协调性。

自我教育法在实施时应该注意的问题有：第一，强调自我教育和他育的高度是相同的。在美育中，强调自我教育是以美育的个体性以及目标实现的自我建构性为基础的，但是，这并不代表能够把实施者的要求降低，反之，是把教师的责任和要求提升了。自我美育要求的实施，实施者需要具备的教育责任感和艺术会更高。第二，自我教育实施个体的教育。美育把个体的责任和积极性强调了出来，强调自我教育的同时也强调了集体教育和学生在互动中的个体审美培育的实现。第三，自我教育并非安于现状，不求上进，而是对个体的强调。个体在生活实践中受教育，并将艺术体验、理论学习和社会实践进行有效结合，这样，自身的审美能力可以在实践活动中得到逐渐提升。

4.朋辈交流法

朋辈交流法指的是有着同样的背景，抑或是出于某种原因让具备共同语言的人采用平等的交流方式分享观念、信息或者行为技能，从而实现审美素养的教育方法。

美育是一种特殊教育，需要受教育者积极参与其中，并且，受教育者所体现出的主观能动性会对美育的效果产生一定的影响。然而，经过研究得出，依据学生的心理和生理特点，他们对这种方式所带来的教育质量的评价都很高。之所以能获得这么高的评价是因为这种方式营造出了平等和尊重的氛围，使学生不再受到教师填鸭式的教育，并且，自我意识也不用再受到压抑和控制。就一定程度上而言，这种方式是最平等、最彻底的交流。因为交流者的身份都是平等的，所以，学生能够畅所欲言，也能够大胆质疑，激烈辩论。在这样的氛围中，学生可以答疑解惑，修正偏颇，坚定信念。与此同时，还因为交流者的身份和背景基本上是一样的，所以更容易产生情感的共鸣，达到相互认同，进而收获友谊。在这样的交流中，自己原本的认知体系通过互通有无得以丰富，尤其是在辩论时，他们极易产生思想的碰撞，也容易发现新的理论观点和视角，还可以更深层次地进行思考研究，这对他们创新能力的启发和培养也起到一定的促进作用。学生的审美认知与欣赏能力通过朋辈交流得到长足发展，并给他们的审美想象力插上了翅膀，得以在激烈辩论和思索中展翅飞翔。通常，朋辈交流基本上都是多个学生集体参加的，以结队或者组合的方式进行，这样学生的团队合作意识也得到了培养。

需要注意的是，审美教育有多种方法，以上所提到的都是比较典型的方法，我们在应用时不要只局限在上述提及的方法中。在教学时，并非每种方法都能解决问题，因为在使用上，它们都有自己的范围、条件、优势以及局限。所以，教育者要综合使用，取长补短，形成合力，以取得最佳的教育成果。

第二节 新时代高校美育中的教师因素

一、高校教师的审美素质

（一）教师审美素质的内涵及其重要性

1. 教师审美素质的内涵

审美素质是人拥有的审美人格、理想、能力、情趣等各种因素的总和，它是人的审美能力和意识的综合展现，能够让人理解并掌握审美教育和美学的基本理论知识，并运用其欣赏、分析、感受艺术、自然、生活中的美的现象，指导实践教育，提升塑造审美的自觉性，提高审美理念的拓展与深化能力。审美素质体现在对美的欣赏和接受的能力上，此外，对审美文化的创造和鉴别能力也属于素质的一部分。有相应的美学理论基础和文化知识水平才能接受美、认识美、懂得美，这需要通过教育和自我教育进行后天培养，而非先天拥有的。

虽然人们常说，爱美是人的天性。但事实表明，有爱美之心，并不等于就有了美学修养，更不意味着真正了解美、懂得美。在相当长的一段时期内，对人才的培养，人们普遍重视专业教育，强调专业知识和技能的灌输、训导，而审美教育作为完善人才素质的组成部分，其地位没有得到实质性重视和真正保障。面对异彩纷呈的艺术市场，由于缺乏系统的培养，致使一些包括广大审美教育工作者在内的人既缺乏欣赏高品位艺术的兴趣，又缺乏欣赏和鉴别艺术的品位，要么对美的事物无动于衷，要么不加选择地胡乱赏识。教师虽然从事教育工作，承担教育人、引导人的职责，但上述问题仍然普遍存在。如果这种情况任其发展，势必会造成大学生的审美欣赏水平滞后，这与社会发展的要求不相符。

　　教师审美素质的培养和提高有赖于审美素质教育，即在教育中培养感受美、认识美、鉴赏美、创造美的能力。艺术可以激发人们深沉而无私的感情，进而影响人的精神世界。当今社会，艺术门类日益丰富，艺术世界五彩缤纷，各种艺术对人的思想冲击无法回避，只有具备欣赏和鉴别艺术的素质，才可获得更多有益的艺术熏陶，从而抵制有害艺术或伪艺术的浸染。教育者由于所扮演的社会角色的特殊性，教育他人先要接受教育，有计划地接受正规教育和培训，有目的地进行自我教育，通过对自然界、社会生活、艺术作品中的美的事物或现象的感受，进行自我教育和熏陶，从而成就审美教育。教师应在理论和实践的结合上下功夫，有意识地锻炼自己，逐渐获得审美感受、培养审美理想、积累审美经验，从而成为具有审美素质的人。

　　2. 教师审美素质的重要性

　　教师常被人誉为"人类灵魂的工程师"，而"人类灵魂"是要用"心"去努力塑造的，正所谓"育人先育己，正人先正心"。教师审美素质的建构在于使教师回归生命之本真状态，在实践中自觉追求逻辑理性与道德情感、人生信念与实践行为和谐统一，使教师能够成为自由的、有创造性的、实践存在着的人，恢复教师自我生命及生活的完整，进而实现教师自身的幸福。教师在培养学生的同时，也在净化自己，这支蜡烛在照亮别人的同时，首先要照亮自己。

　　（1）"主我"与"客我"的有机和谐

　　"主我"指的是具有深度价值感与意义感的内隐自我，它包括对本体自我"我究竟是怎样的人"的追问和对理想自我"我应该成为怎样的人"的期待；"客我"指的是外在的社会现实自我。教师对自我生命构成主客我彼此间矛盾关系的道德调节，反映了教师对自身的道德关怀，同时它也影响着教育内部整体关系道德调节功能的有效发挥。"客我"生存与"主我"存在的矛盾，直接导致了教师自我权利驾驭失控。德性是一种习惯于欲求正当之物并选择正当行为去获得的个人品质。它是一种获得性的人类品质，这种德性的拥有和践行使我们能够获得实践的内在利益。作为主客我关系之维，理想状态的德性伦理强调在主客我关系的调节中保持适度的张力，实现合"主我"目的性与合"客我"规律性的辩证统一，它能够使教师在实践中自觉追求逻辑理性与道德情感、人生信念与实践行为和谐统一的完整教育，使自己回归生命之本真状态，成为自由的、有创造性的、实践存在着的人,进而实现对自我和谐关系之网的良好把握,实现自身的幸福。

(2)教师审美素质建构意味着教师形成了外在事功人格与内在德性人格的有机统一

教师审美素质建构意味着教师形成了外在事功人格与内在德性人格的有机统一,意味着作为具有尽可能丰富的联系和属性的教师主体已经能够从系统的、整体的、全面的角度去从事认识与改造世界的活动。教师外在事功人格即教师实然的处世能力与应世之道,表现为教师具有的"何以为师"的知识、技能与技巧,即"教什么"的学科专业知识与"怎么教"的教育专业技巧。教师内在的德性人格,即教师自然的人生价值追求与为人之道,是教师主体在对自身职业的意义、精神归属、教育方式的体认基础上而生成的精神品质与道德境界,是教师对自身"以何为师"的人生目的追求,它对教师自身发展起到了"方向性"的定向作用。教师审美素养是教师内在德性人格与外在事功人格的辩证统一。教师的内在德性人格是中心点,外在事功人格是挺立点,事功人格需要德性人格的引领,德性人格需要事功人格的观照。德性人格的目的在于使教师向内探寻,有效实现对自我生命境界的提升;事功人格的目的在于向外求索,有效实现对客观现实环境的改造。教师由此具有了这一特殊职业群体所独有的做人品格与做事能力,从而实现了教师自身"内圣而外王"的人格境界。

(3)教师审美素养建构意味着教师心灵的成长

教育是心灵唤醒的艺术,如果教育者本身精神空虚、心灵贫瘠,这样的教育效果可想而知,充其量只是一种简单的知识传授,其中充满着机械和枯燥,学生缺乏兴趣和心理认同,这样的教育就没有生命力。如果一个教育者精神充实、知识渊博,时刻以自己的人格影响学生,以自己的心灵感召学生,那么,这样的教育教学就充满了灵性,充满了文化的气息,因此必然会激发学生的学习兴趣和求知的强烈欲望。教师审美素质的建构目的在于培养和提高教师对美的欣赏、鉴别和创造能力,并使之建立起崇高的审美理想,形成健康的审美情趣,让心灵得到陶冶,人格心理结构得到完善。教师审美素质建构意味教师的整体人格得到发展,从而真正成为一个心理健康、奉献社会的园丁。因此,要想真正成为一个心理健康、奉献社会的园丁,就绝对不能忽视审美的这种特殊功能。在此基础上,教师在成长中日渐聚集的强大力量,心灵的内涵不断丰富,外延不断扩展,教师生成了主动追求理想的文化自觉,这种文化自觉会带领教师不断地鞭策自己、完善自己。教师生命由此而日渐脱离平庸,朝向优秀乃至卓越持续迈进。

（4）教师审美素质建构意味着教师形成了一种新的生活与存在方式

教师在自我审美素质建构中也会不断生成自己的生活方式。首先，形成一种亲近自然的生活方式。自然是人向往中的心灵净土。人的生命源于自然，最终也会回归自然，与自然浑然一体，没有了雕琢的痕迹，没有了功利虚名的压力，徜徉于自然，融化于天地，物我两忘。最原初的"本我"，不可遏制地奔涌而出，洗尽尘世的铅华。当人与自然为伍时，身心才会获得安顿，找回真我。其次，形成一种有趣味、爱美、好玩的生活方式。教师生活是平凡的、琐碎的、宁静的。但是，充满情趣的教师会在平凡而琐碎的生活中发现快乐、体验快乐、享受快乐，成为拥有幸福感的教师。教师还要成为一个爱美的人，然后要成为一个好玩儿的人。爱美是指他的审美力，好玩儿是指他的童心。最后，教师在生活中应成为一个和自己的时代保持张力的建设者。什么叫保持张力呢？就是要有一种审视的态度，有一种批判的态度和保持自己判断力的态度，也就是不轻易盲从，不轻易认同，不轻易妥协，即我有我的价值观，我有我的判断力。

只有天下真诚的人才能够完全发挥出自己的天赋本性，从而完成自己生而为人的天赋使命。能充分发挥他自身的本性，就能充分发挥众人的本性；能充分发挥众人的本性，就能充分发挥万物的本性；能充分发挥万物的本性，就可以帮助天地培育生命；能帮助天地培育生命，就可以与天地并列为三了。教育在于实现人类客观与主观文化之间、主观与主观文化之间，以及个体内部感性、理性与行为文化之间的有机协调，这就需要教师既要尊重外在事物发展的客观规律，又要尊重人的内在主观精神；既能入于书，又能出于书，在人类客观文化与自我主观文化之间灵活转化；教师要能够具有尊重个体文化多样性兼收并蓄的包容精神及厚德载物的博大精神；教师应能够顺应学生多元文化需求及对文本的多元化解读，促进学生与文本主体对话，帮助学生抵达有教学价值的意义空白或意义未定的基础结构，使教学内容在文本与学生的主观精神之间，在历史、现实、未来之间，在各门学科知识之间，在理论的科学世界与实践的生活世界之间自由地穿行。而只有作为具有尽可能丰富的联系和属性的主体才能从系统的、整体的、全面的角度去从事认识世界的活动，才能有能力实现文化之间的能量互动，进而实现教育最终的目的——人与社会的共生共荣。教师审美人格建构本质上是教师回归生命之本真状态，在实践中自觉追求逻辑理性与道德情感、人生信念与实践行为的和谐统一，使教师能够成为自由的、有创造性的、实践存在着的人，从而恢复教师的自我生命及生活的完整，进而实现教师自身的幸福。

(二)高校教师审美素质的理想结构

1. 审美能力

审美能力是审美主体进行审美活动的必备条件,是主体对对象的形式、结构、形象及蕴含情感的妙悟能力,是主体感受快乐和认知美的功能、特性的能力。对高校教师而言,审美能力是其审美素质的基础,也是关键,背景没有什么能力,也便不能进行审美活动,自然也就不能开展审美教育。同所有的审美主体一样,教师的审美能力主要包括审美感受力、审美鉴赏力、审美创造力等方面的内容。

(1)审美感受力

人的审美感官对审美对象进行感知的能力是审美感受力。审美感受力的表现是人们通过耳闻目睹对现实中的美进行准确把握。美的直观印象需要一定的审美感受力作为基础,若没有则难以实现,也无法把握和捕捉美的元素。引导受教育者在审美实践中提升和培养对美的事物的感受力和敏感性,以及对艺术美、社会美、自然美的兴趣爱好等,均是审美教育工作者的首要任务。敏锐程度的标志是审美感受力的高低。一个人若能快速捕捉美的对象并生出情感反应,说明拥有敏锐的审美感受力。相反,就算美的事物展现在眼前也会漠不关心。培养和提高审美感受力,只能在实践中实现。教育者置身美的事物中,融入美的环境中,在引导受教育者的过程中提高自我,通过耳濡目染,亲身领略客观事物和现象的美,从而形成和提高审美感受力。

(2)审美鉴赏力

人的评价美、认识美的能力即审美鉴赏力。审美想象力、判断力、理解力等都包含在内。审美鉴赏力在人们进行艺术素养、思维能力、训练和实践经验、学习的基础上形成与发展,是以主观爱好的形式体现出来的对课题美的评价和认识,是认识与创造、感性与理性的统一。在艺术创造与欣赏中,审美鉴赏力形成并获得发展,所以也被称为"艺术鉴赏力"。它拥有民族性、时代性、社会性以及鲜明的个性特征,其对以美的规律和理想去改变世界,创造和发展科学的、健康的、文明的生活方式,对提高审美鉴赏力起到一定的帮助作用。拥有高审美鉴赏力的人,既能在一瞬间被美的事物深深感染,也能迅速做出审美判断,找出美的所在。审美理解力是审美鉴赏力的前提。审美鉴赏水平的高低取决于审美理解力。我们通过实践得到证明,若要对一个事物有深刻的感觉,必须先理解这个事物,审美理解也是如此。所以,审美理解力的培养和提升与审美鉴赏力有直接的联系。努力学习科学、文化、文学、艺术等方面的知识,基本功扎实,扩宽知识储备,用心思考生活，用心看待世界，厚实人生积淀，丰富社会阅历等是培养审美理解力的必要途径。对艺术品而言，只有把握住了因民族传统所决定的表现形式、作品内容的思想倾向、艺术品产生的时代等，才能称得上理解它，从而产生审美感情。同样，提高审美理解力所必须懂得的知识之一是艺术手段的基本规律及艺术语言。这些因素是培养和提高审美鉴赏力的基础条件。

（3）审美创造力

审美创造力是审美主体根据美的规律表现和创造美的能力，是最为复杂的一种审美能力，是审美活动的高级阶段。在大量审美经验积累的基础上，根据美的规律创作出拥有美的形式与丰富深刻内容的作品以及成果即是审美创造力的表现。语言信息、认知策略、智慧技能等是形成审美创造力不可或缺的一部分。马克思主义关于审美创造方面的理论是美的规律的理论，其明确提出人类创造活动并不是任意的，而是有规律可循的，人类按照美的规律来创造美的事物，美的规律是把人类的主观愿望和目的，即"内在固有的尺度"与具体事物的客观属性，即"任何物种的尺度"结合起来，把人的本质力量表现为可供人审美欣赏的具体感性形式和生动形象。

审美主体的主体性充分肯定了马克思主义关于美的规律的理论，同时，作为审美创造材料的客观事物的规律性也没有忽视，然而，也对人的审美创造作出了深刻的理论概括。审美教育工作者的审美创造力依托于教育实践中，根据人的成长发展规律、教育的规律、美的规律、客观事物的规律，在对象上附着理想、智慧、情感、思想，并使其成为可供欣赏的、生动形象的、可感的审美对象。这种审美创造在教育活动中作为审美教育的一部分而存在。审美教育创新与审美教育工作者审美创造力的形成和发展共同进行和存在。

2. 教学、管理技能美

审美教育的开展不仅需要专业的课程，也需要在日常的教学中进行渗透，所以，高校教师的审美素质还应该体现在他们的教学技能以及管理技能上。

（1）教师要提升教学技能美

教学既是一门科学，也是一门艺术。在教学实践中，教学艺术展现了美学特征，并给予人们审美感受。一些学者认为，教学拥有审美性、思想性、科学性三重性，对应着教学的"美""善""真"，教学活动本身所拥有的特性之一是教学的审美性。因事物的功能和特点联系密切，所以，教学的审美性使教学过程拥有了审美功能。教学的审美功能和审美性特点的发挥体现在教师的教学能够产生扣人心弦、令学生着迷的审美魅力。教学美是教师依据美和教学的规律创造出来的，既是教师精湛的教学艺术的体现，也是智慧的结晶。

（2）教学过程拥有和谐美

教学和学习两者协调统一形成教学过程。教师要尊重学生的主体地位，让学生得到自主全面和谐可持续的发展，教学要实现多种心理能力的协同作用，充分发挥想象和情感的作用，实现理性因素和非理性因素的交流，从而形成一种活跃、生动的气氛。

（3）学习内容拥有充实美

教学美非常重要的一部分是教学内容的丰富性。体育运动、艺术、劳动技术、社会道德知识、科学基础知识等范围的教学内容都要丰富，而不是仅限于教学内容本身。教学内容的丰富美包含教师和学生加工改造之后而具有美的特征的内容，也包含从人类文化知识体系中直接迁入的丰富的科学美、自然美、社会美、艺术美等内容，还包括以善的内容、真的内容获得的美的形式。

（4）教师要提升管理技能美

在对学生的管理中，尤其是与学生进行交流时，教师要注重沟通的技巧、愉悦的氛围和良好的交流，可以对培养学生和顺利开展工作起到一定的帮助作用。在管理工作中，教师要经常了解和掌握学生的思想和需求，及时创新和修改方法，运用学生喜欢和乐于接受的方式高效地进行管理工作，进而在工作中得到学生的认可和尊重。

教师和学生的情感沟通、工作交流、知识传授等互动是否顺利，与审美教育者在管理、教学中是否展现出工作的美感和艺术性有直接关系。因此，提高教师的管理技能美、教学美非常重要。在实际工作中，教师的教育教学能力和技巧可以通过进修、交流、培训等方式得到提升。

3. 人格、道德美

（1）人格美

人格是一个人的尊严、潜在能力、道德品质、气质、性格等方面的综合，即人之为人的一种规定性。教师精神境界的充分展现是教师的人格，是其魂魄所在，它反映着一个教师的人品、才情、心性等方面的综合素质。教师的人格素质如何，在"教"与"学"的过程中直接影响着学生。教师是学生的榜样和表率，是学生锤炼心志、养成人品、获取知识的导引者。教师在人格方面的表率或榜样作用潜移默化地发生着，并通过学生内心的接受和认可，进一步内化学生的意愿和理念。这样的内化过程是在学生心中确立教师高尚形象和人格权威的过程，一经确立便会深深地扎根于学生心中。

教师人格魅力的重要组成部分是高尚形象和人格权威，这对审美教育效果有着非常重要的影响。经教育心理学和教育的实践实验证实：教师和学生要在施教者的才情、学识、人品等方面有一定的心理位差，这样，受教育者，也就是学生才会仰慕、尊崇教师。学生才会充分地记忆、领会、理解教育或教学的内容，才能真正获得教育过程的效果。因此，在审美教育中，教师不仅要拥有融会贯通、广博专深的学识，还要具备卓越的品行和人格，这样才能使学生产生很强的人格魅力，从而实现审美教育活动。

（2）道德美

教师的道德美既包括个人品德，也包含职业道德。当然，由于教师角色和职位的特殊性，教师的个人品德大多体现在职业道德中，所以在此仅论述教师的职业道德。具体而言，教师职业道德大致包含六个方面：一是献身教育，忠诚事业。师德的最高准则是忠诚于教育事业。只有对教师职业有了正确理解和认识，忠诚于社会主义高等教育事业，才能产生高度的责任感、事业心，视培养新人为己任和天职，全心全意，无私奉献；不怕辛苦，不计得失；敬业乐业，矢志不渝，献身于教育事业。二是精心育人，热爱学生。师德的核心是教书育人。学校教育是通过教师的劳动来促进人、改造人、塑造人、培养人的全面发展。教书育人是对教师和教育目的关系的道德要求进行调整。它是教育行为的宗旨，是教师劳动的全部内容。众多优秀的教师凭借严格、深沉、公正、无私、博大的爱挽救了误入歧途的青年，培养出一代又一代的优秀人才。三是为人师表，以身作则。师德的本质要求是"人师"与"经师"合一，师德的生命是为人师表。教师在生活作风、工作态度、政治思想上要以身作则，必须正人先正己，在教学过程中，以高尚的人品、渊博的知识、精湛的教学技巧吸引和感召学生，教学生正派、认真、严肃做人。四是精益求精，治学严谨。高校教师必须求真务实、刻苦钻研、孜孜不倦、谦虚好学，使自己的知识能力在高度、广度、深度等方面得到持续不断的发展，这样才能以其渊博的学识履行其促进学生全面发展的天职，不然难以做到真才实学。五是勇于创新，锐意进取。高校教师的品格特征是不断创新。新时代的高校教师为了更好地教育学生，必须不断地探索真理、开拓进取，转变"教书匠"的传统角色思维，积极开展科学研究，进行知识创新。六是团结协作，严已宽人。高等学校教师的传统美德是宽以待人。因教师劳动成果的集体性和劳动形态的个体性，高校教师必须严格要求自己，要处理好与部门、领导、同事之间的关系。教师对学生要理解、尊重，要与学生为善；教师之间要共同提升、取长补短、相互学习。

4. 外在美

教师的审美素质不仅包含审美能力、道德品质等内在方面的美，还应该包含外在方面的美，而高校教师审美素质中的外在美主要表现为风度美和语言美。

（1）风度美

人的表情神态、修饰打扮、举止言谈、动作、形体、容貌等展现出来的美即风度美。风度美是人在长期的社会实践活动中形成和发展起来的，是人的生活习惯、个性特征、文化修养、道德情操、精神境界的外在表现。在人类社会发展进入一定历史阶段后，人们将自身作为审美对象而进行审美活动时，便成为欣赏和创造的对象。以下三个方面的内容是风度美所包含的丰富内涵。

①人的精神状态通过美的仪态、神态、动作等展现

形体美的展现是充满活力、健康匀称的身体。仪态美的展现是衣着合体大方，五官端正，透出神采。行为美的特征是需要献身时表现出的大无畏的英雄气概，为人求实进取，潇洒自如，温文尔雅，谦虚礼貌，言谈举止得体。人性美不可分离的两个因素是外在美和内在美，两者的和谐统一是理想的人性。一个人不能只追求外表的漂亮潇洒，而远离心灵美，不然会沦落为"金玉其外，败絮其中"（刘基《卖柑者言》）的绣花枕头。塑造美好人生时，我们既要注意自己的品德和心灵，也要注意自己的形象和仪表，做到内在美与外在美的和谐统一。

②人的情趣、修养、品德、个性、气质的外化

风度美看似是在外在行为中显露出的美，但是，重在内涵，偏重修养，贵在内在美的自然流露。一个人不管言语如何委婉动听，只要缺少内在修养，就无法掩饰其内心本质的庸俗，纵使万般努力表现，若品德修养不够，没有思想深度也是徒劳。

③人的形态不同，决定了风度美的多样性

风度美属于一个复杂的审美范畴。人的社会阅历、人生经历、生活环境、个性特点等不同，导致自然风度也不一样。美在社会生活中是丰富多彩的，风度美的表现更是千变万化。有的人持重稳健、蕴藉含蓄；有的人诙谐风趣、热情奔放；有的人文静贤淑、质朴端庄；有的人豪放粗犷、爽朗潇洒等。人的内在精神境界、道德情操、性格、气质等是决定风度美的主要因素。风度美善于凸显个性，取长补短。风度美表明了人类在完善和认识自我方面所拥有的指向和要达到的高度，是人类文明的象征。

审美教育工作者在教育活动中往往是作为一面镜子，标立在他人的面前的，一颦一笑、一举一动都会映入人们的眼帘。人是很容易产生盲点的，眼睛生在自

己身上，功能却是用来看别人的，当一面镜子摆在面前时，人们得以很容易地观察一下自身。审美教育工作者因为所处的位置，很容易成为别人，尤其是受教育者观察自我的镜子，起到镜鉴作用，产生反馈效应，因此，风度美关乎生活，也关乎事业。风度美主要是在日常生活实践中形成的，它必然受民族习惯、地理环境、历史条件、文化传统以及多种社会意识形态的制约，不同历史时期所反映出来的有关风度美的内容、标准、评价方式必然有所不同。风度美是人类遵循美的客观规律，实现自我认识和自我完善的结果，它也为自身的言行举止提供审美或自我塑造的依据。审美教育工作者追求风度美，必须做到内在美与外在美的有机统一，只有心灵美，才会显现出风度美。任何一种风度，总是共性与个性的和谐统一，是自然与修饰的有机统一，自然显露与外在装饰浑然一体，才能充分体现风度美，给人们以强烈的美感。

（2）语言美

妇孺皆知，人们沟通的桥梁是语言。在人与人的交流中语言有时是屋漏遭阴雨，有时是久旱逢甘霖。语言可以在矛盾丛生时烟花飞尽，一地尘埃，升起哀怨情仇，也能化干戈为玉帛。语言和意识一样，由与他人交往的迫切需要产生。

心灵美的外化表现是语言美，礼貌、谦逊、文雅和气；清晰精确、言简意赅；富于韵味、生动活泼；谈吐文雅、语言文明；合乎逻辑、用语准确等是其基本要求。心灵美的直接展现是语言，由语言表现力、道德品质、思想情感、文化修养各不相同的个体来表现，因此，语言美有不同的展现形态。语言美直接影响人际关系的协调和交往的效率，是人际交往的必要手段。将优美的语言运用于审美教育工作者与受教育者交流的过程中，会收到意想不到的效果。对教育工作者而言，语言美不只是用几句华丽的辞藻，停留在表面上的，而是需要扎实的理论基础作为辅助，运用技巧才能博得众彩。语言美的灵魂是思想，语言美的源泉是知识。培养心灵美、提升审美文化素质、加强语言修养，才能达到语言美。审美文化修养越高，文化知识越丰富，思路和视野就会越开阔，说起话来就能挥洒自如。缺乏知识储备，孤陋寡闻，会使其语言表达成为无源之水，捉襟见肘，思维容易出现"短路"。言语道德修养与言语行为是否文明有着直接联系。没有一定的文化修养，不可能妙语惊人，也不可能言谈文雅。一个人的内心世界包含审美心理、知识、情感、人格、道德、思想等，语言美是内在品格的自然流露，要借助语言把内心活动的内容表达出来。我们若想语言优雅动听，就需要具有智慧的心灵；要想有美的语言，就需要具有真情实意。

通过自己的言行表现出个人的心灵，在表达对事物的主张、观点、认识、感受的同时，良知、胸怀、情操、思想也被展现出来。伟大思想的自然结果是行为高尚，志气远大、胸襟豁达的人通常会有高雅的谈吐。语言美的内涵是情感美，言出于思，情动于心。没有真挚而炽热的情感，就不可能打动别人的心；没有正确而深刻的思想，就不可能叙述令人折服的言论。说服只有情理交融和结合才有力量，才能以理服人，以情感人。语言美的魅力是艺术美，思想美、内容美决定着语言美，这并不意味着否定用语技巧，轻视语言的艺术美、形式美。语言美必须言简意赅，生动活泼，若没有高超的用语艺术，就不能表达出高深的思想，精辟的语言和高深的思想是相辅相成、相得益彰的。语言美有利于促进社会的安定团结，陶冶人们的文明情操，滋润人与人之间的关系。因此，语言美是时代的需要，是精神文明建设的需要，也是个人成长的需要。教育者的必修课之一便是修炼语言，这是自我需求，也是社会的要求。

利用艺术欣赏、旅游观光、艺术类课程等方式来提升教师和管理人员的艺术素养。对教师而言，把工作及工作对象作为一个具体的感性形态的整体进行审视，可以提升我们的艺术素养，并有利于激活、放大人的审美能力。以不同的形式表现美，使教师在教学的过程中通过自身的语言、手势、表情、语态等方式，充分地创造美的氛围，使学生能够感知美、体会美。所以，教师要注意使用适当、流利的语言，自然适度的表情和姿态，锻炼健康的体魄等细节，而并非仅限于提升自身艺术素养。教师要以审美的眼光搭配服饰，与环境和职业相协调，做到大方得体，使自己成为学生的榜样。

二、教师审美素质提升的策略

（一）更新教师审美教育理念

现代社会是一个创新型的社会，需要富有创造力的人才。创造力的培养需要艺术精神的熏陶，而不是仅限于专业知识的教育，两者相结合才能促进现代人的健康发展。审美教育的熏陶作用因传统教育对知识技术的关注而被忽略，阻碍了人们对美的追求，使得大学生创造潜能被单一的思想所限制。时代对教育的要求是加强审美教育，将艺术与科学完美结合。我们要认识到美育对社会风气拥有的导向作用，美育是人在全面发展过程中拥有的内在力量，在未来高校中，教师必须转变教育观念，同时，美育观念也要顺应时代变化。

1. 重申全面发展的教育理念

全面发展的教育理念在教育理念中表现在德、智、体、美、劳五大方面，并发挥着重要作用。"五育"每一方面都有其独立性，是既相互联系又相互区别的，我们的教育目标是协调五大方面，并非突出某一个方面。

教师要秉持全面发展的教育理念，以自身的德、才、学、识影响学生，引导学生，传播知识，加强情感教育，以情感人，以美感人，这样才能达到教育有理想、品格高尚、追求美的接班人的目标。课堂教学是包括美育在内的教育活动开展的主要阵地，教师以自身对美的理解与追求感染学生，在这一过程中，教师不但可以使学生的审美观得到健康发展，也可以使自己的审美追求得到实现。

2. 突出个性发展的理念

勇于追求自我个性的发展是青年学生最突出的心理特征表现，个性是创造潜能的外在表现形式，因此，教育的重点是正确引导学生的个性发展。个性的自由发展是人的全面发展最突出和强调的。高校教育工作者，最重要的是加大高校素质教育的力度，培养学生积极的个性，引导学生向着积极健康的道路发展。美育在这一方面的教育上发挥着极其重要和特殊的作用。

美育不是枯燥的理论说教，而是一种情感教育；美育是师生与美好生活事物的情感交流，而不仅是教育方式，因此注定以人为本。重视人个性的发展，其实就是重视人在发展中的主体性地位。学习科学知识和发展自我个性是青年学生在成长过程中从事的两种职业活动，前者深刻认识世界发展的本质规律，后者寻求自身兴趣志向的实现。前者是后者的基础，后者是前者的推动力。在当前素质教育推行的时代潮流中，如完美人生的计划和实践、对美善情感的追求、对美妙艺术作品的欣赏、对美好生活的向往等学生积极的个性心理，我们要更好地应用美育的教学手段去培养。学生非智力因素的发挥，在这个过程中非常重要。我们面对的不是学习机器，而是活泼、激情、朝气的青年大学生。若想抓住素质教育的根本，教师必须把握住这一点，帮助每一位学生走好人生关键的一步，溯本求源才能制定适宜的培养方案，才能让学生赞美生活，热爱生活，做一个积极乐观的21世纪的大学生。

3. 深化着眼未来的观念

年青一代是未来世界的主人公。在这个富有生机与活力的现代化世界中，青年学生该以何种知识结构、精神面貌去面对未来世界激烈的竞争既是教育工作者需要思考的重点难题，也是青年人当前应把握的重点。因此，我们进行教育活动的前提是"着眼青年人自身的发展""着眼未来"。

随着科学技术的飞速发展，教育发展既存在机遇，又存在挑战。信息技术的应用是教育与现代高科技之间最为密切的关系。信息技术为教育资源的共享做出了重大贡献，也为经济发展提供了最大的便捷。在未来的教育中，实现教师与教师、学生与学生、学生与教师、学生与教育资源间的互动，必须依靠信息技术。这种互动是学习经验、教育方法的交流，也是资源的共享。图书馆是现代高效信息技术应用最广泛的地方。众多高校为了满足学生对知识技术的更深、更广的需求，建立了高校图书馆互联网共享。此外，一些高校将本校精品课程做成课件，发布到互联网以供有需要的学生学习。对美育而言，未来高科技的发展为其提供了无限机遇。物质生活因高科技的到来而获得飞速发展，同样，高科技的发展也需要适应发展的新型人才，即全面发展的人才。对21世纪人才的培养而言，美育将成为促进人才全面发展不可缺少的一门重点学科，我们要抓紧情感教育的大旗，这样才能从内心深处、灵魂根部教育有道德、有理想的青年。

（二）丰富教师能力结构

人们对学科专业教师的能力结构要求，在以往仅仅局限于本学科的教学实施能力、良好的心理结构、系统的学科知识结构等方面。教师将本学科的教学和知识结构作为全部的工作内容，将自己局限在非常狭小的圈子中。学科间的界限被新一轮课程改革打破了，我们强调学科间的整合和课程的融合，倡导整合课程实施理念，使课程要素之间形成有机结构和联系。我们需要打破固有的、狭隘的教育观念，建构跨学科的知识结构，培养跨学科的教学实施能力。美育观与新课程改革主张在教育活动的全过程淡化美育的学科界限，其内在精神一脉相通，这无疑给教师的能力提出了更高的要求。所以，丰富教师的能力结构是教师审美素养提升的必要途径。

1. 强化审美意识是提高教师审美素质的前提条件

在教师审美素质结构中，其基础是审美意识，拥有强烈的审美意识是教师完善审美素质、提升审美能力、丰富审美知识的前提条件。我们要不断强化教育理论工作者和教育行政部门领导的审美意识，让他们认识到审美素质的重要地位。因为教育理论工作者和教育行政部门领导对教师素质的要求和教师队伍的建设起着导向、决策、规划作用。教师自身的审美意识也要不断强化，缺乏审美知识，会导致审美素质下降，直接影响教育教学，没有足够的能力将美的原则和宗旨贯彻到教育活动中，无法发现和发掘学科教育中所蕴含的丰富的美育因素，无法在给学生传授知识的同时，激发学生的学习兴趣，让学生体验美的感受，最终也将影响教学效果，这一点教师一定要清楚。

2. 强化审美实践是提高教师审美素质的根本途径

（1）教师自身的审美实践活动

教师从事审美的具体活动即审美实践，教师的审美创造力和想象力，通过审美实践可以得到启迪和激发，教师可以直观自身的审美素质，也可以运用这种审美创造力开展学科教学。审美创造和审美欣赏是教师自身审美实践活动的两个方面。教师从中学会了领悟和体验，并获得了深层次的心灵陶冶和审美情趣；并在其中展现自身的成功和才华，获得自我肯定、满足的喜悦，从而提升审美能力，使审美水平进入更高层次。因此，教师应该积极创造审美实践活动。审美创造在丰富的审美经验的基础上进行，如欣赏优秀艺术作品的艺术美，阅读经典的艺术史教程，参观美术馆、博物馆的自然美，去名胜古迹游览等，积累大量审美经验，提升审美趣味。只有听听《春江花月夜》《蓝色多瑙河》的音乐，读读鲁迅、巴尔扎克的著作，看看徐悲鸿、罗丹的画册等才能以自身的审美修养去开发学生智慧的心灵。

应该注意的是，由于当前审美取向和审美趣味的多元化，以及大众文化给审美活动带来的巨大冲击，教师应该树立积极的审美价值观，敏锐地感知日常生活中的无孔不入、无处不渗透的一些审美现象，并做出正确的审美判断。此外，教师还应该了解当代社会不断更新的审美信息和各种审美形态的特点，以便于使美育内容具有更为深厚的生活基础和广阔的时代背景。同时，教师作为教育者，还应广泛关注学生的审美对象，充分了解学生的审美取向和审美内容，包括他们在家庭和社会感知的那些内容。教师应以自己的审美知识与修养，判识它们的审美价值。对其中具有审美价值的，选取并建设使之完美，易于引起学生的审美注意与感知，激发学生的情感体验；对那些审美价值不高乃至低劣的，则应以适当的方法引导学生自觉疏离或摒弃。

（2）在教育教学中贯穿审美实践活动

人，不仅作为静态审美中的审美主体参与审美活动，而且作为动态审美活动中发展着的、创造着的人被关注。教师要提高审美能力，贯彻实施大美育，就不能仅仅满足于生活中对自然美、艺术美等的关注，还应该在教育教学过程中实施审美实践活动，在学科教学中进行审美实践，把审美实践活动与学科教学、教育活动联系起来，在提高审美操作能力的同时提高自身的审美素质。

3. 营造良好的美育氛围是提高教师审美素质的重要保证

良好的美育氛围，不仅能为具备审美素质的教师提供施展才华的舞台，同时也可以激发教师潜在审美素质的发挥。优美的校园环境，融洽的人文氛围，以及由此折射出来的校风、教风、学风等，对教师审美素质的提高所起的作用是难以估量的。良好的美育氛围，不仅是美育观主张把美育落实到教育活动全过程的一个体现，也能在很大程度上促进美育观的实施，推动教师审美素质的提升。

（三）加强对教师的培训

1. 参加培训研讨，提高对审美的认识

与时俱进是审美教育的命题，无论是审美教育理论，还是审美教育思想，无论是审美教育内容，还是审美教育方法，都应该也必然要应和着时代发展的步伐，方能彰显生命力和活力。而这一切，审美教育工作者是关键。作为审美教育的主导者，教育者要充分利用一切条件，积极参加相关培训和研讨会。这对弥补美学知识，提高美学、文艺理论、艺术、审美教育等方面的理论素养、学识水平、教育能力，以及推进审美教育可以起到积极作用。培训研讨可以加深对审美内涵、特征、地位、功能的认识，以及对社会主义精神文明、对人的全面发展重要作用等问题的理解；可以围绕当今世界的科教发展，结合东西方文化交流的语境，明确审美的课题和所面临的任务，在与专家学者的交流、探讨中达成共识。审美教育的理论与实践，应当与时俱进，应尽快走出脱离现实的抽象思辨、理论说教的窠臼，从而实现必要的审美转向，将审美作为理论与实践的前沿课题，加以研究突破。我们既要继承中国古代的审美传统，又要借鉴现代西方审美教育教学的新思想，吸收其精华，构建我国审美教育的理论体系。

2. 加强知识学习，提高鉴赏水平

通常审美主体的知识水平和审美能力的高低成正比。有知识的人可以更敏锐地感受美、发现美，进而借助于情感和想象实现对美的理解。否则无法深刻、准确地理解对象的美，以及拥有高雅的审美情趣。因此，我们若要将良好的审美情趣培养出来，必须通过学习，提升对美的理解和解读能力。

审美素质的发展因素有很多，在知识学习方面需要注意两点。第一，学习美学知识。美的类型、形式、内容、特征、本质等，通过学习美学理论，准确把握美与真、善，美与社会实践，美与人的本质关系。在学习过程中，我们要将自己的审美实践与马克思主义的美学理论结合起来，正确掌握审美评价的方法和基本原则，根据美的规律创造美、欣赏美、理解美、发现美，不断持续提升自身的审美能力。第二，学习有关审美对象的专门知识。审美在客观上要求审美主体掌握关于审美对象的丰富知识，是一种高级的精神活动。了解艺术反映和产生的社会背景，了解特定艺术的表现方法和特点才能解释艺术美；了解社会发展和活动的

基本规律，才能理解社会美；了解自然美的特点和内涵，才能领会自然美。不然，我们无法充分认识美的价值，更何谈分享给他人美感。

总而言之，作为新时代的高校教师，要勇于迎接考验，要努力成为优秀的审美教育工作者，要坚信努力与付出，这样，离"长风破浪会有时，直挂云帆济沧海"（李白《行路难》）的成功，一定为时不远。

第三节　新时代高校美育的价值

一、美育的"综合教育"属性

美育的"综合教育"作用，主要表现在它主要不是具体的艺术技能的培养，而是一种审美世界观的培养。美育的主要目的不是培养掌握具体艺术技能的专业艺术家，而是培养具有健康审美态度的"生活的艺术家"。在这里，我们特别地强调了"审美的态度"。所谓"态度"就是一种世界观、人生观、价值观，是当前人的素质中最基本、最主要的方面。当前时代对人才最基本的要求是知识、能力、素养、态度。"态度"乃是四要素中最重要的要素，而审美的态度即审美的世界观又成为"态度"中非常重要的组成部分。如果说，在农业经济与工业经济时代，审美的态度或审美世界观的地位还没凸显出来的话，那么在今天的后工业革命时代，审美的世界观则具有了本体的地位，成为当下后工业革命时代主导性的世界观。

众所周知，一个社会的主导性世界观作为一种意识形态，是被一定的经济社会形态所决定的。当代，作为后工业信息时代、生态文明时代，主导性的世界观应该是审美的世界观。这种审美的世界观是一种排斥主客二分机械论的有机整体的世界观，也是一种主张人与自然社会和谐协调相处的"间性"世界观与生态世界观。其内涵包括人类应该审美地对待自然，摒弃长期占统治地位的"人类中心主义"观点，树立"人—自然—社会"系统和谐发展的观点；审美地对待社会，摒弃人与人是兽性的自然主义理性与"他人是地狱"的灰暗理论，以高尚的人道主义的审美态度关爱社会与他人；审美地对待自身，改变人类较少关心自然、更少关心自身的不正常状况，做到身与心、意与情的和谐协调发展，培养提升人的情感力与文化品位，逐步达至审美的诗意生存。

二、美育在社会中的情感协调地位

一般来说，审美教育是培养全面发展的社会主义新人的重要手段之一。但又不仅如此，从当前的现实情况来看，由于我国实行改革开放，进行大规模的经济建设，这就给教育工作提出了许多新的课题。凡此种种，都使美育具有了自己特有的现实作用。这就是一种极其重要而不可缺少的社会协调作用。因为在社会的协调中，法制与道德等带有某种强制性，只有审美是自觉自愿、不知不觉的，是一种特有的情感协调活动，具有不可替代的地位。

（一）社会关系的内在调节器

社会关系主要是生产关系的反映，社会主义社会的社会关系是建立在公有制的生产关系基础之上的，是平等的、互助的、同志式的新型关系。但公有制的生产关系只不过为这种新型的社会关系提供了物质前提。由于剥削思想的遗毒与人们思想认识的差异，社会关系中的矛盾是必然存在的，也就是所谓的人民内部矛盾。对于人民内部矛盾，应很好地处理，否则一旦激化，也不利于社会主义现代化建设。对于这种矛盾，可通过三个渠道加以解决。一个是通过政治与法律制度，规定出各种强制性的条文，要求人们必须这样或不准那样。再一个是通过社会道德加以规范，从理性上告诉人们应该如此或不应该如此。还有就是通过审美情感教育的方式加以引导，使人们情不自禁、自觉自愿地去热爱什么或憎恶什么。第一、二两种渠道虽然重要，但只是一种外在的约束，而审美却是一种内在的调节，常常产生更为理想的效果，可使社会关系更加美好与和谐。

（二）提高全民辨别美丑与善恶的能力

克服不正之风的重要途径之一就是提高全民的道德分辨力，使之做到从善如流，疾恶如仇。而审美力的提高则有利于道德分辨力的提高。因为，美本身必然地包含着善的内容，特别在社会美之中，善的因素更占据着极大的成分。因此，对美丑的辨别力与对善恶的辨别力是相通的。美丑分辨力的提高必将有助于善恶分辨力的提高，从而有利于人们自觉地克服和抵制不正之风，端正社会风气。

（三）丰富人民的精神生活，树立科学的生活方式

审美活动是丰富的精神生活的重要内容。它不仅可使人们的身体得到放松后的休息，还可使人们的情感得到陶冶，更可提高人们的精神境界。随着经济体制改革的逐步实行，不仅引起人们经济生活的重大变化，而且要求人们的生活方式

随之发生变化。这就要求在全社会形成适应现代生产力发展和社会进步要求的文明、健康、科学的生活方式。它的基本特点是具有高度的科学性与和谐性，有利于协调统一物质生活与精神生活的诸多方面，有利于身心健康发展。而美育就是建立这种科学的、和谐的生活方式的必要条件。审美活动不仅可在科学的意义上使人的心理处于平衡之中，而且可使人的精神和整个生活处于和谐愉悦、有节奏的状态之中。

（四）美育是迎接新的技术革命挑战的重要措施

当前世界上面临着一场以电子计算机、遗传工程、光导纤维、激光、海洋开发等新技术的广泛利用为其特征的新的技术革命。这场技术革命将会在社会生产和社会生活的各个领域引起巨变。它的特点是智力因素在生产和生活中将会发挥更大的作用，各种新技术的运用将会引起生产力的新飞跃。这场新的技术革命对于我们来说将是一场严峻的挑战，又是一次发展经济的极好机遇。只要我们认清形势，抓住良机，就会使我国的经济面貌发生根本性的变化。但其中的关键在于要把智力开发放在首位，尽快培养出一批适应新技术要求的新型科技人才。华裔美籍教授陈树柏认为，在科技发达的社会中，一个优良的理工科毕业生，除了专修的各科能运用自如以外，还需要具备法律、经济、文学、历史、美术、音乐等基本知识，换句话说，良好的大学教育是完美、平衡的基本教育。① 从这个角度来看，可以说，作为一个科技人才，是否掌握生产美学方面的基本知识，同他所设计的产品的销路息息相关。因为，随着时代的发展，人们对于日用消费品，甚至工业产品，不仅有质量方面的要求，而且有外形美观方面的要求。

---

① 陈树柏：《中美两国教育制度比较》，《动向与线索》1985年第7期，第27—48页。

第三章　高校德育、智育、体育中的美育因素

需要强调，美育并不仅仅存在于艺术教育中，而是体现在现代教育的方方面面。本章主题为高校德育、智育、体育中的美育因素，包括高校德育中的美育因素、高校智育中的美育因素、高校体育中的美育因素。

第一节　高校德育中的美育因素

一、美育对德育的促进作用

德育与美育相互包含，相互渗透，具有你中有我、我中有你的相互关系。从而引起两者的相互作用。其中美育对德育的促进有着明显的作用。

（一）美育促使人的意志心理结构趋向完善

自由意志是伦理道德的核心，它能够使主体在行动中不受被动的束缚，而是自觉自愿地做出选择。要想在达到自主自愿、自由思想的行动的同时还不违反道德准则，需要主体具备非常高的意志心理结构。主体需要发展自身意志力，以自我抑制那些违背理性的生理本能冲动和想法，同时需要克服各种消极情感，如焦虑、愁闷、空洞、困扰和惊恐等。只有这样，才能进入美的生活境界。在美的生活境界中，审美主体需要拥有对现实美和艺术美的深刻感悟与领悟能力，特别是对于生活美，他需要充满信心和乐趣，对他从事的事业充满热爱和执着。人生不可能一帆风顺，经历磨难与挫折是在所难免的，人生还有许多事情并不能事事顺意，甚至还会遭遇重大磨难，对人意志力的考验就在于此。要想走向自由意志，就需要学会如何走出这些困境。大文豪歌德一生也充满艰难，在爱情和事业上，尤其在政治上屡遭挫折，但在此刻，他总是走出原地，外出旅游，投入大自然的怀抱，在欣赏大自然的风光中重新振作起来，促使眼前的愁和苦迅速化为乌有；或者投入艺术创作中，通过艺术使自己的精神得以升华，化腐朽为神奇，变愁绪为乐趣，重返美的生活境界，重新去追求爱情，去从事他执着追求的事业。

人类历史解放和进步的标志体现在人们在"工具理性"的操控与驱使下被迫走出传统伦理设计中单一道德的人本主义的迷境、重新回归真实的生活。但是，我们必须认识到现实并不总是合理的，它只是到达理想的媒介，而不是理想本身。当我们把表面上的世俗过程作为终极目标，并把生命中的所有意义都投注在世俗生活之中，而不保持一定的理想和现实之间的距离时，就会导致现代精神的迷失，丧失自由意志。它有可能导致两个迷误：或者对现代化进程发生的挫折估计不足，对其负面作用缺乏心理准备，一旦遇到重大挫折，尤其自己的重大挫折，就会对现代化失去信心，生活的失望随即而来；或者是一味沉浸于世俗的感官享乐，心灵却极度空虚寂寞，急功近利、斤斤计较、贪图酒色，如同行尸走肉和精神乞丐。

这些证明了意义世界和"终极关怀"的失落,确会使人意志衰退,道德沦丧,与道德自由相去甚远。

美育是一种可以帮助现代人摆脱道德危机和道德迷失的方式。它能够提供感官层面的享受和快乐,满足现代人情感和感性的需要,但不仅止于此,它更是可以超越感官世界,给人带来精神上的愉悦感,成为人们精神空虚时的调味品和营养物,给予人们意志力和支持,避免个体在遭遇挫折时崩溃。与功利主义不同,美育引导人们追求终极价值,使人逐渐感受到生活中的美好和光明面,一直保持希望、期待和憧憬。由此可见,美育促使人们拥有更加弹性的生活空间,赋予了人们意志的韧性,促进人们自我完善。

(二)美育活动为德育提供丰富生动的内容

大量的德育内容融入美育活动中,并且美育活动常常令人们拥有舒畅的感官体验及愉悦的精神状态。祖国自然美的大好河山往往会激发人们对家国的无限热爱,毫无疑问,这是生动的爱国教育的体现。除此之外,自然美的各种形态,也会激起人们对生活的各种追求,或崇高,或柔和,或斗争,或平和。

社会美的欣赏和创造是一项充满德育价值的活动,两者直接结合。传统美德要求人们具备仪表美、语言美、行为美和心灵美,这都是德育的重要内容。美育过程要求一个人外在美和内在美要达到统一,这种人也是理想的、被人渴望的道德人。

当我们将这些道德人的思想和行为用来教育人时,常常以生动具体的艺术形象作为媒介。特别是在传统美德的教育方面,我们并不只是简单地复制,而是在审美理想的基础之上加以创新,所以我们所接受到的道德人的形象是经过审美加工过的形象。现实中任何一个人都有其优点与缺点、公欲与私心、美丽与丑陋、善良与邪恶、真实与虚假的矛盾对立的两个方面。圣人与英雄常常通过斗争来使真、善、美战胜假、恶、丑,使他们自身得到不断完善与发展,从而备受人们尊敬与爱戴。而其完美的形象就是艺术家所理想的"应该是怎样的人"的形象。因此,丰富的德育内容也常常出现在大量优秀的文学艺术作品中。

(三)美育活动的形式是德育的重要手段

传统的道德教育主要是通过说理、灌输甚至是半强制的执行方式进行的。例如,学校规定了专门的政治学习时间,学生需要听报告、写学习心得、做思想汇报等。然而,这种方法容易使得受教育者感到枯燥无味、乏味重复。相比之下,美育是通过将教育融入形象生动、娱乐欢愉以及潜移默化之中的方式来进行的,因此更容易被受教育者所接受和巩固。特别值得注意的是，美育具有一种自由性，它并不采用强迫的方式，而是以自愿的形式让受教育者接受教育。如果德育能够自如地利用好这一特点，那么教育就能持续不断地进行下去，保留恒久的教育效果。例如我们可以适当地组织学生去郊游，既能引起学生强烈的兴趣，也能使学生的眼界得到开阔，还能增强学生的组织纪律性，使学生团结友爱。对于旅游地的选择，可以选择著名的旅游胜地，培养学生对家乡、祖国的热爱之情。同时在学校也能组织各种兴趣小组，发挥学生的主动性，让他们思考感兴趣的课题，通过社会上的热点事情来引导他们积极正确地对待人生，对待各种社会现象，从而掌握时代的本质。除此之外，也能通过欣赏名曲名画、观看优秀影视作品这类美育活动来让学生在优秀的艺术作品中以娱乐性的方式接受健康的思想内容。还可以组织大家用书评、影评、画评等方式来鉴赏艺术品，使学生对善恶界限有了明确认知。或者还可以组织有关德育内容的辩论和有关德育内容的智力竞赛，这些比赛可以激发学生的好胜心，在智慧的角力和较量中，自愿地去把握和学习德育内容。这样，我们可以引导受教育者在享受欢乐的同时，潜移默化地接受健康、积极向上的思想和情操。相比单纯的政治学习和听报告，这种方法的效果要好得多。

二、思想教育工作者的审美修养

（一）思想教育工作者的素质结构

作为我国现代社会中的一个特殊角色，高校思想教育工作者的素质结构主要包括知识、品德、审美修养三个要素。

1. 知识要素

随着改革开放时代和知识经济时代的到来，人们对于生活的追求逐渐现代化、多样化，市场经济引起人们民主、自由、平等、竞争意识增强，思想异常活跃，眼界十分开阔，计算机国际联网，使得绝大部分人的信息无法保密独享。在这种情况下，只掌握一家之言，就显得浅薄了。以其昏昏，以其无知，如何教育昭昭者、广博者？因此，高校思想教育工作者首先自己必须是博学者，他未必是自然科学方面的专家，但应该是社会科学方面的行家、通才。

2. 品德要素

高校德育工作者不能是专对别人的，更重要的是用潜移默化的方式来散发自身的人格魅力，用自身高尚的道德品质去感召人们，以有爱的善心和满腔的热情去打动人们，从而影响受教育者。德育工作者应该是受教育者的良师益友，是他们在道德品质和人格精神方面的学习榜样。

3. 审美修养要素

高校德育工作者还必须具备完善的情感结构，有着丰富的内心情感、美好的生活理想、敏锐感受美的能力和持久的情感创造力，即具有较高的审美能力和审美修养。这样，才能在德育过程中避免对任何对象都采取统一的教育模式的弊端。只有自身内心拥有了丰富的情感，才能产生对各种对象各自性质情感交融的可能性；只有自身拥有了较强的感受能力与敏锐的感官能力，才能捕捉到处于对象心灵深处而外在表现的各种痕迹。创造性地开展生动活泼、别开生面的思想教育，以情感的感染力影响受教育者，使之与自己进行广泛的情感交流，渐渐地进入心灵的沟通，达到教育的目的。

知识、品德和审美修养三要素不仅仅是德育工作者的素质要求，实际上也是所有教育工作者的素质要求。这三要素的完善与否是检验一个人精神状况是否健康、完善的标准。人的精神包括知、意、情三大部分，它的完善性就体现在人们是否具有丰富的知识、高尚的品德和较高的审美修养上，这三者哪一个也不能缺少，只能在相互作用、融会贯通中得到协调发展，从而得到完美发展。

（二）思想教育工作者进行审美修养的途径

德育工作者审美修养的提高也是依据其他接受美育的受教育者同样的途径和方法。只不过德育工作者更有一种历史使命感和自觉性，这种自觉也是经历过教育实践成功与失败的锤炼后逐渐形成的，因此，理性的自觉和努力的审美实践是德育工作者提高审美修养的基本途径。

1. 理论学习

这是专指德育工作者通过学习有关理论，形成对美育工作正确认识，并具备一定的美学理论素养，以指导自己的审美实践，提高自身审美修养。

从拒斥美育到统摄美育，再到德育与美育相互包含、相互贯通，这是德育工作者对待美育观念的两次飞跃。最早德育工作者视美如虎，把美看成是资产阶级或小资产阶级情调的东西，后来接受了美育的观念，但仅看成是德育的一个部分，属于德育的范畴。通过理论学习，从哲学的高度把人的精神分为三大块和与之相应的教育，就将美育与智育、德育并列，都作为一个人全面、自由发展之必需和不能相互替代的。这使德育工作者去掉了以老大自居的傲慢，寻找到自己正确的位置。

学习美学理论、艺术理论是提高德育工作者审美修养的较快的途径。这决不违背从实践到理论的认识路线，因为美学理论和艺术理论的学习，仅仅是把广大德育工作者在日常生活中熟视无睹的美的现象加以理论化，提升到理性的高度，以指导以后的审美活动。

2. 审美实践

为了彻底提高个人审美修养水平，必须遵循审美理论的指导，并积极参与各种符合现代和未来要求、具有新的审美价值的对象的审美实践。审美实践可以分为两个方面：审美欣赏活动和审美创造活动。

第一，审美欣赏活动是通过教育工作者对现实和艺术中的审美对象的观察和体验、感受审美过程的过程。该活动促进教育工作者通过协调内在审美需求、审美心理结构和审美价值观的运动，从而培养精神与性情、提高审美修养水平。

这里应该提出，德育工作者在欣赏活动中，不要拒斥前卫的东西，不要用传统的审美观念或者政治理念来看待新潮的东西，应该先接触，先了解再进行分析，不要急于下结论，而且要去感受其是否具有审美价值。不仅要学会鉴赏传统艺术，也要学会鉴赏现代艺术，不仅要观照美的过去，更要观照美的现在和未来。

第二，审美创造活动是一个具体的操作性行为过程。它以德育工作者个人的具体的实际操作方式，动态地进入其内在审美需要、审美心理结构、审美价值意识的相互运动过程中，以实现自己内在精神追求与外在客体对象的和谐统一，从而陶冶自己的性情，提高审美能力和达到较高的审美境界。具体来说，就是参加文艺、体育、游戏等有意味的造型活动，确证自己的审美创造能力，体味自己审美创造成果的意义。因此，我们提倡每个德育工作者必须学会某种艺术创作或表演，因为各门艺术尽管有各自的特点，但它们之间具有共同性、共同的艺术规律，我们大概地了解、把握某门艺术，就会对美学理论、艺术理论有更深刻的理解，也会对欣赏其他艺术起引导、启示的作用。这是德育工作者审美技能的艺术表现方面。另外就是审美技能的艺术批评方面。有了一定的审美和艺术实践的成果，再加上一定的美学或艺术理论的修养，就可以适当参加艺术批评活动，它能不断地充实和完善自身的整体审美修养，又能在教育中有效地指导他人对美的事物、艺术品进行合乎规律的鉴赏、判断。

第二节　高校智育中的美育因素

一、美育对智育的重要作用

从智育角度来看，它无法离开美育。美育具有十分重要的意义，其培养人们的审美感知、欣赏和创造能力是对人的感知力、记忆力、理解力、想象力等多种心理功能的调动，使得这些能力不断受到训练而提高，促进了创造性思维的发育以及智能结构的完善。

（一）美育可以引发人们对科学研究的兴趣和追求

大多数世界级的伟大科学家出于对美学的追求而努力创造科研成果。他们通过审美之眼来观察自然界，常常陶醉于自然界中永恒的和谐，并充满激情地探索那些和谐并将之描绘。这是因为，审美情感不仅仅被美所激发，而且人的理智情感也被美所诱导。使人对所处的客观世界产生惊讶、疑惑以及了解和探索的欲望，并能成为一种建立在美的对象内在规律之上的永恒热情，引导鼓励人们去揭示真理、登上科学之峰。

当开普勒发现行星遵循第三定律运动时，他感受到宇宙惊人的和谐，这种天然的美学启发了他的情感和潜能，几乎让他沉醉在这份喜悦中。爱因斯坦说，他所赞赏的不光是开普勒这样卓越的科学人物，而且还以赞赏和敬仰之情审视着我们出生于其中的自然界神秘的和谐之美。[①]

总而言之，追求美是科学巨匠从事科学研究的巨大动力。法国数学家、科学家彭加勒说得好："科学家研究自然，是为了从中得到乐趣，而他得到乐趣是因为它美。如果自然不美了，就不值得去了解。"爱因斯坦重申了"我同意昂利·彭加勒，相信科学是值得追求的，因为它揭示了自然界的美"[②]。科学史展现了一幅不断追求美与和谐的壮丽画卷。对于后代科学家而言，前辈留下的和谐图景，成为他们攀登和迈进的精神支柱，站在前人的肩膀上更加高瞻远瞩。当人们看到前辈所建立的理论大厦极具和谐之美后，又会发现其在更广阔的时空中表现欠佳。因此，那先前所仰慕的和谐图景，徐徐淡去，融入更广阔的场面，被更加壮丽的新画卷所取代。这些新的发现激发了人们持续地充满信心和好奇心，即便前方之

---

① [美]爱因斯坦：《爱因斯坦文集》（第1卷），范岱年译，商务印书馆1977年版，第409页。
② [美]爱因斯坦：《爱因斯坦文集》（第1卷），范岱年译，商务印书馆1977年版，第304页。

路更加险峻，更加艰难，但人们的求知欲望却更加强烈，因为人们普遍相信未知的世界比眼前的世界更美、更加和谐，更加值得探索。因此，爱因斯坦说："要是不相信我们世界的内在和谐，那就不可能有科学。这种信念是并且永远是一切科学创造的根本动力。"①

（二）美育可以完善人们的认知结构，发展智力

美育可以开发大脑右半边的潜力，调动两半球大脑的互补作用，这是经过现代脑科学证明的结论。大脑左半边是"语言脑"，主管言语、逻辑推理、数学和其他逻辑思维功能；右半边是"非语言脑"，主管识别空间图形、感知音乐等完形知觉能力，是一种形象思维能力。科学研究证明，我们常常会使用大脑左半边进行思考，而忽略了大脑右半边，从而使大脑右半边脑细胞的"积极性"受到抑制，因此我们在大脑功能的利用上存在很大的局限性，很难完全释放大脑的潜力。长期过度运用左半脑，也会导致其神经元的疲劳和工作效率下降。此时，暂停一下思维活动，通过欣赏音乐、阅读诗歌、跳舞或者沉浸于大自然的美景之中，可以激活被压抑的右半脑神经元，从而产生模糊而多义的信号，频繁地向左半脑发送神经信号。虽然左半脑进入了潜意识状态，但它并没有"沉睡"，它会积极地处理右半脑发来的信号。当发现那些有助于解决问题的信号时，左半脑会积极做出反应，产生耀眼的火花，并在潜意识中寻找解决问题的答案，孕育创新灵感，发掘真理，解决问题。

引人瞩目的是，许多著名的科学家，包括一些巨匠级别的人物，不仅他们的生活离不开音乐、诗歌、绘画等艺术，而且他们往往曾经做过职业艺术家或者向往做一名职业艺术家。以歌德为例，他是一位诗人和文学家的同时也是一位杰出的数学家、物理学家和工程师；从毕达哥拉斯、开普勒，再到发现天王星的威廉·赫歇尔，他们都非常精通音乐，并且可以将人世音乐与天体音乐进行有机的结合、联系。此外，德国的许多科学家如赫尔姆霍兹、玻尔兹曼等都是音乐爱好者，拥有与生俱来的音乐才华。并且，普朗克、海森堡等也都是拥有娴熟技艺的钢琴演奏者。普朗克童年时就是优秀的钢琴手和风琴手，原来准备专攻音乐而不是数学或物理。

应该说，音乐最容易使工作疲劳的科学家很快转入一个无压力的、轻松的和谐环境，而产生自由抒发的气氛，这最有助于右半脑脑细胞潜力充分发挥和激活左半脑脑细胞创造性的功能。

---

① [美]爱因斯坦：《爱因斯坦文集》（第1卷），范岱年译，商务印书馆1977年版，第379页。

二、智育工作者的审美修养

智育工作者和德育工作者（经常两者是同一的主体）一样，他必须具有包括知识要素、品行要素和审美修养要素在内的基本的教师素质结构。如果说德育工作者在认识上的偏颇是将美育作为德育的一个部分，以德育代替美育，那么，智育工作者在认识上的欠缺恰好是拒斥美育，把它看成可有可无的东西。作为智育工作者，真正树立素质教育观念并不是一件容易的事情，因为这需要将理念付诸实际工作中，而这也需要应对"素质教育是否会影响升学率"的挑战。一旦这个问题得到了解决，就能够更加得心应手地提高审美修养，以及在智育过程中充分发挥和体现美育的重要作用。

（一）教师的使命感和敬业精神

如何开展21世纪的素质教育，培养哪种类型的人才呢？我们回答问题必须考虑到我们所处的国内外环境。在20世纪末，国民意识出现了两次重大变革。一是个体意识的觉醒，个体意识逐渐被在计划经济体制中少数人浪漫主义役使下的群体意识消解，这种群体意识是"家—国"的群体意识。随着社会主义市场经济的发展，个人潜能得到了充分释放，创造力得到了前所未有的发挥，个体的主体意识、竞争意识和自由意识得到了提升。二是可持续发展带来的人类意识的觉醒，为了自身的发展，各地区人们不断牺牲他人和后代人的利益，导致环境状况恶化、贫富差距悬殊。不同的社会制度和意识形态的相互冲突在科学技术迅速发展的过程中带给人类经济迅速发展的奇迹，但也使人类生存受到巨大威胁。世界各国人民都看到了人类在宇宙中的渺小和危机，需要寻找走向共同未来之路——可持续发展。这时人类的意识开始觉醒，人们普遍认识到现实的人是个体存在的同时也是群体生物，因此必须将个体与群体的利益统一起来，也就是所谓的个体意识、群体意识和类意识的统一。我们需要在教育领域应用这些认识成果，培养适应未来社会发展需要的跨世纪人才大军，这些人才可以将个人的创造性发展与国家、民族和全人类的发展紧密结合起来。

为了完成这项任务，必须将科学教育与人文教育融合起来。传统的工业文明观念使人把社会主义建设狭窄地理解为经济建设，而将经济发展单纯地看作经济增长和产值提升。因此，该观念下的人才培养目标是为了掌握某一领域知识，以推动经济的某个方面增长。这种观念在教育中体现为强调智育，即只要具备科学知识就行，这实际上是为了追求财富和产值的世俗化。但是如果我们不在现实的基础上去追求更崇高的理想，将眼下的世俗过程当作终极目标来认同，把工具理性当成价值理性来追求,那么人生的真正意义便荡然无存。作为知识体系的自然科学侧重于教人求真、求实;既是知识体系,又是价值体系的人文科学则侧重于教人追求善、美。前者虽然有些急功近利,但它所创造出来的物质文明却是精神文明的坚实基础;后者则通过学习哲学、历史、文学艺术等对人文素养、人文关怀和人文追求进行熏陶,促使科学技术创造的大量财富服务于人与自然的和谐相处、人与人的友好相处、共生共荣的生存方法,以广阔、博大的胸襟关心他人、社会和自然。经过这样培养出来的人得以用审美的眼光看待周围的人与事物。必须是拥有审美、高尚品德的教育者,才能培养出拥有审美眼光的人。这些教育者的敬业不仅体现在他们自身所拥有的深厚学识与诲人不倦的精神,还表现在他们塑造良好的美好形象去处处感染人,以此来影响和启发受教育者,为他们创造一个更加美好的教育环境。这种氛围,能够使学生不再被升学率的压力和恐惧所困扰,真正实现个体全面而自由的发展。

(二)教育氛围的美

提高智育工作者审美修养的途径和德育工作者相同,就不再赘述了。这里,补充阐述教育者如何在教学过程中体现其审美风采,渗透美育的方法、成果。教师不仅是课堂气氛的设计师和主角,更要善于利用讲台引导学生打破对常规生活局限的认知,并开启他们通向无限丰富、多姿多彩的知识世界之门。在表达思想时,教师必须借助自己的语言和板书辅助表现思想、仪表与教态的表现力。从而通过清晰的发音、流畅的语句、鲜明的节奏、恰如其分的语调,以及精准的措辞和规范的语言形式,展现语言之美;此外,教师还须注意整洁、大方、庄重的着装美。

课堂活动还是"教"与"学"之间双向互动的,不仅要发挥教师的主体作用,还要充分调动和发挥学生学习的积极性和创造性。首先,必须融洽师生之间的感情。从教师角度必须热爱教育事业,关心学生,爱护学生。教师要尽可能地参与学生的各种活动,消除学生对教师的敬畏感。其次,教师必须有广博的知识结构,并能与本专业有机结合起来的艺术。教师的文化造诣愈深,就愈能赢得学生的尊敬,教学时学生就愈能与教师密切配合。再次,要有生动而有秩序的教学气氛,疏密相间、张弛结合的课堂节奏。教师内在世界的丰富和生动的表达是教学秩序正常进行的基础,反过来,严肃课堂纪律,也有助于教师能力的发挥。课堂安排也是一门艺术,它如音乐富有节奏感,有重点,有难点,有高潮起伏,也有轻松过渡。要改变以往由教师提问,学生作答的单一方式,适当加入学生提问,教师作答的方式，以启发学生独立思考的能力。最后，开辟第二课堂活动，其主旨必须十分明确，那就是充分发挥学生的主动性和创造性，教师必须讲学生之所想、之所兴趣的热点问题、难点问题，开拓学生的运思能力。

第三节　高校体育中的美育因素

与智育、德育一样，体育也具有审美的因素和美育的作用。体育的根本任务是通过身体锻炼教育和培养全面发展的人，因此，教育者必须拥有一定的审美修养，主动去发现和创造体育运动的美感，将美育融入体育教育中，引导学生根据美的规律来强健身体，使学生在掌握体育技能的同时，培养出优秀的体育道德。

一、体育运动的审美因素及其特点

（一）体育运动的审美因素

体育运动的美是非常广泛的，它包括了很多方面，教育者、指导者、被教育者、竞技者都会展现出各自的美，以及他们之间的协调与融合的美；还有在体育锻炼、教学、比赛、表演等方面展露出的美。总的来说，所有的这些不同的主体都可以归纳为从事体育运动的人，而他们所展现的各种美，都可以视为身体美、运动美和精神美的具体体现。

1. 身体美

人类健康的身体对于身体美的展现至关重要，因为它是机体进行生命活动时所表现出的美。虽然身体美和人体美都与人的外观有关，但它们有所不同。人体美主要是以人体轮廓的美感为主，包括体态的曲线美，这通常是用来描述人类与非人类的本质区别。相比之下，身体美则贯穿着整个生命层次，展现出健康、强壮的美感，这与心灵美、行为美等其他美感的概念相对应。

身体美的关键要素在于健康美，指的是健美的身体状况。其中，"健"表示强壮有力，"康"则蕴含着快乐与平安的含义。健康美不仅牵扯到身体健康，还包括情绪健康，要求人在身心上都达到最佳状态。对于健美的身体来说，人体需要强健有力，不受任何疾病困扰，同时还要保持良好的精神状态。除此之外，健康美还可以用来评价人体各种姿势和体育运动的效果。因此，健康美已经成为体育活动中重要的审美标准和评价指标。

人的健康美可以通过优美的姿态、健硕的体形和充沛的精力等来展现。姿态美指身体各部位匀称，线条优美，举止得体，"立如松、坐如钟、卧如弓、行如风"等，体现出人的内在健康状态。外在的优美姿态则是依靠内在的强健体魄支撑起来的，端正、匀称、和谐的健壮体形能给人带来愉快的美感，它需要骨骼的构造和发育良好，再配以发达的肌肉和光滑、红润的皮肤，使之具有柔软的弹性感。这样的体格是健康的标志，也能够展现人的精神风貌，表达出充满活力和动力的生命力。

2. 运动美

运动美指的是身体在运动中展现出的美。而其中的技巧美则是运动美不可或缺的一部分。人体运动的主要目的是完成运动技术，同时也需要满足美学要求。具体而言，运动动作需要符合规格，达到准确、熟练、轻松、自然等要求，从而形成优美且多样化的技巧和技能，表现出变化美、安定美、造型美、准确美、和谐美、韵律美等各种美感。而运动动作的科学性、熟练性和技巧水平越高，其体育效果和美学价值也就越大。不同的运动项目展现出多种活动美，如以跳动、速度、爆发力为主的美，抑或是柔和、优雅、弹力和轻快的美，等等。并非所有的运动项目都突显出刚性美，实际上大部分的运动项目都是以刚柔相济为主要特征。

3. 精神美

在体育运动中，精神美体现了人体在各种行为中所表现出来的内心美，是经过升华的体育美成分之一。人体是一个身心统一的整体，因此身体运动不仅伴随着肌肉的运动，还伴随着心理、意识的发展。通过掌握运动动作，人们不仅可以锻炼身体，也可以塑造自己的内心世界。正如罗丹所说："没有一条人体的肌肉不表达内心的变化的。一切肌肉都在表示快乐和悲哀，兴奋和失望，静穆和狂怒……伸着的两臂，斜倚的躯干，是和眼睛与嘴唇同样能温柔地微笑的。"[①] 这表明人体动作与内心活动密不可分。

人类的内心世界是多姿多彩的，运动所呈现的美妙精神包含了知识、意识和情感等多个方面。例如，运动能够激发人们对美好生活和事物的理解与追求，其间锻炼了人们的意志品质，如毅力、耐性、机敏、果断和勇气等；同时也培养了高尚的道德观念，如坚持纪律、合作友爱和努力拼搏等。此外，运动还能够激发人们对生命、集体和祖国的热爱之情。

---

① [法]葛赛尔：《罗丹艺术论》，沈琪译，人民美术出版社1978年版，第16页。

（二）体育运动美的特点

体育运动之美除了具有美的普遍特性，还具有独特的特点。首先，体育运动美具备高度的表演性。运用大自然的因素，人们利用体育活动来改善、调理身体和完善生理机制。一旦新的有利于完善人体的运动和动作出现，就必须借助人体自身优美的动作来向他人展示，使他们在欣赏运动美中得到美的滋养，进而接受新的运动项目和新的动作，并通过不断地表演，完善自身的动作技巧。因此，体育运动的美并非隐秘不露的，而是在公开场合中尽情展现。随着时间的推移，体育运动美的表演性逐渐得到完善和丰富，形成了有组织、有系统的体育表演形态。这包括以充实运动会内容和活跃运动会氛围为目的的竞技表演，如运动会开幕式上的大型团体操和跳伞表演等；还有以吸引人们参与体育竞技和提高技术水平为目的的示范表演，如邀请国家队运动员到地区进行的传授经验的体育竞技表演，以及舞台上的武术表演等；更有以汇报学习成果为目的的体育节目表演；等等。近年来，以音乐和舞蹈为主要元素的艺术成分大量融入体育运动中，使得体育运动美的表演特性变得越来越突出，如艺术体操、花样滑冰、滑水、花样游泳和健美等项目有着极强的表演性。

其次，体育运动美具备竞技性。与其他艺术形式不同，体育运动以直接、坦率的竞争形式展示人类的本质力量。只有竞争才能使人们不断发展、进步，竞争能激发人类的创新精神，推动他们认识和改造世界的创造性发展。当然，审美范畴内的竞技美的竞争内涵与其他形式的竞争（如资本主义社会的商品竞争）有着本质上的区别。从技术角度、社会道德角度和意志角度来看，我们可以更全面地探讨体育竞技中所体现的竞技美。

竞技美从技术角度来看，可以分为技巧美、统一美、韵律美和力量美四个方面。其中，统一美是指在体育运动项目中，整个运动过程的技术结构、技术流程和力量的统一所展现出的美。例如，排球运动中发球、接球、传球、扣球及拦网等动作连贯完美地展现了技术的统一，给人带来美的享受。就好像流动的韵律因素，有开始、发展、重复、高潮和结束等过程，动作的起伏变化犹如音乐的节奏起伏，这就是韵律美的展现，在体操动作上体现为连续完美的韵律美感。竞技技术与竞技者的力量美表现为力的要素美，如同排球发球与扣球的力量展现的是一种凶猛强健却不失技术的美；举重、拳击、武术等充满爆发力的运动则给人一种雄壮的视觉享受。从整体上看，运动的统一、韵律以及力量这三种美构成了技巧美。精湛而熟练的技巧一定能够展现出动作的整体性，以及富有韵律和力量感的美感,让人感受到生命的强劲活力。例如,篮球职业联赛 NBA 中的芝加哥公牛队,巨星乔丹球艺精湛,无人能与之匹敌。当他进攻时,对方球队必须用 2—3 人进行防守,而乔丹整体观念的强大与队友之间默契十足的配合让对手头痛不已。导致场上经常出现这样的尴尬局面:不重点防他,会让他频繁得分;重点防他又造成巨大漏洞。其他队员也发挥着重大作用,皮蓬除了与乔丹密切配合外,又善于防守,迫使对方犯规;库科奇在外围神准,篮板王罗德曼积极抢篮板球。这些都是他们获得三连冠的重要因素,也是篮球运动高超的竞技美的体现。

从社会伦理道德的角度来看,参与以亲善友好为目的的竞技时,运动员不计较胜负,表现出亲切友好交往的美的要素,有些友谊比赛甚至让本队主力加入对方阵容。而在追求获胜的比赛中,运动员则展现出强烈的竞争意识和认真严肃的态度,这也是美的要素的表现。从运动员的行为举止可以看出一个国家、地区或队伍在体育伦理方面的优劣程度,这些行为举止体现在良好的礼仪、守法意识、责任感以及合作精神等美德因素上。

以意志为视角,运动员的顽强拼搏和坚持不懈的精神状态不仅富有审美价值,而且体现了人的意志竞争。例如,当面对强大的对手、得分太少、败局已定的时候,运动员仍然坚持认真竞争,争取多扳回一分;或者在领先优势明显、胜券在握的情况下,运动员依然不能松懈;而在双方势均力敌时,运动员的顽强拼搏气魄更能压倒对手。我们常常为在长跑比赛中最后坚持到终点的运动员鼓掌,这是对其在意志上战胜对手的最高赞扬。

二、体育教师的审美修养和美育的方法

(一)体育教师的审美修养

在体育教学中,体育教师扮演了审美教育的关键角色。教师所展现的思想品德、情感修养、学识水平、行为表现、语言表达、仪表仪态等各方面都会对学生产生难以被察觉的影响,因此教师的基本素质应该具备美育方面的要求。只有这样,才能将美育与体育教学相结合,将鲜明、活泼的美的情趣融为一体,使学生在体育活动中感受到美的意蕴,避免体育课变成单纯的技术动作训练。

体育教师应具备的审美修养包括以下四个方面。

1. 思想、道德、情操的美

热爱祖国、忠诚党的教育事业,热爱教育对象,朴实正直,谦虚谨慎等,这也是一般教师所必须具备的。

2. 掌握体育运动技能和理论

技能和理论是衡量体育教师学识水平的一个重要标志。教师在任课时，要体现出自己对体育运动事业的追求和探索精神，对体育运动发展历史和运动技术水平发展现状的了解和掌握，同时，注意把美学知识运用于体育教学中去。这都有利于提高学生对运动技巧学习的兴趣，有助于学生对教师实力美的感受和鉴赏。

3. 课堂风格积极干练

体育教师要在行为上表现出敏捷、勇敢，语言简洁，声音洪亮。尽管体育教师需要具备一般教师所需的为人师表、任劳任怨的品德和生动活泼、规范条理的课堂语言，但他们还需要展现出身心健康所带来的行为与语言上的特殊魅力。他们的举止和措辞应该充满力量感，果断、流畅、干练的动作和军人式的队列操令都会让学生感受到生命的活力，激发学生产生积极向上的力量，同时也呈现雄伟崇高的美感。

4. 教师体态和气质美

在体态上落落大方，体魄健美，服装上简洁、自然。体育教师从事人的体育教育工作，他自身良好的体态是课堂教学的楷模。他必须拥有匀称的体格，强健的筋骨，光泽的皮肤以及柔韧有弹性的肌肉，展现出生命的朝气蓬勃和活力的美。同时在穿着上体育教师必须得体，特别是在上课时更应如此，即便是理论课也应该穿着简洁大方，不要过于烦琐拘谨。服饰设计应该同时符合体育界的统一美和个人的独特美。在颜色上要选用纯净、明亮等色系。此外，在服饰上还应注意保持清洁，熨烫平整，创造出洁净整洁的美。

（二）美育的方法

要实现对学生体育中的审美教育，不仅要求体育教师具有一定的审美修养，而且要具备一定的美育方法。

寓育于练和寓育于形是体育中美育与一般美育不同之处。体育中的美育是以人体表现的美为主要内容的。但是，身体美作为体育美学的一个概念，并非自然而然地产生，必须经过后天的锻炼才能实现，并且需要不断反复地练习，才能够达到意识净化的境界，并产生体育美学的价值。因此，我们需要组织和引导学生坚持以健美为目的的体育实践，并在实践中进行美育，这就是将育之于练。此外，体育中的美育并不是通过说理的方式进行，而是通过人体及人体运动的艺术形象来进行的。这些艺术形象不仅可以直接来源于教师的示范、他人的表演和练习，还可以间接地通过图片、录像、幻灯片等方式呈现，这就是寓育于形，这个"形"，是包含着艺术因素或艺术化的人体及人体运动。

依据寓育于练和寓育于形的原则,加强体育方法的艺术因素去求得美育的效果,这是体育中进行美育的方法要义。

首先,通过教学和训练中审美因素的挖掘对学生进行美育。从美学角度来区分体育教学和训练的内容,可以分为两类。一类是具有高度艺术性的体育运动,如冰上芭蕾、艺术体操和健美运动,这些运动通过塑造技术形象、提供美感体验、理解艺术价值等,将练习过程中的心灵感受表达出来。与此相反,另一类运动则是缺乏艺术性,如田径、球类、器械体操和游泳等,这类运动如果不多注意则容易变成纯技术性的、枯燥无味的活动。因此需要教师挖掘其内在的美育潜质,从人体的运动姿态、优美性、熟练性以及正确性和练习中心灵的体验和感受等方面影响学生的思想意识和情感感受。在教学过程中,教师应注意语言讲解、动作示范和教学形式的多样性和艺术性,创造融洽、欢乐和轻松的学习环境,以促进学生体验和享受运动带来的融洽、欢快与舒畅。

其次,通过竞赛与表演提高学生的审美感受和审美鉴赏能力。在体育运动中,竞赛与表演是一种最集中、最典型的教育方法。它们通过身体运动的方式展现并解决各种对抗性矛盾,激发人体生物能力和精神能力的创造性发展,是体育美最完美、最高级的表现形式。参与竞赛和表演,学生可以从中领略到群体团结、友谊、合作的美好;个体竞争、奋斗、拼搏、坚韧、敏捷和忍耐等美妙的特质;胜利者庆祝的欢乐和失败者悲壮的美;人体及人体运动自由无束缚的生命美、自由美;运动员展现的诚信、牺牲、礼仪、守纪的美。竞赛和表演中呈现刚柔并济、悲喜交替、动静结合、对抗与统一的美妙过程,展现了无限的美丽与丰富性。

三、体育运动美的欣赏

通过体育活动,特别是竞赛和表演,体育教师必须善于引导学生在活动中去感受、陶冶、欣赏它的美,从而达到培养学生具有美的动作、美的形体、美的心灵、美的言行的目的。任何体育项目都综合着多种多样的因素,但具体的、不同的体育项目都展现出它突出的美。因而,我们在欣赏具体体育项目中的运动美时,必须了解它的特殊性。下面试分析四项重要的体育项目,帮助大家在体育活动中获得相应的审美感受。

(一)球类运动

大多数球类运动是集体运动,如足球、篮球、排球、水球、冰球、垒球、棒球、曲棍球、橄榄球等，乒乓球、羽毛球、网球虽然有个人项目，但更多的是团体项目，因而在球类比赛中，没有整体的默契配合，就不能在比赛中赛出水平，取得胜利。这种配合不仅指技术上、战术上的配合，而且指精神上、情绪上的配合。技术上的配合，是在个人努力训练获得优秀技能基础上的相互配合，每个队员都必须技术过硬，才能配合默契。例如排球比赛，一传不到位或二传手应变能力差，就很难组织进攻，拦网技术不好，也难以组织反攻。战术上的配合指服从教练的指挥，队长组织实施战术进行，运用灵活多变的战术，使对方难以适应，从而获得主动权。精神上斗志昂扬，情绪上相互照应，即使队友一时失误也不应该埋怨。胜不骄，乘勇追击；败不馁，一球一球扳回来。因此，我们在欣赏和参加球类训练和比赛中，必须反复向学生强调集体主义精神，强调配合，使他们充分认识到，没有队友的支持，没有一个团结合作的集体，个人的才华、技能便不可能得到很好的发挥，使之在活动中获得集体美、统一美、协调美、合作美的感受。

（二）体操运动

体操运动员在鲜艳的地毯或器械上，时而凌空飞旋，时而平衡伫立；紧张之后有节奏地松弛、收缩与放松，动作交替。人体各部分协调有规律地依次运动，构成体操美的立体画面。那曲线和谐的人体，会令每个人，特别是青年学生期望能有这种健美的体形，尤其对女子线条柔和清晰，关节和肌肉富有弹性倍加赞赏。因而体操运动能训练学生的形体美和姿态美，使身体的各部分得到健康、合理的发育，体形均匀协调，合乎比例，不至于过胖或过瘦。使学生有正确的立态、步态、动态，活泼中寓有稳健，给人以精力充沛的印象。那协调、柔韧、大胆、准确的动作中，会使我们感受到自然、流畅、波浪起伏、节奏上升的美；欣赏到音乐节奏的快与慢，旋律线的上升与下降，激情与抒情的结合。因而体操运动能培养学生对结构美、勇敢美、韵律美、协调美的感受。

（三）田径运动

田径运动拥有众多项目，所表现出的美妙之处丰富多彩。在短跑、跳高、跳远、跨栏、铅球、铁饼、标枪等项目中，运动员能够展现出一种瞬间爆发的美感和高速度的美感。在起跑、起跳、跨栏、投掷等瞬间，肌肉中蕴藏的劲爆的力量如同暴风雨，突然爆发，震撼着观众心灵。那突起骤落的快节奏动作，使人感受到干净利索、勇猛非凡的速度美，尤其像那些肌肉饱满、膀大腰圆的投掷手，他们美吗？但是当我们看到他们勇猛强劲的动作达到常人所不及的难度，就不得不为他们的强健和勇气所折服，那是一种纯粹的力量美。而在长跑项目中，运动员所展现出的美则更强调坚韧的精神。这种持之以恒的美在培养人的毅力、磨炼人的意志方面，具有极其重要的作用。因而，长跑运动经常作为球类运动、体操运动等基础的训练项目。

（四）武术

武术作为运动项目历史悠久，在中国源远流长。武术具有姿态美、力量美、节奏美、意境美和结构美。姿态美就像长拳中肢体与身躯的线条，富有骨骼之力，并且完美协调、匀称无缺，或是撑拔舒展，或是收敛挺拔，毫不松垮，既工整又苍劲。太极拳体式呈现圆弧之姿，宛若自然舒展，身体柔软却不失稳健，优美姿态中蕴含阴柔之美，难以攻破。力量美指武术中力度和力法，既刚猛而又娴熟，有力而不僵，或者刚寓柔中，绵里藏针，这些都能给人以坚韧、力量、机智和勇气。节奏美指武术套路节奏鲜明多变，气韵生动，快慢相间，长短错接。近代自选套路的进展在节奏方面表现突出，其动作衔接紧密，连贯性强，操作精练，变换瞬间，节拍流畅，起伏跌宕，呈现一种富有节律感的形态，构成了快速、鲜明、多变的节奏美。意境美指武术套路重视精、气、神的运用，讲究神形兼备。精彩的对打可以让人倍感紧张，直到结束才会放松下来，感受到淋漓尽致的快感；而独立练习动作所展现出的气势和神采充满了一种坚定不移、勇敢机智的文学美感，将人带入了忘我的境地，引发了观众与表演者之间的情感共鸣，这正是一种意境之美。武术套路的结构美在技击规则的基础上注重完整性，并精心构思开场、承接、高潮以及结束部分，就像一首完整的激昂乐曲，充满起伏和高潮迭起的感觉。在布局方面，注重往复穿插和转折迂回，既不偏重某一部分，也不散乱无序。

体育界不断推陈出新，创新体育项目和运动结构，带来了源源不断的运动美。尽管无法一一列举，但我们共同需要不断抓住这些美的瞬间。我们在欣赏体育运动美的同时，也在见证人类机体功能发展的美好前景，感受到人类在创造美方面的巨大潜力。

第四章　高校文艺教学与美育结合探索实践

　　本章的主题是高校文艺教学与美育结合探索实践，从高校音乐舞蹈教学与美育的结合实践、高校文学教学与美育的结合实践、高校绘画教学与美育的结合实践等方面论述。

第一节 高校音乐舞蹈教学与美育的结合实践

一、音乐教学与美育的结合实践

作为美育的重要组成部分，音乐教育对正在接受素质教育的学生具有非凡的意义。当今，学校纷纷增设音乐欣赏等课程，通过课堂教学，引导学生进入古典音乐与民族音乐的殿堂，感受艺术的魅力，领略音乐之美，领悟人生的深刻。在此过程中，学生的视野得到拓展、思想得到启迪、潜力得以激发，从而在多方面进行全面发展。

在素质教育的背景下，非专业音乐教育是实施美育的最佳方法。针对教师而言，他们需要明确音乐教育的目标，即成为百花园中的园丁，而非只做"千里马"的伯乐。而对于学生来说，接受音乐教育不仅是为了学习音乐表演技巧或者陶冶情操，更重要的是要运用音乐的感染力，进行道德情操的教育，并产生积极的社会影响。这样，以音乐进行美育才能真正发挥其作用并实现既定目标。

人们分辨真、善、美以及假、恶、丑的能力可以通过美好的音乐来加强；健康的音乐可以使人的情感得到良好的熏陶。通过长期的音乐欣赏，人们就会逐渐讨厌噪声。同样的，优美健康的音乐品位也能使人抵制低俗、庸俗的事物。

（一）音乐的美学特征

音乐艺术以声音和旋律为工具，通过协调、和谐的音响组成音乐的篇章，向听众表达感觉，是一种听觉艺术。但是，音乐并不仅仅是简单的音响，刺激人的听觉器官，而是充满着丰富多彩内涵的艺术。音乐家通过一定的旋律将自己对于生活的感受和思想情感表达出来，借助听觉去感染观众。只要听力正常的人，通常都能感受到音乐所带来的心灵共鸣，而乐感强的人，更能够领会其中蕴含的细微情感。

音乐不同于绘画。绘画是静态的艺术，占有一定的空间，而音乐则是动态艺术，在时间中展开，所以又叫时间艺术。这种艺术有它的优点，就是结构上的灵活性，随着时间的推移而变化无穷，使听众的情绪随着乐章的发展而起伏变化。但也有它的局限，它不像绘画使观众一目了然，倘不听完全曲，就无法获得全乐章的完整印象，而且，随着演奏的结束，音乐也仅只留在人的记忆中。由于音乐是诉诸听觉的时间艺术，因此，它拙于再现生活形象，而长于表现情感和情绪。

1. 抒情性

与其他艺术相比，音乐更善于直接激发和表现感情，最能够以情动人。绘画要通过线条色彩、构图的组合方式来描绘现实，表达思想感情。小说要通过语言塑造的人物形象、故事情节和具体环境来描绘现实，表达思想感情。欣赏这些艺术都需要有一个观察、思考和认识的过程，而欣赏音乐则是一种直接的情感体验。

音乐是声音的艺术、时间的艺术。人们凭生活经验，从声音的高低、长短、强弱、快慢的差别，可以判断物体运动的情况。高音激昂澎湃，低音深沉低落；强音振奋激昂，弱音柔和婉转；快速度的音急切，缓慢的音舒缓。这些多样化的声音展现出多种音响美，包括清脆、高亢、纤细、流畅、浑厚、婉转等美感。同时，它们激发和表达了多种情感，和谐的音响让人感到喜悦、平和与愉悦，而不协调的声音则让人感到烦恼和不幸，预示着灾难及不幸的降临。

2. 描绘性

音乐具有描绘客观现实的功能。音乐运用音乐音响的特有运动形态来进行艺术造型。其常用手法有以下两种。

（1）模拟法

这种方法是对自然界和生活中的音响进行模拟。例如，歌曲《边疆的泉水清又纯》中"泉水叮咚"声、《杜鹃圆舞曲》中杜鹃"咕咕"鸣叫声、《命运交响曲》中的"敲门声"、民乐《赛马》中马的嘶叫声、《十面埋伏》中的炮声和战鼓声以及拼杀声等。这些事例说明音乐试图"描绘"，而音乐的这种"描绘"完全不同于绘画利用线条构图的描绘。这种音响上的模拟，使欣赏者从这些声音中联想到事物的美感特征和想象出音乐的"画面"，但是，这种模拟绝不是纯自然主义的模拟，而是妙在似与不似之间，是生活中自然音响经过音乐化了的艺术再现。借用现实生活里原有的、带有音乐性的音响来塑造形象和描写场景，这种造型手法顺乎自然、简便易行，是许多作曲家共同采用的。

（2）类比法

这种方法是运用音乐要素及其运动形态与客观事物的典型形态进行类比，暗示和启发欣赏者进行审美想象，从而描绘出音乐的"画面"。例如高音可以描绘纤细、轻巧、锐利的事物；低音可描绘壮阔、深沉、粗重的事物。进行曲的节拍，我们能感觉到队列的步伐；圆舞曲的节拍，我们能想象出一对对舞伴的舞步。音量变化过程是"弱—强"，可以表现出磅礴的气势；音量的变化过程是"强—弱"，可以显示出纵深悠远的视野，引向余音缭绕回味无穷的意境；音量变化过程是"弱—强—弱"，可以联想到某种物象或人自远而近，又由近而远。在高音区的变化过程是"高—低—高",可以联想到某种东西从高空降落地面,又从地面腾空而去;休止符是音量为零的瞬间,这缄默的瞬间如能巧妙地运用,可以收到"此时无声胜有声"的效果。例如:广东音乐《雨打芭蕉》,以短促的顿音和优美的旋律,描绘了芭蕉叶迎着雨珠张开伸直的挺拔英姿;《田园交响曲》第四乐章《暴风雨》,以连续的不谐和弦描绘了乌云密布,以快速的弦乐跳弓描绘了带着雨点的狂雨,以短笛的尖锐呼啸描绘了闪电,以长号与定音鼓的轰隆低音表现了雷鸣,借以展现大自然的威力。

声音同画面形象,听觉同视觉及其他感觉是可以互通的。但是,音乐的模拟法和类比法并不是简单地等同和取代,而是经过了艺术的加工和创造。音乐也并非只能描写有声的物象,对于无声的场景也可以描绘。例如,古琴曲《平沙落雁》,描写了雁群迁飞,在高空飞翔、盘旋顾盼、时起时落的情景。音乐能够描绘生活中动与静,有声与无声的物象和情景,必须借助于欣赏者的联想和想象,但由于每个欣赏者的文化素质、艺术修养、社会知识、情感体验有着很大的差异,因而决定了由欣赏者自由想象所构成的形象具有不确定性。不同人欣赏同一首乐曲,会有不同的想象,一千个欣赏者,便有一千个音乐形象。

音乐形象的不确定性不是音乐的短处,而恰恰是长处,这一特征在某些纯音乐中得到更为典型的体现。所谓纯音乐,即指排斥诸如文字等非音乐手段加入的音乐形式。它包括无标题的或标题性交响乐、室内乐和我国民间的曲牌、古曲等,如"弦乐四重奏"(吴祖强)、"第五交响曲"(柴可夫斯基)等。中国古琴曲《梅花三弄》之"三弄",指同段曲调反复演奏三次,人们可以自由想象梅花洁白、挺拔、傲放的形象。民族器乐曲中的《四段锦》《五场头》《老六板》等,则是指组成套曲的段数或曲牌所包含的句数,而其音乐形象完全靠欣赏者自由想象。这种想象也必定与自己体验过的千万个表象发生联系。音乐的这一特性,决定了音乐艺术巨大的概括性及表现的深刻性和丰富性。

音乐的概括性和丰富性又优于某些其他艺术。比如《黄河大合唱》,通过《黄河船夫曲》《黄河颂》《黄河怨》《保卫黄河》《怒吼吧!黄河》等乐章,将中华民族不堪外侮、誓死抗日的革命精神得以充分地展示。虽然船夫的模样、与风浪搏斗的动人场面、黄河的雄姿、中国人民奋起斗争的英雄形象等,都要靠欣赏者的自由想象而显现出来,但这正是一种审美享受。如果用有限的绘画画面和雕塑形象、舞蹈形象等来展示,都是很难全面深刻地表现出这种民族精神的。

音乐的描绘性具有较大的不稳定性和不确定性,而音乐所表现的感情特征却是相对稳定的。因此,音乐描绘性特征并不是必不可少的,因为音乐艺术的主要目的在于表现感情。当然，能够生动地发挥音乐的描绘性，更有利于充分地表现音乐的抒情性。

3. 表演性

绘画、雕塑、书法、建筑等造型艺术，都不需要借助于表演就可以欣赏。而表情艺术中的音乐就要凭借演员，通过一定形式的现场表演来完成形象塑造。写出一部音乐作品，如果不演唱或演奏，它的功能就得不到实现。因此，音乐作品的艺术效果，不仅决定于作品本身的审美价值，还决定于音乐作品的演唱（奏）者再创造的能力。一首好的歌曲唱得很糟，不会给人带来美感，反之，一首质量平平的歌曲唱得很出色，却可以产生某种魅力。所以音乐有第二次创作的特点，音乐要求演员根据乐谱和编导者的要求充分发挥自己的能动的创造性，进行二度创作，将乐谱的间接形象转化成直接可听的形象。使听众在欣赏演员绘声绘色的表演中亲闻其声，产生情感交流和共鸣，从中获得音乐美的享受。如果没有演员表演，作曲家的作品只能成为书面之作，根本不能实现其艺术价值和社会价值，也就不存在什么艺术生命。可见，表演在音乐艺术中的重要地位。

（二）音乐的教育作用

音乐美育，顾名思义就是通过音乐进行美育。在中小学中，音乐作为一种课程设置，主要是对学生进行乐理基本知识的讲授和歌唱的基本训练，如识谱练习、学唱适合于学生年龄特征的歌曲等。但仅止于此还不能算是音乐美育。只有通过音乐手段引导学生来感受音乐的旋律美、节奏美、音色美以及其中的意蕴美，从而使学生的心灵得到美化，这才是音乐美育。音乐之所以能达到这种美育的功能，完全是由音乐的本质特征所决定的。音乐的物质媒介是音调、旋律、节奏等。在艺术分类上属于听觉艺术。

由此，我们可以说，音乐是一种通过声响、节奏、旋律等物质媒介，表达内心情感与把握外在世界的感性方式。由于音乐活动不是孤立的个人活动，总与一定的社会历史中的政治、经济、法律、文化有密切联系，所以音乐也就成为一种特殊的社会意识形态。这样理解音乐的本质，有助于我们自觉地实施音乐美育，将音乐中这种表现内心和把握世界的价值实现出来，使之成为教育学生的艺术形式，而不至于停留在抄抄乐谱，呼呼小调的水平上。也正是音乐的这种本质特征决定了音乐具有如下三点教育作用。

1. 认识社会生活的本质特征

既然音乐是对于一定社会历史条件下的社会生活和人们心中情感的表现，那么学生通过音乐美育便可从音乐中唤起对生活的热爱、对未来的热烈向往和对崇高理想的执着追求。比如，冼星海的《黄河大合唱》是我国抗日战争时期民族的心声，以险峡急流、怒涛漩涡的黄河景象，黄河船夫与狂风恶浪搏斗的情景以及悠长高亢、深沉有力的船夫号子，象征着、表现着中华民族奋起抗战的英雄形象。其中的《黄水谣》，哀婉动人，催人泪下，其渗透到人们内心深处的力量，不是历史课所能具有的。又如美国作曲家斯蒂芬·福斯特所写的歌曲《故乡的亲人》《我的肯塔基故乡》《老黑奴》等，曲调结构简单，节奏旋律平稳，真挚而伤感的情调表现了美国南方黑人的悲惨生活和忧郁的情绪，为我们勾画了美国早期南方的社会生活。

2. 表现情感，陶冶心灵

既有与社会历史密切相关的音乐作品，也有轻松愉快的音乐作品。后者常常以自然界中的美好景色、心中美好的情感为表现对象，因而能给人以情感上的共鸣和精神上的愉悦。例如，一些学校组织学校音乐会，我国乐曲《春江花月夜》深受大家喜爱。《春江花月夜》以古朴委婉的旋律、流畅多变的节奏描绘了月夜春江的各种景色，或夕阳映江面，或风拂涟漪，或渔舟前来，或归舟远去，营造了一个柔丽、平和的意境，使人心醉神迷，回味无穷。又如约翰·施特劳斯的《蓝色多瑙河》圆舞曲是作曲家用来慰藉刚刚从战败中走出来的奥地利人民的。欢快的节奏，清澈的格调，水流一般的回旋荡漾的旋律，渗透了维也纳人对祖国与家乡的热爱。由于这首圆舞曲如此饱含着奥地利人民的深情厚谊，因而成为他们的"第二国歌"，每年都要在新年所举办的维也纳皇家音乐会上演奏，它也成了全世界人民都喜爱的名曲之一。音乐还有不少是娱乐或消遣性的，在休息时听上几首轻音乐或流行歌曲，使身心趋于平衡。只要情调是健康的，能陶冶人们的情感，对于心灵的美化还是大有益处的。

3. 培养感受音乐的耳朵

从人的全面发展来看，不懂音乐是一种缺陷，只有音乐才能激起人的音乐感；对于不懂音律的耳朵来说，再美的音乐也毫无意义。音乐的杰作，既是社会的折射、美好事物的写照、内心情感的表现，同时又是形式美的一种创造。音乐美育能提高学生敏锐的感知力、丰富的想象力、音律的辨别力。例如中国的古筝演奏，含蓄、深沉、刚柔相济。从初次听到多次听，就能慢慢培养起感受中国古代乐曲的耳朵，不仅听出了民族之音，而且悟出了民族之心。

音乐美育的这些作用要在学生身上得到实现，并不是一个简单的过程。这里，首先涉及一个对音乐作品整体把握的问题，因此教师必须像上语文课那样对音乐作品进行层次结构的分析。任何一个音乐作品，从结构上来说，都可以用"言""象""意""道"来表示不同的四个层次。

言，指音乐作品的物质媒介，也就是旋律、节奏、音响、音色和声、调性、调式、曲式等。它们本身就有不同的个性。例如，慢速与轻声通常表现平静与温和的情感，快速与强音则常有热烈与激昂的表情。又如，大调比较明朗，小调则比较暗淡。音乐语言还因文化传统的不同而有民族文化的特征。同样描绘江河的音乐作品，中国民乐《春江花月夜》与欧洲管弦乐《蓝色多瑙河》，其音乐语言之间的民族差别是十分明显的。

象，指音乐的物质媒介按一定的方式组织起来，所创造出来的音乐形象。例如，贝多芬在《第五交响曲〈命运〉》的第一乐章一开始，就用弦乐器和单簧管奏出了命运的形象，它犹如洪水决堤般地一下子就激起了强烈不安的情绪。紧接着，圆号吹出命运形象变化带来的号角音调，引出了优美动人和温暖悦人的形象。在第一乐章中，命运形象表现得威风凛凛，而英雄形象虽在这乐章结尾时表露了一下刚毅的力量，但无法摆脱命运形象的纠缠和控制。那么，这些音乐形象究竟有什么意蕴呢？这就是音乐作品的第三层次，即意。

意，是音乐形象所寓含或所表现的意蕴。贝多芬的英雄交响曲所要表现的主题是英雄与命运搏斗去实现人生的目的和意义。在第二乐章中，表现了英雄在休息和沉思，仿佛在克服自己的犹疑和弱点，坚定自己的信心和力量。第三乐章的谐谑曲奏出了热烈而激昂的舞蹈场面，仿佛英雄与人民汇合而力量壮大信心倍增。第四乐章，英雄与命运决战而获胜，尽管命运形象仍在竭力反扑，但已苍白无力，终于淹没在凯旋的欢乐与胜利的光明之中。

道，是作品的最后一个层次，即它所表现出来的时代精神。英雄主题是19世纪初资产阶级启蒙运动中的一个重要题材，因为此时资产阶级通过其思想家提出的自由和民主的理想受到了反动黑暗势力的反扑，双方进行着激烈的斗争。而贝多芬的命运交响曲，以它的英勇的特性、刚毅的力量、斗争的坚韧、光明的结尾，完全与他所处的时代和社会相吻合，这就是这首乐曲表现出来的"道"。

（三）音乐教学与美育的结合策略

教师必须帮助学生学会作为审美主体去感受音乐的内在美，完成对音乐作品的审美过程。因为对音乐作品作层次结构的分析只是为了更好地帮助学生对音乐进行美的体验，从而将它所蕴含的价值和意义实现出来，达到教育的目的。但是，学生并不是以空白的心灵来接受一件音乐作品的，他有自己的知识水平、艺术修养、生活体验、文化素质，所以他对作品的接受有一定的意向和期待。教师应对学生的欣赏意向作适当引导，只有使学生成为审美主体，我们才能开始"审美解读"。

审美解读可分为初级解读、二级解读和三级解读三个前后相连的阶段。初级解读阶段是指直接的审美理解。仍以《第五交响曲〈命运〉》为例，其中的音响、节奏、旋律及它们之间的排列组合与运动变化，使我们产生了许多审美经验：严厉的警告和激烈的敲门声所象征的命运力量，微弱但刚毅的英雄形象，经过如休息、如沉思、如悲哀、如成长、如壮大、如欢乐、如胜利的印象或联想，初步产生了气势宏伟，不可阻挡的感受。二级解读是指反思阐释阶段，音乐作品所产生的诸印象，要靠听众自己去联结成为一个整体并想象出它的整体形象，只有经过这种反思，才能阐释出作品要表现出来的"英雄与命运斗争并最后取胜"的深刻含义，并进入人类需要这种英雄气概才能战胜命运无情的支配的深层思考。三级解读是指历史—哲学的解释阶段。在音乐美育中，要想取得较大的审美效果，最好能有三级解读。因为听众与音乐作品都是处于一定的社会、历史、传统之中的，审美解读既要与纵向的历史交流，又要与横向的社会交流。贝多芬的作品是19世纪欧洲时代精神的反映，但由于其中那种英雄气概又成了人类文化的优秀遗产而为全世界人民所接受。三级解读能使某一音乐作品在整个文化发展的格局中找到恰当的位置，不仅揭示了它在其中的社会历史价值，而且还引导和规范了听众的审美方向和范围，使文化的交流和遗产的接受成为可能。

当然，音乐美育说到底离不开对学生具体的音乐知识、技能、素养等方面的训练和培养，因此根据不同学习阶段，上好音乐课是学校音乐美育的重要一环。目前的音乐教育一般是学唱歌、跟随音乐跳舞，甚至还有配乐故事等。

此外，在音乐课上，也可以有选择地组织世界名曲欣赏会。在流行歌曲盛行的今天，组织欣赏世界著名的乐章更为重要，这能把学生的音乐兴趣和眼光引向高雅音乐的层次。在欣赏前，可做些讲解，使学生有准确的审美意向，也能加深他们对作品的理解，从而达到较深刻的教育。这不仅能使学生改变厚"外"薄"中"的欣赏心理，而且能弘扬民族音乐。要创作现代的民族音乐，只有从民族的优秀传统起步。例如，小提琴协奏曲《梁祝》的欣赏，带给学生的不仅是美，还有民族音乐现代化的启迪。

二、舞蹈教学与美育的结合实践

(一) 舞蹈的美育功能

舞蹈作为一种艺术形式,以人体的造型、姿态、表情和动作过程为其表达媒介,传递和激发着人们对美的审美经验,具有召唤人们的美感、提高人们的审美能力的美育功能。

1. 通过自娱达到怡情悦性

在史前时期,舞蹈创造的历史开始,它在原始人生活中扮演着至关重要的角色,作为一种严肃的智力活动,它是人类在舞蹈的瞬间超越动物性的对世界的反映。同时,它也是人类首次将生命视为一个完整的、连续的、超越生命的整体,因此舞蹈被视为生命情感的最直接、实质、强烈、尖锐、单纯而又充足的表现方式。舞蹈最初完全是自娱的,而不是专门表演给人看。

进入阶级社会之后,奴隶主阶级要求舞蹈为统治者享乐之用和为巩固现存的社会秩序服务。历史的编纂者也更乐于将记述先王功业、讴歌统治者的舞蹈载入史册,使舞蹈的历史成为这类舞蹈的一统天下的历史。而舞蹈本身也发生了重大的变化,一是从自娱、娱神向娱人转化,产生了专门为奴隶主阶级服务的舞蹈,它必须根据一定的统治阶级观念,如中国古代的礼教精神进行舞蹈。二是产生了专门从事舞蹈的舞队,像中国古代西周时,天子可享用64人组成的舞队为自己舞蹈。这在客观上为舞蹈的独立发展提供了良好的条件,专业舞蹈的发展速度是惊人的,无论是舞蹈的动作、姿态的种类,还是其难度,都远远超过原始舞蹈艺术。

当娱人的、表演性的舞蹈飞速发展的同时,而自娱的、民间的舞蹈却显冷寂。虽然历史曾有过自娱的舞蹈记载,如汉高祖在击败黥布之后,在故乡的酒宴上击筑高歌:"大风起兮云飞扬,威加海内兮归故乡,安得猛士兮守四方。"歌未能尽兴,刘邦起舞于席间。但统治阶级主要还是观赏舞蹈的,至于民间,已很难见到原始人那种狂欢的舞蹈,即使有,也大都在统治者无法遍及的边远地区的少数民族。这应该是奴隶主专制和封建专制的结果,遏制了人性的自由发展。

随着市场经济的发展,人们的个性得以解放。今天,舞蹈成为表达真情实感的一种方式。因此,在全国范围内掀起了一股舞蹈热潮,不论是在公园、广场、舞厅还是在清晨、黄昏或夜晚,青年、中年甚至老年人都热情洋溢地沉浸在这股舞蹈热潮中。有的跳交谊舞,有的跳迪斯科,有的扭秧歌,有的跳少数民族舞,还有人跳连内行人都叫不出名字的舞。但是,舞者一个个投入、自信、自豪、乐此不疲。舞蹈从原先自娱，经过娱神、娱人，又重新回到自娱，真正体现了舞蹈本质的回归，作为一种生命情调的跃动，自得其乐，自我宣泄。其实，舞蹈不仅可以满足人类最基本、最自然的生理和心理需求，还是一种身心合一的运动，可以增强体质，健康长寿。

　　自娱的舞蹈是自由的，善于陶冶人的情感，使人的情感变得丰富充实。例如，交谊舞不仅是人们之间心灵沟通的桥梁，更重要的还是自娱，它适合于各种情感的抒发。布鲁斯（慢四）舞步很简练，易于掌握，它举步庄重，保留宫廷色彩和古典风韵，节奏与动作变化不大，进退平稳，跳起来从容不迫，具有斯文、高雅的气度，易于抒发舒适、悠闲、平和之感。而慢华尔兹（慢三）其优美的音乐、飘逸的舞姿和起伏的身浪的特色，被誉为"舞中皇后"。它柔和而文静，优美而华丽，属于绅士派的舞蹈，长于抒发浪漫而温馨的情感。而快华尔兹（舞中之王）和快步舞，舞步活泼、兴奋、轻快、洒脱，使人情绪奔放、朝气蓬勃，一场下来，虽汗水淋漓，但情感尽情宣泄，确有酣畅痛快之感。其他舞蹈像探戈、伦巴、恰恰、桑巴、帕索多、牛仔、狐步以及迪斯科等，更是各显神韵，使人荡漾在无限丰富的情感波涛中。

2. 提高人体美的欣赏能力

　　被动观看舞蹈的出现在舞蹈史上产生了重要影响，使活动性舞蹈（自娱舞蹈）与表演性舞蹈（娱人舞蹈）分离，分别形成各自独特的历史。从活动性舞蹈中，我们创造出交谊舞，而在表演性舞蹈中，则诞生了芭蕾舞和其他表演性民族古典舞蹈。作为自娱的舞者，我们能够尽情地表达情感，而作为欣赏舞蹈艺术表演的观众，则需从容欣赏动态人体所呈现的生命美和运动的人体美。

　　在艺术中出现的人体是多种多样的，有静止的、表现在二维空间上的人体（绘画、摄影），有表现为三维空间的人体（雕塑、工艺品），也有通过二维空间的银幕造成三维空间幻觉视像并在第四维内延续其运动的电影、电视人体镜头。这些都与舞蹈不同，舞蹈动作、姿态造型、画面队形这些形式美构成要素无一不以生龙活虎的、现实存在的人体作为物质手段。因此，任何一门艺术都不如舞蹈，能够自始至终、无一漏网地充分展示人体美的魅力，其他任何一门艺术可以不表现人体美，而舞蹈一定要表现人体美。

　　表演性舞蹈者选择的演员大都是年轻英俊或者貌美的青年，这是它与自娱性舞蹈者重要区别之一。除此之外，这些演员必须拥有匀称的上下身比例，优美、柔韧和富有弹性的身体线条。当他们登上舞台时，便会让观众赏心悦目，惊讶地发现大自然与人体竟能如此神奇地交相辉映。

3. 调适人的生理与心理的需求

为了生存和发展，人类天生对衣食、性爱有着本能的需求。然而，由于受到传统封建观念和宗教文化的影响，人们经常刻意压抑这些本能。实际上，我们总是希望与异性接触，欣赏他们的外貌和优美的人体姿态。但在日常生活中，我们无法随意、刻意接触异性或观赏他们，因为这种违背自然本性的做法明显对人类的身心健康发展有不利影响。舞蹈是一种无与伦比的艺术形式，它鼓励男女两性之间广泛地互动，以一种自由、放松的方式欣赏彼此的容貌与人体美。在交谊舞中，女性和男性双方在音乐的节奏下默契配合，通过微妙的电磁般的情感交流，在享受生理快感与内心愉悦的同时释放平日被压抑的情感。在表演性的舞蹈中，我们可以欣赏女演员美丽的容颜和曲线柔美的身姿，欣赏男演员英俊潇洒的气质和强健的体魄。观众可以被演员曼妙的舞姿、快节奏的旋转、强劲的扭动、手臂的抬举、大腿的舒展等所带来的震撼深深折服，美好姿态与美妙音乐的融合使人从生理快感逐渐升华到心灵和精神上的愉悦。

（二）舞蹈教学与美育的结合策略

1. 开设包含舞蹈课程的美育专业

高校可设置美育专业，其中包括舞蹈课程作为核心内容之一。这样有助于培养学生在舞蹈领域的专业素养，并将其与其他艺术形式进行交叉学习。

2. 跨学科合作

在美育教学中，高校可以尝试鼓励不同学科之间的合作，如舞蹈与音乐、戏剧、视觉艺术等学科的跨界合作。通过跨学科的交流与合作，学生可以更好地理解舞蹈与其他艺术形式的关系，拓宽视野。

3. 组织演出与展览

积极组织舞蹈演出和展览，让学生有机会展示自己的舞蹈作品，并与观众互动。这有助于提升学生的表演技巧、创作能力和团队合作精神。同时，学生也可以参观其他舞蹈演出和艺术展览，拓宽视野，汲取灵感。

4. 丰富教学资源

高校可以投资购置现代化的舞蹈教学设施和设备，提供良好的舞蹈教学环境。此外，邀请专业的舞蹈教师和艺术家来校授课或举办讲座，为学生提供更多的学习机会和艺术指导。

5. 强化实践与研究

高校可以鼓励学生积极参与舞蹈实践和研究。通过组织学生参与舞蹈团体、演出和比赛等活动,培养学生的实践能力和舞台经验。同时,协助学生开展独立的舞蹈研究,深入探讨舞蹈艺术的内涵与表现手法。

这些措施有助于高校将舞蹈教学与美育有机结合,培养学生的艺术修养,提高他们在舞蹈领域的专业水平和创造力。通过这样的教育模式,学生可以更好地理解舞蹈艺术的价值和意义,并将其融入自己的人生和职业发展中。

第二节 高校文学教学与美育的结合实践

一、文学美育的目的、任务和价值

文学美育的目的,从根本上说,也就是美育的目的,两者是一致的,并非在美育目的之外另设语文美育的目的,只是通过语文美育的途径来实现美育的目的。所以,在讨论语文美育的目的之前,必须先明确美育的目的是什么。

(一)文学美育的目的

文学美育指的是在文学教育活动中实施的审美教育。此举的目的是通过文学教育活动对学生进行审美教育,促进他们个体的审美发展,以推动学生的全面发展。通过学生个体的审美提升,可以促进个体自身、个体与社会以及个体与自然之间的和谐完美发展,进而达到和谐完美的境界。

高校文学美育的目标在于满足和提高学生的审美需求,通过增强他们的审美能力,培养他们的审美意识,推动他们开展审美创造,并激发他们融入审美的生活来加以落实。

高校文学美育应当以学生的审美心理特征为依据。例如,少年和青年美育必须为该年龄段的学生的即兴式创作创设相应的情境,并不断激发学生创作的兴趣和热情。同时,也应该引导他们逐渐地掌握一些作品结构的方法,提高他们创作的自我意识和自控能力。

高校文学教育应当以美育学和语文教育学的理论为依托,通过文学教学丰富多彩的形式,如审美欣赏和审美创造等活动,帮助学生树立健康正确的审美观,提高学生对语文美感受、鉴赏、表现及创造的能力。此外,文学教学还应在生活方式方面对学生进行审美指导,从而陶冶学生的情操、净化内心,完善其审美心理结构,推动身心健康发展,培养个性丰富、人格完美的新时代人才。

（二）语文美育的任务

作为社会主义教育的重要组成部分，语文美育应遵循马克思主义美育学和语文教育学的理论指导，通过高校语文教学实践，实现两大任务：一是重塑审美意识——建立正确审美观和崇高的生活态度（将艺术地对待生活），并培养健康的审美情趣和一定的审美文化修养；二是培养审美能力——学生应具备感受、鉴赏、表现、创造美的能力，以培养具有丰富个性、全面发展完美人格的新一代。这是语文美育的使命。从根本上说，也就是美育的任务，两者是一致的，并非在美育任务之外另设语文美育的任务，只是通过语文美育的路径来达成美育的任务。

1. 审美意识的重建

（1）审美观

人们的审美观是在参与社会实践，尤其是审美活动的过程中形成的，它涵盖了人们对美的核心本质、欣赏和创造美的方式以及美的标准。它是人们基于审美角度对世界的看法，是人们世界观的重要组成部分。

审美观可视为审美意识的突出表现，其受生产方式等社会存在和各种社会意识形态的连带影响，充斥着时代性、民族性、社会性等特征；因受个人生活境遇、实践经验、世界观和文化修养等多种因素影响，每个人的审美观亦呈现显然不同之处，具有个性化的特点。那么，为何相同的事物或现象在一些人眼中是美的，而在他人看来则是丑陋的呢？这归咎于人们的审美观异同。以人体雕塑美的欣赏为范例，断臂的维纳斯雕塑是人类文化遗产的一颗璀璨绚丽的明珠，然而在历史上曾有人将其当成黄色淫秽艺术品予以查禁，或视其为资产阶级生活方式的象征而予以抵制。这样的行为与审美观息息相关。倘若用正当的审美观去欣赏，就会领会到维纳斯雕塑所蕴藏的引人深思的无限诗意以及捉摸不透的含蓄的美；如果单纯地追求感官刺激，它在有些人的眼中就可能是一种格调低下的形象。

只有树立了正确的审美观，人们才可能确立科学、客观的审美标准，养成健康的审美情趣，树立崇高的审美理想，自觉按照美的规律去改造主观世界和客观世界；否则，就会美丑不分，甚至以丑为美，那自然就谈不上美的追求、美的鉴赏和美的创造了。在现实生活中，我们有必要帮助青少年树立正确的审美观，养成健康的审美情趣，树立崇高的审美理想，使他们正确分辨美丑、善恶、是非，不断在审美实践中提高自己的审美水平。这是重建审美意识的核心。

树立正确的审美观主要有两个途径：一是通过长期的审美实践，由审美感知、审美想象、审美情感等积淀、升华而形成；二是通过接受美的教育、学习美学理论知识而获得。学生经过家庭美育、幼儿美育，有了一定的审美实践经验并形成了初步的以直觉为主的缺乏稳定性的审美观点。但由于年龄、知识水平的关系，学生没有接受过美学基础知识教育，对美只有感性的认识，只知其然，而不知其所以然，只有一些零碎的审美观点，而没有系统化的审美观。因此，进入学校后，为使学生对美的认识上升到理论高度，而不仅仅是自己的直觉，明白哪些审美观点正确及其为何正确，形成稳定的、正确的审美观，就有必要向学生传授审美的基本知识。应当逐步让学生懂得一些审美知识，如美是人的本质力量的感性显现，美的形态大致可分为自然美、艺术美、社会美、科学美、技术美等类型。

（2）审美情趣

审美趣味也被称作审美情趣，是指人们在审美、立美时展现出的个人喜好和倾向，这种倾向是以个人爱好的方式表现出来的，表现为对现实活动中具有审美价值的事物所表现出来的一种充满情感、具有独特个性的主观偏好和兴趣。一个人健康的审美情趣应当以对美的追求为驱动力，逐渐培养出对于审美活动的积极情感和兴趣。

虽然审美情趣是个人主观偏好的体现，但它不是孤立的现象。相反，它反映了特定时代、民族和社会中的审美趋势、要求和理想，具有社会历史的内涵。因此，审美情趣既展现出主体之间的差异性、特殊性和多样性，同时也表现出客观共性、普适性和一致性。这两者之间同中有异，彼此相互依存，构成一种辩证关系。

不同阶层的人，在审美情趣上的差异是很大的。即使是同一阶层的人，审美情趣也可能同中有异。我国封建时代的进步知识分子往往以菊、梅、松、竹来寄托自己的情怀，表现了某种相同或相近的审美情趣。

健康的审美情趣并非先天自带，而是经过培育和教育的。如今，现代美育研究者都非常注重美育对情感的陶冶。马克思主义美学原理指导人们如何正确辨识艺术中美与丑，让人们了解美在生活和艺术中所呈现的各种表现形式以及不同形式中所蕴含的状貌和特色。不仅如此，审美实践同样能够提升人们的审美情趣、丰富人们的内心世界和唤起人们对真正美好事物的向往。艺术更是塑造健康审美情趣的最佳媒介。纯正健康的审美情趣源于对艺术作品深刻的意义和精湛技巧的专注，而不是低水平的猎奇。因此，培养学生健康的审美情趣，就要利用语文教学优势，让学生多懂得一点美学常识，多参与一些艺术实践，尤其是让学生多接受文学艺术的熏陶。

人们的审美水平是潜移默化而又持续不断地获得和提高的。周遭环境在很大程度上对审美情趣起着决定作用，尽管人们通常意识不到周围环境对审美的作用，但它实际上无处不在，潜移默化地影响着人们的品位，有时使高尚趣味得到发展，有时却会滋生低级趣味。学生年龄小，审美能力弱，辨别能力差，他们审美情趣表现出的一个重要特点是单纯地模仿。一些学生极容易被一时的社会潮流影响，以至一时美丑不辨，而对某些本来并不美的现象产生兴趣，争相效仿。所以，营造包括语文美育环境在内的审美教育环境也是十分重要的。

（3）审美文化修养

重建审美意识，也意味着审美主体需具备一定的审美文化修养。为了提升审美修养，学习美学理论知识至关重要。最有效的方法是结合文学艺术实践进行学习，因为美学主要研究对象是文学艺术，许多审美领域、专业术语源于对文艺创作和欣赏的概括与总结。此外，了解相关学科的知识也是必要的。美学和哲学、心理学、伦理学、文艺学及历史学等紧密相连。那么，怎样在语文教学中提高学生，特别是低年级学生的审美文化修养呢？

第一，要结合语文教学帮助学生了解美的特征和美的形态。按照马克思主义的观点，美是人的本质在对象世界的感性显现，具有形象性、情感性、社会性、功利性等特征。一个事物之所以有美的魅力，能引起人们的喜爱、愉悦之情，究其根由即在此。一些缺乏美学修养的人，因为不懂得这个道理，就只能从表面现象上去认识美，结果会做出错误的判断，并且容易导致行为上的失误。要让学生了解，体现了人的本质力量、人的自由创造能力的人，具有崇高理想、能为社会做出贡献的人，才是真正美的人。

第二，要结合语文教学帮助学生了解美感的特征和审美心理过程。学生了解了这方面的知识，就可以自觉提高自身的审美修养，增强审美能力，更加细致、深入地感受美和理解美。

第三，还要结合语文教学帮助学生了解有关"美的规律"的知识。"美的规律"是马克思提出的著名命题。所谓"美的规律"，就是人自觉、自由地创造美的规律。美的规律是真与善的统一，合规律性与合目的性的统一。语文美育不仅要让学生懂得美、鉴赏美，更要引导他们去追求美、创造美，使人类自身和整个世界变得更加美好。

需要说明的是，学生学习美学知识的基本目的是提高审美修养，而不是从事美学研究；提高学生审美修养的基本途径是广泛阅读和反复揣摩优秀的文学艺术作品，而不是过多地介绍美学理论和相关的名词术语。

（4）高尚的人生态度

一个重要的美育任务就是促进人们形成高尚的人生态度，即一种用艺术的眼光来看待生活的态度。美育通过引导人们以审美的方式来生活是积极的社会功能的体现，一方面通过发掘社会中固有的美来启迪人们的内心，从而培养较高品位的生活情趣；另一方面，它以独特的方式，进一步提高人们的艺术化生活的能力，提升他们的生活品质。

美和艺术具有不可或缺的地位，并应渗透到人们生活的各个方面，无论是在家庭、学校还是社会中，都存在美和艺术。通过培养人们艺术化的生活态度，人们可以摆脱低级趣味和丑陋氛围的影响。

次要的是爱读小说、会朗诵诗、善于欣赏音乐等方面的修养。只有当正确的审美观和健康的审美情趣成为人的心理气质的组成部分并对其行为准则、人生态度以及与同学、亲友的相处产生影响时，才能真正说得上具有审美修养。如果一个人仅仅爱好艺术，而对生活中的美丑缺乏鲜明的爱憎，那就不能说他有审美修养，而只能说他善于用艺术打扮自己。美育的主要任务并不是仅仅培养人们对艺术的了解或者让他们成为艺术家，而是要协助人们建立正确的审美观念，并培养健康的审美趣味，形成健康的审美情趣，提升审美文化修养并指导他们学会以艺术的眼光对待生活。

2. 审美能力的培养

（1）审美感受能力

感知美的能力被称作审美感受能力，即通过感官对事物形式的感受，从而获得美感的能力。审美感受能力是进行任何审美活动的先决条件，它是整个审美能力体系中最根本、最基础的能力，是审美鉴赏能力、表达能力和创造能力发展的前提与基石。

人类的审美感受力与人的生理结构、机制与功能密不可分，但人类的审美感受能力主要靠后天的培养。尽管每个人的生理基础大致相同，但由于各种原因，人们的审美感受能力存在着较大的差异。例如，苏联作家帕乌斯托夫斯基在《金蔷薇》中曾描写了著名画家莫奈在英国伦敦画威斯敏斯特教堂时的经历。莫奈在平常的雾天里用创新的手法将教堂的轮廓与紫红色的雾气相融合，教堂的哥特式风格隐藏在雾气中，若隐若现，构成了一幅精美绝伦的画作。然而，当这幅画作在伦敦展示时，引发了巨大的争议，人们对莫奈将笼罩在教堂上空的雾气画成紫红色感到十分惊讶，并对莫奈的胆大妄为倍感愤怒。但当愤怒的人们走出大厅，仔细观察了城市上空的雾气后才恍然大悟，原来真的有紫红色的雾气存在，那是浓郁的尘烟与瓦红的砖房使雾气沾染了紫红色。人们无不赞叹莫奈敏锐的审美感受力，并将他誉为"伦敦雾的创造者"。这个故事生动地说明："美是到处都有的。

对于我们的眼睛,不是缺少美,而是缺少发现。"①

审美感受的范围十分广泛,包括简单和初级的形式与内容,也包括复杂和高级的形式与内容。前者主要指对声音、颜色、形状等感官层面的感知,能够从中获得感官的愉悦;后者则主要指对于交响乐、山水画以及雕塑的欣赏,能够满足精神世界的需求。无论哪种审美感受,都融合了情感和认知两个因素。因此,培养充分的美学感受能力需要建立在高度发达的感官能力、准确的认知能力和多样化的情趣体验基础之上。这项能力不是天生而来,它是人类在长期社会实践中逐渐形成和发展的。

如果审美者缺乏对美的高度敏感性,他可能无法将多姿多彩的美的多种元素快速输入到大脑中,因此,他就很难获得丰富多彩的审美感受。试想,诗歌赏析时不能感受到音节和韵律的美;欣赏电影感受不到蒙太奇的美;听音乐不能领略旋律及节奏的美;欣赏自然美景时不能感受形、声、色、光、影的美,这种状态就是沉浸于美的环境中却无法意识到美感。这无疑会严重影响人们审美的广度和深度。因此,我们应积极引导人们发现并感受现实世界中的美,增强他们的审美意识。

在美育的基本任务中,引导人们自觉训练观察美的感觉器官是其中最为基础的任务之一。通过开展各种审美实践活动,人们能够更好地培养和提高对于美的感受能力,获得一双可以倾听音乐的耳朵和感受美好事物的眼睛。在提高学生的审美能力方面,加强其对审美感受器官的训练是首要任务之一。高校语文美育的主要任务之一是引导学生自觉地加强对审美感官的训练,并通过开展审美实践来培养和提高他们对美的事物的感受能力。在高校语文教学中,要有意识地培养学生自觉地去发现美、感受美的能力。我们可以结合语文教学,组织和引导学生阅读优秀的文学作品,分析其中的审美内容;组织和引导学生接触名曲、名画,品味其中的审美情愫;组织和引导学生去游览风景名胜,领略祖国山河的大好风光。通过这些内容丰富、形式多样的审美教育活动,训练学生的感官,提高他们的审美感受能力。

(2)审美鉴赏能力

具备审美鉴赏能力,意味着审美者能够有意识地运用其生活经验、思想水平和艺术修养,对审美对象的内容和形式进行思考和品评,并从中获得美感。此能力建立在审美感受的基础之上,人们在接触艺术作品、社会事件或自然风景时,

---

① [苏]康·帕乌斯托夫斯基:《金蔷薇》,张铁夫译,湖南文艺出版社2020年版,第16—17页。

会受到审美对象美感的影响和感受。与此同时，个体会因对审美对象的评价而获得审美享受，如感官的愉悦和心灵的愉悦等。

审美鉴赏的范围十分广泛，包括对美的事物进行鉴别和欣赏。鉴别和欣赏必须密不可分，因为鉴别可以帮助我们更好地欣赏，有了鉴别才有欣赏。审美鉴赏内容和形式既有复杂的、高级的，也有简单的、初级的。后者如对日常生活中的服装用具进行鉴定，识别它们的美丑。前者则对美的形态（如自然美、社会美、艺术美、科学美、技术美）、范畴（如优美、崇高、悲剧美、喜剧美等）和程度（包括比较美的、美的和最完美的）进行评定。

审美鉴赏能力的高低主要由审美者的审美观、审美情趣和审美文化修养等决定。

爱美之心，人皆有之。但是，人们的审美鉴赏力是有差异的。面对同一审美对象，有人说美，有人不知美在哪里，即使都认为对象美的人，认识也不完全一致。造成这种审美差异的原因，除了审美观、审美情趣和审美文化修养等不同外，人们的审美鉴赏能力的高低也是重要的原因。人们具备较高审美鉴赏力时，他们可以明辨事物的美丽或者丑陋、区分不同的审美对象，通过品味和欣赏美的事物，发现其中所蕴含的深刻意味。通常来说，那些文化素质、艺术修养、思想水平更高，知识面更为广博，生活阅历更为丰富，审美经验越是丰富，就越拥有更为强大的审美鉴赏能力，也能够更加主动地在审美和美学活动中发挥主观能动性。

无论个人的审美鉴赏能力高低，人们在欣赏美的时候，总是拥有一定的尺度。这种尺度是通过审美感受来体现的，因此具有个体差异性的特点。同时，由于审美鉴赏需要对美的对象进行评价和判断，因此这种尺度也应该具有普适性，受到社会认可。也就是说，个人的审美鉴赏尺度既有差异性，也有普遍性，是两者的统一。在培养学生的审美鉴赏能力时，我们既要强调发展个性化的审美选择和爱好，也要加强引导，培养学生具有符合时代、民族和社会要求的审美意识。在这个过程中，个人的审美鉴赏尺度总是需要在时代、民族和社会的普遍要求下进行规范和制约。不能以尊重个人爱好为借口，来掩盖过时或低水平的审美趣味和标准。相反，我们应该协调个人的审美鉴赏标准与时代的要求、民族的特色和社会的利益。

为了增强学生的审美意识，语文教学应成为重中之重。教育者可通过让学生接触多样的文学艺术作品，取法乎上，渐渐积累，受到艺术作品的熏陶，从中领悟美的要素，逐渐提升审美能力。

在现实生活中，美与丑并存，并在比较中产生。在培养学生审美鉴赏能力中，必不可少的是提高学生辨析美丑的能力,帮助他们透彻理解美与丑的本质以及其存在的原因。引导学生通过比较、鉴别和评判,真实理解何谓美与丑,何以美与丑得以存在,从而更好地提高学生的审美鉴赏水平。

（3）审美表现和创造能力

人们之所以认识世界,是为了能够发挥能动性来改造世界;同样地,人们欣赏美、鉴赏美,是为了表现美、创造美。实践证明,只有当一个人表现美、创造美的能力得到提高和发挥时,他对于审美的感受和鉴赏也才会得到进一步的巩固、深化和扩展。因此,美育的重要任务之一就是通过审美实践活动,培养、锻炼和提高人们按照"美的规律"直接表现和创造美的能力,从而主动美化主观世界和客观世界,创建出充满高度精神文明和物质文明的生活。

审美表现和创造能力是指在社会实践活动中(主要指审美实践活动),审美者充分发挥自己的主观能动性,理解和掌握"美的规律",并利用"美的规律"来表现和创造美的能力。从根本上说,审美表现和创造能力是人类脱离必然王国进入自由王国的能力。

人们的审美表现和创造能力在实践活动中得到了广泛的体现,主要包括以下几个方面：展现和创作人的美(包括人体美和人格美),展现和创造环境的美(包括自然环境美和社会环境美),展现和创造艺术美(包括展现和创造艺术,以及在欣赏艺术时的再创造即创造地接受艺术),展现和创造科技美(包括展现和创造科学美和技术美),展现和创造劳动美(包括展现和创造生产劳动和生活劳动中的美),展现和创造生活美,展现和创造生活的美,等等。要培养人们的审美表现和创造能力,还需传授各种表现和创造美的技巧和方法,包括音乐、美术、文学表达的技巧和方法,以及交往、言语、行为、服饰、美容的方法和技巧等。

为了培养学生的审美表现和创造能力,我们应首先激发他们的表现欲、创造欲和想象力。高校语文美育应引导学生热爱美、欣赏美,追求理想境界,唤起学生的创造冲动、表现冲动和想象能力,使他们不满足于现状,勇于探索和创新,以改造周围的客观世界和自身的主观世界。通过对未来美好前景的想象,我们鼓励学生去创造理想的生活和美。为此,要在高校语文教学过程中,对学生进行审美理想的教育,通过各种途径和方法,让学生了解生活怎样才美、人怎样才美、自然和艺术怎样才美,激发学生的超越意识,使学生充分发挥具有创造性的想象能力,积极地去追求美、表现美和创造美。

培养学生的审美表现和创造能力,就要使学生初步懂得表现和创造美必需的各种规律性知识,并初步掌握表现和创造美的才能和技巧。无论是物质产品美的创造，还是精神产品美的创造，都离不开一些专门知识的掌握。表现和创造美的技巧是熟练地运用一定的物质手段，将头脑中构想的美的蓝图表达出来的能力。技术是技巧的基础，技术是创造主体支配他使用的物质材料的能力。比如，观众对甲、乙两人演出同一出戏的评价不同，甲的表演"够味"，而乙的表演"缺乏神韵"。虽然乙的唱白和表演都无误，既没有唱错也没有走错，但整个表演似乎缺少了动人心弦的激情。唱白和表演的合格是技术，但能够将剧中人物的思想和情感变化娓娓道来，让观众感受到表演中的神韵，这才是真正的技巧。从中可见，技巧不是单纯方法的总结归纳，而是将生活和塑造物体完美地融于表演之中的能力。只有掌握表现和创造美的技巧，才能按照美的规律塑造内容和形式完美统一的作品。

在进行审美教育时，我们除了要注重培养学生的审美表现和创造能力外，还应该关注他们的创作个性。美的呈现形式千变万化，人们的审美需求也应该多样化，美的表现与创造更应该具备个性化。对于艺术家而言，具备一定的生活见解并将其融入作品，拥有自身独特的创作个性，才能形成自己独特的创作风格。因此，在审美教育中，我们不仅要培养学生个性化的审美感受和理解能力，更要尊重他们独特的创造想法。

高校语文美育要十分注意发展学生的独特个性，尽可能地满足他们进行审美表现和创造的要求和欲望。指导学生提高审美表现和创造能力的方法和途径有很多。比如：结合写作教学举办征文评奖活动，能有效地调动学生的表现和创造美的积极性；组织各种课外兴趣小组，充分发挥学生的爱好和特长。

高校语文美育任务各个方面之间紧密相连。培养感受美的能力是美育的基础，培养鉴赏美的能力则是美育的发展。此外，培养表现和创造美的能力可以进一步提高美育的境界。然而，重建人们的审美意识——树立正确的审美观也极为重要，要求培养健康的审美情趣以及树立面对生活的艺术态度。这种审美教育能够推动个人的审美发展进而推动个人的全面发展，并最终实现个人与社会、人类与自然的和谐共处，因此，这是美育的最终目标和最高追求。

（三）语文美育的价值

美育的价值可以从不同的视角去考查。语文学科美育的价值同样可以从不同的视角去考查。本书将语文学科美育的价值概括为审美价值与工具价值两大方面。

1. 审美价值

美育最重要的价值是什么？是培养人，培养具有审美修养的人，或者说培养具有审美态度的人。与专业掌握艺术技能的艺术家不同，美育的目的在于培养"生活的艺术家"，使人们具备健康的审美态度。态度是素质中最基本、最重要的方面，是人类世界观、人生观和价值观的体现。

健康的审美态度能使人正确对待自己、他人、社会、国家、人类、自然和环境，以及具备群体、社会、国家和世界的责任感。

培养具有审美修养的人，或者说培养具有审美态度的人，反映了人类的一种本质特性，是人与动物的界限。康德提出"美是道德的象征"，强调了自然的人经过审美成为社会的人，成为有文化、有道德的人。审美是人的本质特性，是人与动物的区别之所在。

语文美育是在语文教育活动中，借助审美教育实施的一种教育方式。该教育方式的直接目的是通过进行语文教育活动进行审美教育，促进学生个体的审美发展，并重新塑造学生的审美意识。在这一过程中，学生将会树立正确的审美观和高尚的人生态度（在生活中用艺术的眼光看待人生的态度）。他们还将会培养健康的审美情趣和相应程度的审美文化修养。此外，也会提高他们的审美能力，包括感受美、鉴赏美、表现美、创造美等方面，从而让他们成为拥有丰富个性和完美人格的全面发展的新一代。

语文是美育的广阔的课堂。语文与美有着非常紧密的联系。语文教学活动是具有艺术化、审美化特征的活动。语文课本中的诗词歌赋，有着充沛的、细腻的、多彩的情感。因此，在语文课堂教学中，教学双方形成一个流动着热烈、浓郁情感的"情感场"。教师的教学热情与学生的学习热情相互影响和促进，使语文教学活动充满"教"与"学"双方的成就感、满足感和沉醉感等高级审美情感——语文最有利于培育人的审美态度，塑造人的美好心灵，激发人的想象力。当语文课堂出现这样一个问题："雪化了，化成了什么呢？"如果有学生回答："化作了春天。"那么，我们应当为他叫好！因为这样的答案与"化成了水""化成了泥浆"有着显著不同。这是一种诗意的答案，是一种充满想象、充满美感的答案。审美体验是语文教学的最高目标。

语文教科书中文质兼美的课文及丰富的语文课程资源，为学生语文审美价值的实现提供了基础。语文学科美育的审美价值正是在语文教师和学生开发与利用语文课程资源、开展富有创造性的语文学习活动中实现的。

2. 工具价值

除了对学生审美发展的促进作用外，语文美育还具有工具性的价值。学生个人审美的发展可以综合推动个体的全面进步，从而实现学生在个体自身、个体与社会以及人与自然环境中的和谐发展,达到完美的状态。

想象力是美育中至关重要的一项需要培养的能力。在教育领域,我们长期重视智力的发展和知识的传授,却忽视了学生运用知识并进行创造性想象的活动。因此,教育应该让学生在获得知识的同时,积极发挥想象力和创新能力,这也是美育注重工具价值的最好证明。

根据国家的教育方针,语文教育目标应当是一个多元的结构体系,包括语文智育目标(包括语文知识、语文能力、智力等子目标)、语文德育目标和语文美育目标。语文教育应追求真(智育)、善(德育)、美(美育)的统一。不能仅仅追求美育而忽略了语文学科的德育和智育目标。相反地,美育应该是促进实现德育、智育目标的一种有效手段,通过美育可以提高学生的社会责任感、创新精神以及实践能力,这正是语文美育的工具价值的体现。

事实上,语文学科美育在增进学生对祖国语文的美感体验、鉴赏文学作品、表达美和创造美的同时,对于学生语言积累与建构、语言交流与沟通、语言梳理与整合,对于学生发展形象思维和逻辑思维、提升思维品质,对于学生传承中华文化、理解多样文化、关注参与当代文化,都是有积极意义的。

二、文学美育与审美认知

(一)文学美育应丰富学生的审美感知

在文学美育教学中,审美感知是首先需要进行的。教师可以利用视觉、听觉、嗅觉与触觉等多种感官手段来帮助学生积累并建立丰富的感知觉体验。如《落叶》这一课的进行运用了图片、视频、配乐和实物观察等手段,来全方位增加学生的审美体验。有了丰富多彩的审美体验才能进一步发展出后续的审美想象和语言表达能力。因此,教师在教学过程中,应该注重培养学生的审美感知能力。

课前老师要求学生为课堂做准备,让他们准备不同种类的落叶。课堂中,老师通过播放各种落叶随风而动的影片及美妙的钢琴曲《秋日的私语》来指引学生观察落叶,并让学生触摸实物,满足了他们多方面的审美需求。除此之外,老师还提供了一本画册《秋天的图画》,里面有收藏的檀香叶、芭蕉叶、银杏叶、梧桐叶、竹叶,以及麻叶等落叶的图片,并在每片落叶周围配上一段描述或介绍性的文字。该画册中充满着各种色彩斑斓且形态多样的落叶图片,引发了学生视觉上的强烈冲击,同时进一步增强了学生持续搜集、感知、认知获得落叶知识的积极性。通过实物触摸，学生对于落叶的审美感受也得到了更深的体验。

（二）文学美育应调动学生的审美情感

研究表明，认知和情绪在审美过程中相互作用。审美的每个阶段都会伴随着美感体验的变化，而情绪的变化也会影响审美加工。实际上，审美体验从根本上说就是情绪体验。因此，不仅仅要对落叶的形状、颜色和质地等进行客观描述，在观察落叶的同时还要蕴含着对自然的热爱之情或其他情感。因此，教师在写作教学中应该充分调动学生的审美情感，让审美的表象转化为审美的意象，使经过情感润泽的语言充满温暖和灵性。

（三）文学美育应促进学生审美理解能力的发展

由于学生的思维主要是具象的，而不是抽象的缘故，想象力是创造力的重要组成部分。想象是联系一个具象与另一个具象并产生意义的途径。随着年龄的增长，抽象思维取代了具象思维，成年人更多地思考抽象本质的东西，这会使得想象力减弱。在小学阶段的作文教学中，独特的想象意味着独特的理解。只有拥有独特的理解，才能写出富有个性的作文。因此，写作教学应该鼓励学生独特的想象，而不能只强调逻辑思维的训练。

（四）文学美育应培养学生独立的审美判断能力

学生独立的审美判断是学生审美能力成熟的标志，也体现了学生在学习中的主体性。学生的审美评价应该具有自主性，表现在他们能够自觉地选择审美对象，自觉评价作品人物形象，发表个人观点，以体现他们对美的不同追求。教师应该鼓励学生进行独立的审美判断，而不应该用成人的观点干扰学生，取代他们的独立思考和个性。

学生对画面内容的关注不同，即便是同一景物，也被不同学生赋予了不同的意义。开放的提问为学生提供了思考的自由和表达的空间，为独立的审美判断提供了可能。通过独立、有趣、有创意的思考和表达，学生在课堂学习中获得了积极的情感体验和审美愉悦感。

三、文学美育与审美情感

审美情感在审美活动中有着突出的地位，能发挥独特的功能和效用。

(一)静态考查

1. 审美活动中的情感

审美心理结构中的情感元素不同于生活中的情感,也不同于科学认识、伦理道德中的情感,因为它是与其他元素(感知、想象、理解)有机地结合在一起的。生活中的情感与明确的功利目的和实践行为相联系,有着强烈的外部现实性。而审美心理结构中的情感却是同想象密切联系着的,因而是非功利的、自由的。科学活动中的想象由理智来操纵,而审美活动中的想象必须由情感去推动。科学认识中的情感要与感觉表象分离,而审美中的情感却与感知表象联姻,一旦离开了感知表象,情感也就无从表现。欣赏自然美时,情不能没有景,景也不能没有情,情景相融,物我统一,情中有景,景中有情。

审美心理结构中的情感元素还与理解元素密切结合着。因此,审美中的情感具有社会的、理性的内容,社会观念、文化思想、伦理道德是人们情感的基础,情感必须由理性暗中控制,所谓"以礼节情""理在情中",情感也要导向一定的社会内容,即所谓"情以理归"。并且,情与理的结合不是那种牵强附会的凑合图解,而是互相渗透,情感的理性化,理性的情感化,就像盐溶于水,有其味而无其形。

2. 艺术审美创造中的情感

情感是艺术创作的动力,艺术家在创作前会深入地体验生活,收集大量生活素材堆积在他们的"印象仓库"里,但这些素材不能直接转化为艺术品。艺术家需要经过仔细的选择、精心的酝酿、深度的升华和长时间的玩味,才能与素材建立亲密的关系。只有这样,才有可能在艺术家心灵的某次波动中触动灵魂、产生灵感,激起强烈的创作欲望,从而变成内心的一股激情和火焰。这种内心的不平静最终会归于和谐,从而进入创作过程,可以说没有情感的波动,就不会有艺术的创造。

艺术家的创作过程,实质上是审美情感的物态化过程。在创作实践中,艺术家需要不断地进行情感体验,并将其凝结在艺术形象中。

如果说,科学家的眼睛是主智的物理的眼睛,那么艺术家的眼睛就是主情的心灵的眼睛。物理的眼睛,侧重于感知事物的客观性,反映的是客观对象的真;心灵的眼睛,侧重于感知事物的主观性,表现的是主观世界的真。这是两种不同的真实。从美学的角度来看,后者却是人的心灵世界的真实,是人的精神活动的一部分。物理的眼睛是主智的,重在冷静的思考与理智的探索,对事物的反应要合理；心灵的眼睛则是主情的，重在情感的追寻与爱的期待，对事物的感知要合情。

（二）动态分析

审美活动可以简单地看作是情感反馈过程，艺术家从生活中获取情感信息并储存到大脑中。然后，大脑加工、处理、变换这些信息，综合成新的情感信息，并通过嘴、手、形体等效应器官和艺术媒介输出这些信息。这种输出的情感信息一开始尚未与外界建立联系，只以"符号"的形式存储在艺术作品中，从而成为物态化了的艺术家审美情感信息流的"集成块"。艺术作品默默凝聚着艺术家独特的内心世界以及对外部情感生活的特殊认知方式，静静地传达着多种审美情感信息。在尚未与审美主体（接受者）构成审美关系时，多种审美情感信息储存在"符号"形式中，仅仅具有一种潜在的功能效应。但是当这些信息作用于审美主体（接受者）时，便构成了真正的审美活动。在这个过程中，一方面，艺术家通过人们在审美活动中对作品的反映和评价，通过反馈的情感信息，前后进行比较，从而调整下一步的情感认识和创作活动；另一方面，对审美主体（接受者）而言，作品中潜在的情感的教育功能和效应也就开始显现出来了。在这里，情感信息功能的显现可以划分为三个阶段。

1. "传情"阶段

对有意味的符号形式的"破译"，使艺术作品的外形式（形、音、色、语言等）直觉地激起审美主体的感官愉快，达到"悦耳悦目"的作用，进而引起接受者对作品的浓厚兴趣，产生"诱导效应"。这是情感的传递阶段。所谓对"形"的破译，主要是指审美主体对艺术作品的外部形态的感知和理解。艺术作品的外部形态一般由点、线、面、体四种要素构成，点、线、面、体的不同组合构成了对象的不同形态，不同形态具有不同的形式意味。例如，就建筑艺术来看，先于哥特式建筑的罗马式建筑，其形态多为长方形，以厚重的石材为砌筑的原料，在边廊、开口部带有圆形拱券、厚实的墙壁和簇柱，整个外部形态给接受主体以笨拙呆板的形式感，在一定程度上传达出人性受到压制和人格遭到践踏的中世纪时代的感情色彩。哥特式建筑则以线条轻快的尖拱券和大窗户、薄墙壁以及飞梁为外部形态，给人以昂扬豪放的形式感，传达出中世纪民众的信仰热情和希冀摆脱尘世压抑、进入天国的被扭曲了的理想之光。战后普遍兴起的现代建筑则以整齐划一的外部形态给人以统一平稳的形式感，表现出历经劫难的世界人民的平和心态。

在对文学艺术的接受过程中，首先是对语言符码的破解。语言是文学作品最重要的外部形式之一，作品的情感信息功能深潜于语言符号之中，它本身是静止的，只有在读者的接受过程中才能变为鲜活的情感刺激。作为表达某种思想的符号语言具有深层结构和表层结构，即"所指"和"能指"两种关系。形象是能指，概念则是所指，任何词语都具有这种结构关系。在日常生活中，语言的这种性质基本上是序列性的，这一方面是说语言的表述有一定的约定俗成的限制，另一方面是说"所指"与"能指"是一种和谐的稳态对应关系。但是在文学作品中，特别是在诗歌作品中，语言的信息功能却表现为无序列性。也就是说，"所指"与"能指"有时并不完全呈现对应关系。因而审美主体"破译"文学作品的语言结构就不能依照常规语言的性质来进行。正确的做法是"得意忘言"和"以意逆志"，在特定的语言环境中把握作品的感情。

2. "驰情"阶段

作品中的情感信息会涌入接受者的脑海，与其心灵相互交融，引发强烈的情感共鸣，从而达到了"怡心怡意"的效果。此时，审美主体已沉浸在情感的角色中，任由自己的想象自由翱翔，在作品所描述的情感世界中驰骋。这个情感世界的精妙绝伦、庄严深奥的人生哲理和形象生动丰富的描写，令人为之震撼，受到启发和感染，从而产生了"启迪效应"和"震撼效应"。

3. "澄情"阶段

审美主体在进行审美活动时，充分发挥审美能动性，对接收到的情感信息流进行再加工、处理和升华，以产生全新的情感信息，并将其储存到更深的"信息仓库"（潜意识领域），以达到"怡神怡志"的效果。在此过程中，审美主体对心灵中弥漫的情感进行细致品味和整体把握，以寻求"弦外之音"和"象外之意"，表现为心胸的开阔、情感的升华，并对人生真谛进行领悟，从而产生"净化效应"。

需要指出的是，这三个阶段几乎在瞬间完成，而非每个审美主体每次都能体验到。虽然情感传播处于较低层次，但同样是不可或缺的。若主体缺乏最基本的审美情感，主体和对象之间就不会构成审美关系，自然也无法进行更深层次的审美活动。试以对大自然中的山水之美的欣赏为例。如到滇池游玩，登上大观楼，向昆明市郊西山一带眺望，只见远山抹黛，绵延起伏的山陵，真好像仰卧着一位妙龄少女。她绰约多姿，清秀妩媚，柔细飘逸的长发随意浸润在九百里滇池上。故而不少中外游人到此，面对这幅剪影，都赞叹是一位动人的"睡美人"。而在一个缺乏审美力、审美情感贫弱的人看来，这位"睡美人"只不过是一堆石头，没有什么兴味。或者，虽然对此有一定的好感和新奇感，但情感不深不浓，也只能浮光掠影，走马观花，结果内心实在并未激发起情感的波澜，更谈不上真正的美感享受。此外，还必须指出的是，即使主体能深入"驰情"（情感共鸣）和"澄情"（情感辐射）阶段，由于主体条件各不相同，情感的网状结构各不相同，其审美感受也不可能是一致的。因此，主体欣赏到的美也存在各种量和质的差异。在千差万别的审美者眼里的西山"睡美人"，其资质形象也必然是千差万别的。

第三节　高校绘画教学与美育的结合实践

一、绘画的美育功能

绘画艺术主要通过其视觉艺术形象去感染人、陶冶人，对人的思想感情产生影响，实现它的美育功能。

（一）培养人们视觉上的审美敏感

作为一种视觉艺术，绘画通过视觉性的形式因素，如线条、色彩和构图等，来表现人类的审美经验和审美意识。观赏者可以通过视觉感官来全面认知一幅画的艺术形象。然而，正常的视觉感观才是从事绘画创作和欣赏的必要前提。相较于另一种造型艺术——雕塑，绘画作品缺少三度空间的实体感，但其形体更符合客观事物外貌的特征，所以经常引起观赏者"似真"的视觉感受。绘画艺术对于视觉知觉的这种毫无条件的依赖以及凝聚在视觉形式中的审美内涵，决定了其在培养人们敏锐的视觉审美能力方面具有更加鲜明的功能和作用。从美育的角度观察，绘画主要能够加强人们对于线条、色彩和构图等视觉形式的审美敏感度。

当人们将色彩和形状组成的样式看作表达某种内容的形象时，就会产生艺术创作或艺术想象的问题。这种创造性的丰富想象力可以说是人的一种天赋，一般在儿童时期就已经存在。当孩子使用色彩和形状来创造形象时，首要任务就是发明一种方法，以便利用已有的媒介来表现他们的经验对象。在这个过程中，孩子主要依靠自己的创造性想象力。我们发现，从幼儿园中挑选出的儿童画中，尽管这些孩子并没有故意炫耀自己的创造力，但是他们所展现的创造性想象力是非常惊人的。例如，他们每幅画所描绘的人物形象都具有自己独有的特征，组成这些画的形象的各种因素是千差万别的，各个部分之间的比例也不同。孩子运用各种极不相同的办法来处理身体各部分的排列，不仅分成的各个部分的数目不同，各个部分的轮廓线所处的位置也不同。在某些画像中，我们可以看出各部分的细节及细节变化。当表现相同部分时，有的儿童用了圆形和菱形，有的儿童则使用了条形或椭圆形，还有些儿童使用了并置法和重叠法。在整个外形上，有的显示出稳定而合理的姿态；有的则显得草率和变形；有的图形显得精细，有的则粗略；有的简单，有的则复杂；有的胖大，有的则苗条。总之，每一幅画像都表现出一种特定的姿态，彰显出孩子潜在丰富的想象力。不幸的是，在孩子成长的过程中，这种潜在能力往往逐渐消失。这是因为他们缺乏自信和教育不得当，没有抓住机会将这种潜在的想象力保持下来。这也说明，人们对线条、色彩和构图所含的感性意义的感知和体味，与主体的天赋条件和经验联系在一起。但是，如果没有经过正确的关于形式美的艺术教育，发掘这种潜力，使之变得敏锐和精准，相反可能会变得陌生和"看不懂"。

人们只有通过定期参与绘画鉴赏活动或积极参与绘画艺术创作实践，才能逐渐将对于这些视觉审美形式的感受内化为自己的审美能力。尤其是在现代派艺术形式日新月异的当今社会，如果不与这些艺术形式保持持续且长期的接触，即使对于古典艺术比较熟悉的人也可能难以理解它们。

（二）帮助人们直观地认识社会生活风貌

由于绘画的二度空间和色彩的丰富性，其描绘手段要比雕塑更为广泛，在再现现实方面有更大可能性，另外，与音乐、舞蹈、戏剧等相比较，反映客观事物的具体性更为确定。这种具体性传承下来，由于其使用材料、中介的优势更加方便、更加容易，而且复制临摹也比较容易。因此绘画作品对于我们了解过去人们社会生活风貌，了解异国风情，提供了丰富而生动的材料。

对于中国古代绘画艺术的欣赏，可以使我们对原始社会、奴隶社会和封建社会的生活风貌有了直观的了解。比如，新石器时代的彩陶上，制作者在陶器上描绘出各种纹饰，如几何图形、人面纹、鱼纹、鸟纹、蛙纹、鹿纹及花叶纹，等等，形态别致，富有生活气息。使我们了解到当时人们在采集、渔猎、农耕等生活中接触的东西。多彩的陶纹饰彰显了艺术的对比调和、均衡对称等特征，充分展现了其所属时代的独特特点和浓厚的民族气息，同时也反映了当时劳动者朴实健康的审美情趣和对美的认识与追求。

在漫长的封建社会中，古代艺术家创作了不少历史故事和世俗生活的风俗画，为我们了解封建社会的风貌提供了其他种艺术难以提供的形象化资料。如南唐著名人物画家顾闳中的稀世珍品《韩熙载夜宴图》，它以南唐中书郎韩熙载的生活轶事为题材绘制而成。韩熙载原是北方贵族，因战乱南逃，被南唐朝廷留用。后主李煜想重用他，但又不放心。身处逆境的韩熙载以生活上的纵情声色的方式，去转移同僚视线，蒙蔽朝廷的耳目。李煜出于惜才，以为他生活太放荡，特命顾闳中夜至其第，偷看并目识心记，绘成此图，并想通过此图规劝韩熙载。《韩熙载夜宴图》是一幅有五个既可独立成章却又相互关联主题的画作，包括听琴、观舞、休憩、赏乐和调情等，画中有五六十匹不同类别的牲畜、二十余件大小不一的车轿以及二十余艘大小不一的船只、三十余幢楼房和农舍。通过将上述三部分内容组合成一个统一的画面，从商业、交通、漕运、建筑等多个代表性角度，详尽地表现了当时中国城市社会的生活面貌，同时反映了当时政治、经济、文化和社会风俗习惯。这些信息为我们研究宋代绘画、了解宋代社会提供了全面的、有综合价值的图像化资料。

我们从西方的绘画艺术中也会获得西方社会有价值的形象性资料。例如，我们从波提切利笔下的维纳斯的风致优雅，到乔尔乔内、提香笔下的维纳斯的健硕丰满，看到了文化复兴后人们要求人的情感必须从宗教的桎梏中解放出来。而从达·芬奇笔下的蒙娜丽莎的微笑看到人的理性的觉醒。继文艺复兴之后的"巴洛克艺术"的代表卡拉瓦奇则追求"无情的真实"，即使他笔下的基督、圣母、圣徒也是以当时普通人特别是下层人为模特。伦勃朗也努力探讨普通人的精神世界，他的许多肖像作品可以说是那个社会的缩影。深刻的心理描述，永远使人动情。他的画四周几乎是黑暗的，中间明亮部分突出画中心人物、事件。这也反映当时威尼斯建筑、民居的特点，即窗户很小，光线集中射入室内，因而伦勃朗的艺术有"酒窖艺术"之戏称。包括表现放纵的生命力的另一位巴洛克大师鲁本斯在内，他们的艺术作品富有个性。后经法国新古典主义和浪漫主义的发掘，这种个性美达到新的高峰。浪漫主义杰出代表德拉克洛瓦的《自由引导人民》和新古典主义大师大卫的《马拉之死》，都真实地反映了法国资产阶级大革命的火热斗争。

（三）怡养性情、陶冶情操

绘画艺术的又一重美育功能是能怡养人的性情，陶冶人的情操。中国文人士大夫常常把他们的志趣、抱负、理想、情怀，寄托在笔墨丹青之上，使得封建专制桎梏下，一个正常的人性能够在艺术上得以体现。苏轼的水墨作品《枯木怪石图》，把枯树画得如龙蛇盘曲、无始无终，石头的皴法线条也是扭曲回环，像是萦绕在苏轼胸中的苦闷、矛盾的情绪，把题材作了人格化、心灵化的处理，把因政治原因不利于身体健康的因素通过绘画艺术升华为有利于健康的精神享受。[①]

---

① 徐晓洪：《苏轼枯木情结探微》，《文史杂志》2014年第3期，第81—84页。

文同画竹也将竹子人格化了，成了逸人高士自我人格的表现。植物四季变化很大，而竹子却不变，文同能真实领悟竹子的品德，真实地表现竹子凌傲风雪。

在魏晋时期，中国画艺术正逐渐成熟，恰遇佛教东渐与老庄复兴，促使中国民族思想史中的儒家与道家、释家不可避免地相互交融，出现儒道合流的局面。大多数以儒家思想为宗旨的中国画家亦将绘画视为塑造人类道德情操的一种手段。然而，审美方面则多以道家和释家哲学为指征，注重于绘画中"参悟道义"和"修炼道心"的内涵。中国绘画追求"意在象外""意在画外"，它总是用一些模糊性、抽象性的形象符号，提供物象的本质特征，给观众一些可以识别的细节，同时又给观众一些暗示。所以欣赏中国画需要超脱自然物象的感受力和理解力。禅宗追求超越一切时空的因果，引导人们忘却人间烦恼，获得宗教性的愉悦和满足；道家追求的是所谓"逍遥"之境和独立、自由的人格。这样，中国画家、爱好绘画艺术者，笔墨丹青中追求独立、自由、愉悦、满足的精神境界，痛快淋漓地抒发心中强烈的感受，与释道的追求是一致的。所以在中国绘画史上学佛问道的画家是很多的。古代许多艺术家和名士把绘画和欣赏看成是和学儒、道、佛一样，能够怡养性情，陶冶情操。同样，我们也可以通过欣赏健康的绘画艺术和参与绘画艺术的创作来使我们的心灵得到净化和升华。

二、绘画教学与美育的结合实践

（一）课程多样化

设计不同形式、不同内容的绘画课程，包括基础课程和专业课程。基础课程可以向学生介绍绘画的基本概念、技巧和表现形式，培养学生的基本绘画能力。而专业课程则可以根据学生的兴趣和发展方向，提供更深入的绘画知识和技能培训。

（二）课余社团与活动

高校可以鼓励学生参与各类美术社团、活动和比赛。这些社团和活动可以为学生提供展示自己作品的平台，同时也可以促进学生之间的交流与合作。比赛的参与不仅可以激发学生的竞争意识，还可以使他们不断提高自己的绘画水平。

（三）讲座与观摩活动

高校可以邀请著名的绘画艺术家或教育专家来校举办讲座或工作坊，与学生分享他们的经验和见解。这不仅可以增加学生的艺术启发，还能够让学生接触到不同的绘画风格和思维方式，拓宽学生的艺术视野。另外，高校可以组织学生参观艺术展览和画廊，让学生亲身感受优秀绘画作品的魅力。通过观摩名家作品，学生可以学到更多的绘画技巧和艺术表达方式，同时也能够培养对艺术作品的鉴赏能力。

高校还可以开设跨学科的艺术教育课程，将绘画与其他学科进行融合。例如，与文化、历史、哲学等学科相结合，让学生在绘画中深入探索和思考相关的社会、文化和人文问题，提升他们的跨学科综合素养。

第五章　新时代青年文化与审美

　　为了顺应新时代的发展方向，当代青年应该主动把握先进、健康的审美理念。本章论述的是新时代青年文化与审美，包括三节：新时代青年文化概述、新时代下的文化传统与审美、新时代高校审美教育与学生审美建构。

第一节 新时代青年文化概述

黄志坚教授指出："青年如同社会的晴雨表，社会的发展和变化总是最迅速地反映在思维敏捷、接受新鲜事物快的青年身上。尤其是青年的文化观念，更是领风气之先，走在更新的前列。人们已经注意到，当今中国青年文化观念的变化，其频率之快，幅度之大，都是改革前所难以想象的。"[1] 因此，研究青年文化的变异和审美理念的关系，顺应变异并进行健康的引导，是青年工作重要的任务之一。

一、青年文化的性格特征

青年文化是一种整体心理趋势，由民族风俗习惯、历史传统、伦理道德、文化教育、人生观、价值观和现代科技等元素构成，对青年形成影响并形成诸多观念，是一个民族、一个阶层的人们在某一特定的经济条件下对社会存在的感知和认同，这表现为一种心理倾向，包括但不限于情感、传统习俗、习惯，及其基于道德观念、审美意识及审美诉求等方面的表现。而文化性格是指由一定文化决定的人类群体或个体由一整套价值观念、行为模式和文化心理积淀所决定的心理特征。中国文化性格指的是中华民族的优秀品质，是中国人民精神屹立不倒、绵延存续的支撑。文化性格是一种比喻，也是一种文化价值观与审美诉求的统一，它穿越了历史，融入每一个青年的血液、聚于每一个青年的心灵，沉淀与积累，升华与腾飞，是一个群体的无意识。以"性格"为一个生动的比喻，我们可以看到，中华文化具有独特的文化性格，这一性格凝聚了多年来不断沉淀和坚持下来的核心价值观。在现代化转型的过程中，我们需要不断地重新发现、反思和塑造这一文化性格，这是一个需要极大努力的过程。审美精神是人类自我关怀的一种表现，涵盖了对人的尊严、价值和命运的追求、关注与维护，以及对人类文明遗留下来的各种精神文化现象的珍视，对全面发展的理想人格的肯定和追求。从某种意义上看，人之所以是万物之灵，就在于人是审美的生存，有自己独特的审美精神。审美精神不光指人类人文精神的主要内容，还对物质文明建设起作用。它是一个民族和青年文化个性的核心内容，也是衡量民族和青年文明程度的重要尺度。

每个民族的文化都有许多相异的特殊性，与该民族的经济形态和其他生存环境相适应，这便是文化存在和发展之根源。文化差异孕育和形成了美学思想、孕

---

[1] 黄志坚:《青年研究文集》（一），研究出版社2012年版，第244页。

育其审美精神的土壤。不同地域青年文化美学思想的审美精神、审美范式、审美特色和审美诉求各异,因此,研究中国西部青年文化理念及其审美精神需要深入探讨其赖以生存的文化背景和文化差异多元性。从文化差异出发,可以推论审美文化生成演化的整体结构,并进一步研究源流趋向,即审美文化的细节问题。

地域青年文化是研究人类文化空间组合的地理人文学科中一个重要组成部分,其具体范围大到不同国家,也可以小到省市县区。它以广义的文化领域为研究对象,研究附着在自然景观之上的人类活动形态、文化区域的地理特征、环境与文化的关系、文化传播的路线、人类的行为系统,包含了许多方面,如民俗传统、经济体制、宗教信仰、文学艺术、社会组织等,是某个地区社会历史发展过程中形成的物质与精神财富的总和。地域青年文化受制于地域环境和社会结构,而地域环境对人类行为有着决定性的作用,并全方位影响着地域文化的形成。也就是说,文化是人类适应地理环境的产物。地域青年文化具有鲜明的地域性特征,是一个地方的灵魂,也因其丰富的蕴藏量和广泛的群众基础而具有顽强的生命力,推动着地区社会的进步。我国历史悠久、地域辽阔、各地地域环境差异巨大,各地文化各有特色。正是这些独具特色的地域青年文化共同构成了中华民族灿烂的文化。

二、青年文化与地域差异

地域青年文化是特定区域民族文化的积累和表现。民族文化和美学思想,包括审美意识、审美趣味、青年文化理念和审美精神,不可避免地受到地域文化的影响。这种文化和美学的差异,特别是审美意识上的差异,源于地域文化的历史和自然因素。忽视这些因素都会影响到研究结论的科学性。文化代表着一个民族和地域的特点,展现了其精神面貌、心理状态、思维方式和价值取向等,是民族精神的总体体现。地域青年文化是全人类文化不可或缺的基石。每个国家和民族都有其独特的文化,而在同一国家,不同的自然地理环境、人文因素和历史发展进程形成了互不相同的地域青年文化。中国文化源远流长、深远深厚、千姿百态,展现出非常明显的地域青年文化特征,南北地域和东西地貌以及由此形成的南北、东西文化差异也十分明显。

的确,地域青年文化是由不同地域内的民族在不同的人文和生态环境下所创造的,展现出各自民族特有的生存方式,具有不同的独特特色。以中西文化为例,对于宇宙论的理解,早期的西方哲学家认为宇宙是空间存在的,具有可分、孤立、对立的属性;而人则是一个孤立的个体存在。因此,由此形成的实证分析哲学认为宇宙间的事物是独立存在的，人与自然万物存在对立关系，人们需要探索、认识并征服自然。由此，西方文化的一个基本特征是追求个体和自由，并以实证分析的科学精神来为文化导向。相反，中国哲学家认为宇宙自然是和谐统一的，天地间的万事万物包括人与社会都是有机联系、不可分割的。而宇宙天地间的自然万物是多样和开放的，而非单一、保守和僵化的。没有孤立存在的单个事物，也没有独立生存的人类个体。自然万物在宇宙间的千变万化、不断地运动与变化，同时又处于一个和谐统一的整体中。阴阳的交替、动静的变化、万物的生灭，都需要"致中和"，只有遵循这种原则，才能构成宇宙自然和谐协调的秩序。"和"既是天道也是人道。一方面，自人类社会形成以来，作为地域青年文化因素之一自然就不再是原初状态，而是历史的自然，历史也不再是单一的历史，而是自然的历史。历史和自然的这种联系主要体现在"人地关系"上，指的是人类社会与地理环境之间的联系。因此，审美文化的差异和审美意识的差异就是由构成地域青年文化因素的自然地理环境和人文地理环境综合作用的结果。另一方面，包括审美意识在内的意识的生成不是纯粹自然的，而是受文化土壤影响的观念生成。这些观念来自人的生命原初，是"自我"或生命的现在形态，是当下。差异论认为，"自我"中包含着非自我，它的在场中包含着不在场。这种不可还原的非在场有建构价值，同时也有纯粹非生命的、非在场的或非自我从属存在，这是一种不可还原的非原初性，换句话说，"自我"在本质上是相对的、差异的。它并非统一、一体，而是具有开裂和差异化的特征。既然知识和世界都超越了"自我"，而"自我"本身就是差异的、有分裂的，那么知识和世界自然不可能是统一、封闭、一体的，而只能是多元、差异、开放的。因此，具有生命力的生成于"地域青年文化场"或"地域文学场"的审美文化及审美意识具有多元化、开放性、差异性的表征。

三、青年文化的多元性

所谓地域青年文化特征，描述了人类如何与自然环境（地形、气候、水文、土壤等）相互作用，进而影响人类行为的特定表现方式。这种表现方式与特定地理环境密切相关，如生活方式、居所、服饰、食物、生活习俗、性格、信仰、观念、价值等方面都会受到影响。

地域青年文化与自然地理环境有所不同，许多因素（如政治、经济、风俗、性格和信仰等）使得自然地理环境对青年审美意识的影响从可能性转变为现实性。在这些因素中，生产力的制约力最为重要。这是因为生产力的高低程度与自然地理环境对人类物质和精神生活影响程度呈反相关。生产力水平越低,人类对气候、土壤、河流、湖泽和森林的依赖性就越强。在恶劣的自然环境中,人们的劳动创造性和自然属性得到更多施展机会和实践磨炼,从而带动和发展审美需要和审美能力,产生了反映特定地域青年文化精神的艺术作品。

第二节 新时代下的文化传统与审美

一、文化传统与审美精神

传统文化中的中国传统审美观包括青年传统审美观,与审美精神是一个有机的整体。

中国传统审美观包括青年传统审美观有一种突出的体现是"美善合一"的审美精神,尤其是后者,又极为生动地体现在其"以天合天"的审美体验方式之中,"以天合天",最终实现"天人合一"的审美境域是中国传统审美观包括青年传统审美观的基本精神。其根本特征是心源和造化之间的相互触发、相互感会。但是由于中华异质文化的限制与影响,中国传统青年审美思想更强调主体的虚怀若谷、去与物悠游、以心为驱动、跃身大化,与宇宙万物生命氤氲流转,随着心与物、物与心的相互交融,最终与天地古今群体一脉相通、一体贯融来实现心源与造化的大融合。因此,中国传统审美观特别是青年审美观强调"以天合天""目击道存",建议审美者走进自然山水之中去体验万物,来激活审美创作欲望与冲动,产生灵感兴会的渊薮,去心游目想,寓目人咏,即事兴怀。在中国审美思想特别是中国青年审美思想看来,天地万物都生成于纯粹原初域"道","道"化育天地万物,为天地万物之"朴"、之"真"、之"根"。宇宙间万事万物的化生化合呈现为周而复始。这种周而复始的过程就是"归朴""返真""复归其根"。而这种循环往复,无有止息的构成与复归,其呈现态势又表征为一种自在自为、自然而然的,不需要人为的因素而自由自在地运动变化,生生不息。在中国审美里,这就是"天然",即"以天合天"之所谓"天"。应该说,正是在此种意义上,中国传统审美观包括青年传统审美观主张,在审美活动中,审美者只有效法自然,自然而然,才能使自己"以天合天",与自然浑然一体。

基于此,在"天人合一"审美精神的作用下,中国传统审美观包括青年传统审美观的"以天合天"的审美境域创构方式有两种:第一种是追光摄影,蹑虚踏无，就是"神用象通"；第二种则是"目击道存"。而这种经由"以天合天"自在天然、自由自为所构筑而成的审美领域则为"大美""大象"。

中国传统审美观，包括青年传统审美观所推崇的这种审美境域创构中通过"神用象通"与"神游象外"，以楔入审美对象深层的生命结构和自我内心深处的潜在意识，从而深切地体验到审美对象之"神"的心灵体验方式是建立在中国古代"天人合一"的思想之上的。

营构活动特别注重从日常生活的微小细节中获取审美启发，从自然万物的悠闲游览中获得卓越顿悟。在"以天合天"审美境域中，审美心态突出显现为一种自得性。它强调偶然发生的无心碰撞，不期而至。山水景物作为审美对象，在天地自然中变幻莫测、万象罗列、美不胜收，既有峻岭重峦、千峰万嶂、烟雨晴岚、激流飞瀑；也有艳丽杜鹃、幽香春兰、松涛泉韵、山鸟欢鸣。它们或给人凌云劲节慨当以慷之思；或给人以春意盎然赏心悦目之感。漫步于自然山水之中，或仰望青天、或俯瞰碧水，凝眸落霞云海，以眼和心去追寻美的痕迹、探求美的造型、感悟美的韵律与节奏、领略美的风情与情趣。直观地领悟自然景象所蕴藏的宇宙生命的微妙。

在中国传统审美观包括青年传统审美观"天人合一"审美精神作用下，通过"以天合天""目击道存"审美境域营构，我们可以感受一种自得的内心状态，看似水镜无波、冰壶澄澈，实际上则真气弥漫，空旷虚明的心灵空间蕴藏着活泼跳跃的生意。在此心理基础上，审美者始能于短暂、神迅的瞬间，如兔起鹘落以体认感悟到自然山水那种活跃生命的传达，捕捉到天地精神与美的精灵——道。

总之，中国传统审美观包括青年传统审美观的独特品格和特征与中华民族文化心理结构的影响分不开。受特定的异质文化影响，中国人拥有"世尊拈花，迦叶微笑"般高雅的情趣和艺术精神。不了解这一点，就无从了解中国传统审美观包括青年传统审美观，无从了解中国哲学和艺术，也找不到这个古老民族的文化心灵。

二、传统文化与美育底蕴

传统文化底蕴着中国古代美育思想的民族特性。比较中西方不同文化的背景，可以更加深刻、明晰地展示中国古代美育思想的历史发展进程，显示中国古代美育思想的内在精神及其历史嬗变，从而以更加清晰的阐释中国古代美育思想相对于西方美育思想的特殊性或异质性因素，彰显中国古代美育思想的美善合一、注重伦理教化的特性和表征。

中国古代美育思想与西方的美育思想相比，更加强调"善"的内涵。特别是在其思想的底蕴上，中国美育思想深度融合了"真"和"善"两个方面，从而凸显出极其浓厚的伦理化和社会化特性与表征。

古代中国美育思想主要源自儒家文化。在美育实践和审美诉求方面，儒家哲人认为"文化"和"教化"应相结合，倡导"诗言志"的审美价值取向。他们将"思无邪""致中和""养浩然之气""充实为美"等作为美育的审美原则和审美追求。由于这种影响，中国古代美育思想在审美的价值诉求上十分重视审美的道德伦理价值和社会功能，而在审美的人生体验中，则强调追求对人格修养的完美。

中国美育思想具有以"中"为主的特点，这是特定的地理环境与文化环境影响的结果。从实质来看，中与雅都是正。尚"中"的核心美育精神在于追求均衡，注重在人格操守和行为准则上自我约束、恰到好处，并以此来避免偏激、粗野、轻率、冒失等错误。"中"就是谦和、宽容、温和文雅。

必须指出，作为"中和"的美育思想规范性内容，即不偏不倚、中正温和、无过无不及、适度、得体等，是有原则、得度、得宜的，这种"度""宜""体"就是"中"。这种境界之所以是审美的，是由于其与那种与世俗同流合污者不同。也正因如此，儒家哲人才主张"和而不同"。在他们看来，只有可鄙可耻的小人才会时刻牵强附会、随波逐流、迎合俗世之风，从而丧失独立个性和人品操守。

在美育诉求中，"和"和"雅"是相通的。而"和而不流"以及"和而不同"的观念，则旨在保持"雅"的人格操守而不低俗，如此看来，"和"所蕴含之意涵，不仅指涵养和睦与协调，也表示恰到好处的适中度量。对于"和而不同"这一观念，其含义即是寻求理想的人格建构与人生境界的和谐共处，以保持人与社会、人与人之间的协调与和谐关系。但是，这并不意味着要毫无原则地迎合潮流、为了取悦他人与世俗不断改变自己的立场和操守。不难发现，"和"的含义既有和谐、协调之意，也承载了适度、得体的内涵，其所具备的是有原则、有度的特征。

作为一种社会存在，人不可能孤立地存在于社会之外。社会不仅决定着人生的种种方面，包括行为举止和外部客观环境条件等，也被人的实践活动（包含审美活动在内）所塑造与改变。可以说，包括审美活动在内的人的实践活动决定了社会与个人之间的内在本质联系，也表现了他们相互依赖、相互生成的关系。同时，只有在和谐、自由、协调、和睦的社交环境中，才能实现人与人之间心灵上的相互交流和融合，从而才使生命中充满审美意味。因此，"和"成为人类崇高精神的审美表现。中国古代哲人推崇"人和"作为人生最为珍贵的价值，因为只有人与人之间同舟共济、同心同德、相亲相睦、求同存异地和谐共处，社会、国家、民族才能形成强大的凝聚力和向心力，从而确保社会的稳定、民族的和谐和融合，进而实现社会的长足发展，发挥个人的创造力、独创性和能动性，最终实现自我、超越自我。

具体来说，"和"意味着相互尊重、相互理解、相互信任，以及因矛盾而相互谅解；在生活中则包括相互关心、相互支持、相互合作；在心灵上则包括相互沟通、相互呼应、相互融合。这就要求必须真诚对待他人，且不能孤芳自赏、故步自封或退隐山林。同时，为了自我提升，不能迎合俗世的趋势，要既紧跟时代，又不墨守成规；还要远离从众心态，不随波逐流。

中国古代美育思想的"和"意识对文化传统产生了深远影响，形成了一种强调"和雅"的审美观念。这种思想体系赋予中国美育以"和"的精神内涵，将"和"视作最高审美境界来评价人物或文艺作品。

第三节　新时代高校审美教育与学生审美建构

一、新时代大学生美育的价值意蕴

落实和加强大学生美育是必然的选择，符合国家教育政策和社会发展需要。提升学生的审美能力和实现全面发展的目标都是通过这一措施实现的，同时它还能够发挥思想教育功能、引导学生发掘内在的潜力。

（一）人文关怀与情感培养

美育有助于培养大学生对人文价值的认知和情感体验。通过接触艺术、文化、音乐等表达形式，大学生能够更好地理解人类情感、思想和价值观，培养关怀他人、理解包容的品质。

（二）创造力与创新思维

美育课程和活动激发大学生的创造力和创新思维。通过艺术创作、设计、表演等过程，大学生可以锻炼自己的想象力、独立思考和问题解决能力，培养创造性思维和创新意识。

（三）跨学科综合能力

美育鼓励跨学科交流与学习，促进不同学科领域之间的相互渗透和融合。大学生通过参与艺术、文化等各类活动，可以拓宽学术视野，培养多元思维和综合能力，提高解决问题的能力。

（四）心理健康与情绪管理

美育有助于大学生的心理健康和情绪管理。通过参与音乐、舞蹈、绘画等艺术形式，大学生能够发泄情绪、减轻压力，增强自我认知和情绪调节能力，提高心理素质和生活幸福感。

（五）全球视野与文化交流

美育在大学生中培养全球视野和跨文化交流能力具有重要意义。通过了解不同地域的艺术、文化和传统，大学生能够拓宽国际视野，促进文化交流与理解，培养国际交往能力和全球意识。

二、新时代大学生美育的现实困境

（一）美育普及成效不足

目前，大学生的审美素养存在不足之处。一方面，有些大学生在审美能力方面存在限制，如他们的审美感知、鉴赏和创造能力可能较弱；另一方面，部分大学生缺乏对美育和全面发展的关注，他们很少参加与美育相关的活动，从而导致自身的审美意识和能力存在匮乏。

（二）学生审美知行不合一

大学生普遍持积极的审美观。大多数大学生深谙审美课程和艺术活动对身心健康、个性发展以及全面进步的关键意义，同时也积极表达自己的审美取向。但是，大学生在追求学业成绩和就业竞争力方面常常投入更多精力和心思。由于课业任务和考试压力，他们可能更倾向于将时间和精力放在学习专业知识上，而对审美素养提升缺乏明确要求和规划。部分大学生对审美素养的重要性缺乏足够的意识和认知。他们可能没有意识到审美素养对个人综合素质和职业发展的影响，也不清楚如何提升自己的审美素养。大学生容易受到社交媒体的影响，注重外在形象和流行趋势，而较少关注深度的审美素养提升。他们更倾向于从媒体上获取审美价值观和审美标准，而不是主动去培养自己的审美品位和见解。

此外，部分大学教育对于审美素养的培养和要求相对较少。在课程设置和评价体系方面，更多侧重于学科知识和技能的培养，缺乏对审美素养提升的明确引导和激励机制。一些学校和地区可能存在审美教育资源和机会的不足。缺乏艺术展览、演出、文化活动等多样化的体验和参与机会，限制了大学生对审美素养的提升。

（三）美育与思想政治教育协同欠缺

美育与思想政治教育的结合度不够高。部分高校在专业设置和课程安排上将美育与思想政治教育视为独立的学科，缺乏有机的融合与交叉。这可能由学校的教育理念、资源分配等因素所致。

教师队伍可能缺乏对美育与思想政治教育融合的理解和培训。他们可能更侧重于各自专业领域的教学，对于跨学科的融合教育缺乏相关准备和能力。

部分高校的教育管理体制和机制可能对美育与思想政治教育的结合度形成一定的限制。可能存在行政层面的隔离和部门间协调不足等问题，影响了两者的有效融合。

学生对美育和思想政治教育的需求和兴趣可能有所不同。有些学生对艺术和美育更感兴趣，而对思想政治教育关注度较低，或反之。这也可能导致高校在结合度方面存在不足。此外，还可能存在有关美育与思想政治教育结合的相关政策、指导文件缺失、模糊或不明确的情况。这可能导致高校在具体实施过程中缺乏明确的指导和规范。

三、新时代大学生美育的实践进路

大学生美育是一个复杂的系统工程，其关键是要找到适当的实践途径。本文以西南大学"新学工"大学生审美涵育计划为主要案例，重点探讨了新时代大学生美育的实践方法，主要包括以下三个方面：提升学生的审美素养，创造良好的校园环境，加强美育和德育的协同，让学生成为真正的文化人；完善美育机制体系以及拓展美育空间，为大学生提供多样化的美育体验；统筹整合各种美育资源，夯实美育保障基础。

（一）营造良好校园氛围

学校可以组织艺术展览、音乐会、戏剧演出等多样化的艺术和文化活动，给学生提供展示才华、参与艺术实践的机会。充分利用现有的场地资源，建设艺术工作室、美术馆、舞蹈厅等专门的美育场所，为学生提供艺术实践和创作的场所和条件。邀请艺术家、文化名人等来校开展讲座、工作坊和艺术交流活动，让学生与专业人士接触，激发学生的艺术兴趣和创造力。

（二）加强美育德育协同

在课程设置方面，将美育与德育有机融合，让学生在艺术实践中培养道德情操、审美情趣和创新能力。例如，在思想政治课中引入艺术素材、案例和讨论，增强学生对社会问题的审美思考和情感共鸣。鼓励不同学科、专业的学生进行跨学科的艺术实践和研究项目，促进学科交叉和创新思维的培养。例如，可以组织跨专业的综合艺术创作比赛或展览，鼓励学生跨越专业界限，相互启发和学习。

（三）完善美育机制体系

设立专门负责美育工作的部门或机构，统筹协调学校的美育资源，制定美育发展规划，并与各院系、社团合作，推进美育工作的落地实施。设立美育奖学金、创作基金等，为在美育方面表现突出的学生提供资助和奖励，激发学生的积极性和创造力。培养和引进具有专业美育知识和教育经验的教师，提高教师对美育的理解和能力。同时，组织美育培训和研修活动，提高教师的美育教育水平。

参考文献

[1] 郑富兴、曾军:《公民美育论 美丽中国建设的教育途径》,四川大学出版社 2021 年版。

[2] 徐若梦:《美育漫谈》,九州出版社 2022 年版。

[3] 柯汉琳:《大学美育》,广东高等教育出版社 2020 年版。

[4] 蔡元培:《美育与人生》,山东文艺出版社 2019 年版。

[5] 彭立勋、陈鼎如、汤文进:《美育辞典》,江西教育出版社 2018 年版。

[6] 刘美辰:《大学生美育教学研究》,黄山书社 2021 年版。

[7] 于海明:《高校钢琴与美育教学研究》,新华出版社 2021 年版。

[8] 王德胜、李雷:《美育双年文选(2017—2018)》,安徽教育出版社 2021 年版。

[9] 刘秀峰:《丰子恺的美育人生》,山西人民出版社 2019 年版。

[10] 陈金山、辜跃辉、关继东:《大学美育基础》,江苏大学出版社 2019 年版。

[11] 徐承:《比较视域中的美育哲学》,上海三联书店 2019 年版。

[12] 崔晋文:《思想政治教育中的美育问题研究》,武汉大学出版社 2021 年版。

[13] 朱立元:《西方美育思想史论集》,山西教育出版社 2019 年版。

[14] 吴东胜:《美育通论》,暨南大学出版社 2018 年版。

[15] 谷辅林:《美育学》,中国广播电视出版社 1991 年版。

[16] 刘畅、杨莎莎、刘芬:《美育视野下的艺术教育教学研究与实践》,吉林人民出版社 2021 年版。

[17] 王林毅、王威沫:《美育与审美》,国防工业出版社 2014 年版。

[18] 王車琚、王仕葆:《新媒体视域下高校思政教育与美育的融合研究》,《才智》2023 年第 19 期。

[19] 王晓昕:《基于学科融合理念的高校美育课程体系建构》,《美术教育研究》2023 年第 11 期。

[20] 陈育荣:《非物质文化遗产在高校美育中的价值及其实施路径》,《天津中德

应用技术大学学报》2023 年第 3 期。

[21] 杨维祥:《浅谈中华优秀传统文化融入高校美育的路径》,《汉字文化》2023 年第 11 期。

[22] 曲丹儿、张曼晴:《"新工科"背景下高校美育课程改革实践——以美术造型基础为例》,《艺术教育》2023 年第 6 期。

[23] 孙嘉伟、邹石杨:《地方高校美育实践的问题及对策》,《吉林工程技术师范学院学报》2023 年第 5 期。

[24] 周建国、张炜琪、张艳樱:《〈颜氏家训〉的美育思想及其对高校美育工作的启示》,《美育学刊》2023 年第 3 期。

[25] 钟凤:《新课标下高校音乐美育民族化的多维度构建路径》,《艺术评鉴》2023 年第 9 期。

[26] 刘璐:《论新时代高校美育融入思想政治教育的三重逻辑》,《青岛农业大学学报(社会科学版)》2023 年第 2 期。

[27] 姚尧:《钢琴演奏融入高校美育的创新思路探索》,《艺术教育》2023 年第 5 期。

[28] 矫克华、李梅:《高校博物馆美育实践的优势和创新路径研究》,《大学》2023 年第 12 期。

[29] 谢秋水:《数字技术赋能高校美育的价值功能、现实困境与实现路径》,《思想教育研究》2023 年第 4 期。

[30] 陈肯:《高校美育与社会公共文化服务体系的交互研究》,《时代报告(奔流)》2022 年第 12 期。

[31] 廖镇宇、苏明霞:《新时代高校美育文化:价值意蕴、阻碍困境和建构路向》,《汉字文化》2023 年第 6 期。

[32] 刘晓婷:《试论新时代中国高校美育改革中的三个发展关系》,《文化月刊》2022 年第 12 期。

[33] 成嘉钰:《美育与志愿服务融合下的高校育人工作探索》,《时代报告(奔流)》2022 年第 12 期。

[34] 张炜、胡鑫宇:《高校美育对中国文化继承性的作用与意义》,《中国美术》2022 年第 6 期。

[35] 于婉莹:《高校艺术通识课程的美育价值及其实现》,《中国大学教学》2023年第Z1期。

[36] 马灿:《高校图书馆支撑大学生美育工作探析》,《内蒙古科技与经济》2023年第3期。

[37] 黄巍巍:《经典阅读课堂助推新时代高校美育工作》,《汉字文化》2022年第S2期。

[38] 钱小华、杜伟:《美育改革背景下艺术类高校美育实践路径探赜》,《四川戏剧》2022年第8期。

[39] 陈艳:《"互联网+"背景下高校体育美育的改革发展》,《冰雪体育创新研究》2023年第3期。

[40] 穆崔君:《浅谈高校教师美育能力的提升》,《河北教育(综合版)》2023年第2期。

[41] 张欣、唐红艳:《"以美育人"高校思政教育与美育协同发展研究》,《新美域》2023年第2期。

[42] 金明磊、郑羽蕾、叶志良:《新时代高校公共艺术教育的文化自觉》,《牡丹江教育学院学报》2023年第1期。

[43] 康宁:《新文科建设影响下的高校美育课程改革思辨》,《教育教学论坛》2023年第1期。

[44] 刘丽丽:《高校美育服务社会的意义及路径研究》,《呼伦贝尔学院学报》2022年第6期。

[45] 李富强:《高校美育文化的价值导向和实践路径》,《汉字文化》2022年第24期。

[46] 史圣洁、刘振霞:《新时代美育与高校人才培养机制融合的创新研究》,《山西青年》2022年第24期。

[47] 马思其:《红色文化与高校美育工作融合发展研究》,《教育教学论坛》2022年第51期。

[48] 冯圆芳:《新时代美育,从看懂一场艺术展开始》,《新华日报》2023年6月30日第015版。

[49] 范开云:《聚焦艺术新课标 探索美育新样态》,《济南日报》2023年6月15

日 008 版。

[50] 冯军福：《美育如何让教育更美好》，《河南日报》2023 年 5 月 26 日 005 版。

[51] 苏家英、赵宝巾、高文博：《让美育之花在山乡大地绽放》，《甘肃日报》2023 年 5 月 17 日 006 版。

[52] 江晓宇、杨志刚：《美育促进铸牢中华民族共同体意识》，《中国社会科学报》2023 年 5 月 11 日 008 版。

[53] 朱璟：《探究中华美育精神的工夫论内涵》，《中国社会科学报》2023 年 5 月 8 日 004 版。

[54] 崔晓龙、丁欣烨：《着力发展新时代社会美育》，《中国社会科学报》2023 年 4 月 18 日 008 版。

[55] 阿妮尔：《新时代，以"美"育人更有底气》，《江苏教育报》2023 年 3 月 29 日 001 版。

[56] 李松奇：《高校美育与大学生文化自信融合发展》，《中国社会科学报》2023 年 2 月 10 日 007 版。

[57] 钱江、王晓玉：《新时代高校美育的挑战与应对策略》，《中国社会科学报》2023 年 3 月 14 日 007 版。

[58] 潘毅玮：《融美育于历史教学的路径探究——以上海市香山中学为例》，华东师范大学 2022 年硕士学位论文。

[59] 蔡泽慧：《"中华美育会"艺术教育活动研究》，浙江师范大学 2022 年硕士学位论文。

[60] 张新亮：《中国普通高校公共艺术课程政策演变研究（1989—2020 年）》，哈尔滨音乐学院 2022 年硕士学位论文。

[61] 张萌萌：《钱基博的文雅美育思想研究》，苏州大学 2022 年硕士学位论文。

[62] 王欢：《从蔡元培的宗教观看"以美育代宗教"》，陕西师范大学 2022 年硕士学位论文。

[63] 尹梦：《综合性大学舞蹈美育一体化研究》，重庆大学 2022 年硕士学位论文。

[64] 朱瑞杨：《美育视野下高校体育舞蹈选项课教学创新实践研究——以广州工商学院为例》，广州体育学院 2022 年硕士学位论文。

[65] 江晓倩:《美育融入新时代高校思想政治教育研究》,浙江理工大学 2022 年硕士学位论文。

[66] 罗雅倩:《基于素质教育理念的美育课程用户体验创新设计》,中国美术学院 2022 年硕士学位论文。

[67] 陈伟超:《数字插画在网络美育中的实践研究》,中国美术学院 2022 年硕士学位论文。

[68] 赵亦菲:《蔡元培美育思想与中国当代女大学生审美人格培养研究》,西安美术学院 2022 年硕士学位论文。

[69] 何楚璇:《美育视角下高校舞蹈社团研究——以广州大学城高校为例》,广州大学 2022 年硕士学位论文。

[70] 郭徐铭:《生活美学对当代美育的启示》,闽南师范大学 2022 年硕士学位论文。

[71] 徐丹丹:《生态美育融入高校思想政治教育研究》,河南中医药大学 2022 年硕士学位论文。

[72] 赵菁钰:《高校美育教育问题研究》,南昌大学 2022 年硕士学位论文。

[73] 孙雪婷:《美育视角下的女红艺术研究与手工体验创新》,浙江科技大学 2022 年硕士学位论文。

[74] 嵇冉冉:《亚里士多德的美育思想研究》,山西师范大学 2022 年硕士学位论文。

[75] 谭莉:《柏拉图的美育思想研究》,山西师范大学 2022 年硕士学位论文。

[76] 杨丹月:《美育融入大学生思想政治教育的对策研究》,沈阳农业大学 2022 年硕士学位论文。

[77] 张敏敏:《颜文樑社会美育思想研究》,辽宁师范大学 2022 年硕士学位论文。

[78] 本站编辑.中国共产党第二十次全国代表大会在京开幕习近平代表第十九届中央委员会向大会作报告 [EB/OL]（2022-10-16）[2023-07-07]. https://www.gov.cn/xinwen/2022-10/16/content__5718884.htm.

[79] 本站编辑.中共中央办公厅、国务院办公厅印发《关于全面加强和改进新时代学校体育工作的意见》和《关于全面加强和改进新时代学校美育工作的意见》[EB/OL].(2020-10-15)[2023-07-07].https.www.gov.cn/zhengce/2020-10/15/content—5551609.htm.

[80]Marcia G. E. , Inés C. O., "Drawing Our Garden's Insects: a Didactic Sequence to Improve Pre-service Teachers' Knowledge and Appreciation of Insect Diversity", *Journal of Biological Education*,Vol.58,2024.

[81]Kim Y. J., Kim S. H., "Innovative Integration of Poetry and Visual Arts in Metaverse for Sustainable Education", *Education Sciences*,Vol.14,2024.

[82]Atkinson D., "Seeds for Reclaiming Art in Education", *International Journal of Art & Design Education*,Vol.43,2024.

[83]Helfer B. M., "'Wie Alles Sich Zum Ganzen Webt,/ Eins in Dem Andern Wirkt Und Lebt!': Goethe's Faust I as Aesthetic Experiment", *The German Quarterly*,Vol.97,2024.

[84]Martins C., Guimarães S., "Trying to Undo the Colonialities of Arts Education: The Construction of a Workbook as Curriculum - (Un)Making", *International Journal of Art & Design Education*,Vol.43,2024.

[85]Rousell D., Hickey Moody A., Aleksic J., "Intersectional and Decolonial Perspectives on an Incorporeal Materialism: Towards an Elemental Philosophy of Art Education", *International Journal of Art & Design Education*,Vol.43,2024.